LE HASARD ET LES RÈGLES

BIBLIOTHÈQUE D'HISTOIRE DE LA PHILOSOPHIE

LE HASARD ET LES RÈGLES

LE MODÈLE DU JEU DANS LA PENSÉE DE PASCAL

par

Laurent THIROUIN

Préface de

Jean MESNARD

Deuxième édition augmenté

LIBRAIRIE PHILOSOPHIQUE J. VRIN
6 place de la Sorbonne,
PARIS V^{e}

Imprimé en France

ISSN 0249-7980

ISBN 978-2-7116-1054-9

www.vrin.fr

PRÉFACE

A quoi peut songer celui qui parvient au terme d'une carrière où, tout en essayant de remplir, dans toute leur extension, dans toutes leurs implications, ses charges professionnelles, il s'est appliqué aussi à témoigner pour une certaine idée de l'homme, de la science, de la culture, de la vie? La réponse, en ce qui me concerne, est simple : A l'avenir, à la jeunesse. L'efficacité dans l'élaboration des concepts; la qualité du raisonnement, qu'il soit constructif ou interprétatif; l'ouverture à l'autre, proche ou lointain, dans l'espace ou dans le temps, raison et moyen de toute culture littéraire; le sens de la diversité de l'être et l'art de s'appuyer, pour l'atteindre, non seulement sur la logique pure, mais sur la dialectique et la symbolique ; la quête de finalités, individuelles ou sociales, immanentes ou transcendantes, en rapport avec les aspirations essentielles de l'homme : toutes ces valeurs ne sauraient demeurer éphémères. Il arrive pourtant qu'elles soient, tantôt menacées dans leur ensemble, tantôt soumises à un déséquilibre ruineux pour le tout comme pour les parties. C'est donc une grande satisfaction, pour celui qui en a vécu, de voir le même esprit animer des jeunes gens, des jeunes filles, dont la rencontre, même lorsqu'elle a eu des causes d'ordre professionnel ou occasionnel, a été surtout déterminée, en profondeur, par des attachements, des fidélités semblables.

Pour la formation et la culture de cet esprit, il est évidemment des références privilégiées. Pascal y occupe l'un des premiers rangs, à la fois par sa personne et par son œuvre. En lui se croisent tant de courants, produits de l'expérience et de la réflexion humaines; il les a saisis, assimilés, dominés avec une telle maîtrise; son apport personnel est si pénétrant et porte sur des domaines si divers; son langage associe à tel point la pertinence et la beauté qu'on peut difficilement trouver meilleur guide. C'est du moins un sentiment que j'ai eu la joie de voir partagé, au terme de choix effectués dans la lumière d'une vaste culture, par un bon nombre de ces jeunes, supérieurement doués, bénéficiaires d'une formation très complète, auxquels l'avenir appartient, dont il a besoin.

Chacun de ceux et de celles, français et étrangers, auxquels m'attachent des liens de cette sorte n'en a pas moins sa personnalité propre. Chacun d'eux est irremplaçable, et il convient d'abord que l'étude soit pour lui occasion d'épanouissement. Laurent Thirouin est actuellement l'un des plus jeunes. Son itinéraire est exemplaire. Dans le monde perturbé de sa génération, il a fait preuve d'une santé, physique, intellectuelle et morale, qui a naturellement orienté ses choix vers les plus hautes valeurs, avec, en prime, une parfaite simplicité, une joie contagieuse, une pente toute naturelle à la camaraderie et à l'amitié. De sa génération, il n'en a pas moins connu pleinement les épreuves. Il a subi durement les effets pervers d'un système qui pénalise, entre les étudiants brillants, ceux qui, au lieu de s'évader vers l'administration et les affaires, demeurent fidèles à la vocation de l'enseignement et de la recherche. Dieu merci, il a tiré le meilleur profit d'années qui auraient pu se solder par une perte sèche, préparant, non sans difficultés, l'ouvrage que l'on va lire, et se donnant les moyens de le composer lui-même par ordinateur. Itinéraire exemplaire aussi en ce que, ayant choisi comme champ de recherche le jeu au XVIIe siècle, il a été conduit, par la logique de son sujet, à s'en tenir à l'œuvre de Pascal, où la richesse du concept et de ses applications éclate avec une puissance unique.

Le fruit de ses premières enquêtes se laisse quand même percevoir dans l'approche plus précise qui a été finalement la sienne. La connaissance des jeux favoris de la société du temps est la meilleure introduction à cette mathématique des jeux de hasard par laquelle Pascal a ouvert la voie au calcul des probabilités et, plus encore, à la théorie de la décision. La visée philosophique des *Pensées*, la profondeur à laquelle elle atteint ressortent mieux par comparaison avec la pauvreté d'un certain moralisme cultivé par les contemporains, sans rapport avec la vie et butant sur d'inévitables contradictions. Un moralisme que Pascal n'ignore pas, mais qu'il situe à sa place, très réduite et toute provisoire. L'étude menée s'établit d'ailleurs en un lieu central, d'où l'on rayonne à la fois vers le passé et vers l'avenir, notamment vers une philosophie des Lumières dont Pascal a perçu d'avance la valeur et les limites.

Ampleur et précision, tels sont donc les objectifs qui ont été simultanément poursuivis. Mais une œuvre riche, lorsqu'elle est saisie en profondeur, ne peut être embrassée brièvement dans sa totalité. Aussi Laurent Thirouin s'est-il volontairement cantonné dans certains aspects de son sujet, se réservant de traiter les autres plus tard.

On lui saura gré cependant d'avoir posé d'emblée tous ses principes grâce à un effort remarquable de conceptualisation. Les deux mots clés de «hasard» et de «règles» offrent le double avantage de sortir directement du vocabulaire de Pascal et de se révéler d'une totale efficacité interprétative. La très brillante analyse de la notion de «règle des partis», où les deux perspectives sont à prendre en compte, fournit un excellent exemple de la clarté ainsi introduite dans l'œuvre du mathématicien comme dans celle du philosophe. D'une façon générale, l'union paradoxale de la contingence et de la rationalité apparaît comme l'une des constantes de l'univers pascalien, d'un univers où la part inéluctable de l'élément «ludique» caractérise d'une manière essentielle, dans toute son inconsistance, la condition de l'homme sans Dieu.

Avec ce fil conducteur, Laurent Thirouin renouvelle de la façon la plus solide quelques-uns des thèmes majeurs, particulièrement difficiles, des *Pensées*. Fasciné, comme toute cette jeune génération avide de trouver des maîtres capables de la conduire au-delà des chemins de la plate rationalité, par les fragments relatifs à l'ordre politique et à la «raison des effets», il a su, parallèlement à ses amis Gérard Ferreyrolles et Pierre Force, mais selon une cohérence toute personnelle, restituer leur puissante portée à des vues si souvent affadies ou durcies par la tradition critique. La vie sociale et politique réduite à un simple jeu : voilà une interprétation qui témoigne d'une intimité pénétrante avec l'auteur des *Discours sur la condition des grands*.

Le commentaire du «pari» n'est pas moins éclairant et, à beaucoup d'égards, décisif. Certes, le «modèle du jeu» y était plus apparent que dans la «raison des effets», et l'unité du fragment permettait une concentration de l'effort d'analyse. Facilités illusoires, car du raisonnement, si rigoureux soit-il, la ligne est sans cesse sur le point de se perdre. Avec une lucidité magistrale et selon une progression passionnante, Laurent Thirouin en démonte le mécanisme, semblable à celui de ces horloges compliquées où il semble que l'on trouve toujours quelques pièces de trop. L'application à ce fragment des réflexions précédentes sur la «règle des partis» aboutit à des résultats à la fois neufs et convaincants. Que l'athée ne soit pas celui qui parie contre Dieu, mais celui qui refuse de jouer est aussi séduisant qu'inattendu.

Nul doute que Laurent Thirouin ne nous réserve, sur le «divertissement», des commentaires de la même qualité. La cohérence de l'ensemble sera dès lors complète, puisque, pour Pascal, toutes les activités humaines se rangent dans la catégorie du divertissement. Mais les dernières pages du présent ouvrage fournissent déjà la clef de voûte de toute la construction. A l'univers «ludique», artificiel, où l'homme se meut se superpose celui, providentiel, où Dieu mène son propre jeu, seul substantiel, seul authentique. Du relatif à l'absolu, il n'y a de passage possible que par la quête de l'homme et par la grâce de Dieu, c'est-à-dire par le retour au sérieux, par le dépassement du jeu.

Jean MESNARD

INTRODUCTION

On n'imagine guère Pascal jouant. Le combat pour la cause janséniste et l'austérité de Port-Royal s'accordent mal avec les futilités du jeu. L'auteur des *Pensées*, pour le plus grand nombre, évoque d'abord l'interprète, sublime et sombre, du tragique de la condition humaine. Cet homme à la santé chancelante, qui sans cesse médite sur sa propre mort, se serait-il senti attiré par les académies et les brelans ? La chose aurait de quoi surprendre, et ce ne sera à aucun moment l'objet de notre travail que de découvrir, par des détours subtils, un joueur insoupçonné chez ce scientifique devenu le héraut d'un christianisme intransigeant.

Le jeu, en tant qu'activité concrète, intervient néanmoins à plusieurs reprises dans la vie et dans l'œuvre de Pascal. L'embarras de quelques joueurs, contraints parfois d'interrompre leurs parties, est à l'origine des réflexions pascaliennes sur les probabilités. Un des textes les plus fameux des *Pensées* affecte d'aborder la question religieuse à travers les catégories stratégiques d'un pari. Il ne fait d'ailleurs aucun doute qu'en élaborant une *Apologie de la religion chrétienne*, Pascal se représentait son lecteur incroyant sous les traits bien réels de quelques joueurs, sceptiques et raffinés, qu'il lui avait été donné de fréquenter : Damien Mitton et le chevalier de Méré sont l'image de ces libertins, sans foi mais en quête d'une loi, qui rêvent de codifier la vie en société comme ces jeux auxquels ils participent quotidiennement.

Le lecteur des *Pensées* ne pourrait ignorer longtemps la place que tenait le jeu dans la société du XVIIe siècle. Les cartes, le billard, la paume, la chasse – sous la plume de Pascal apparaissent à des titres divers toutes les formes principales de jeu pratiquées à l'époque. Avant de prendre sa pleine dimension conceptuelle, l'idée de « divertissement » naît du spectacle quotidien des divertissements.

> Les hommes s'occupent à suivre une balle et un lièvre : c'est le plaisir même des rois (fr. 39)[1].

Pascal ne répugne pas à emprunter des expressions au vocabulaire des joueurs : dire que la noblesse met « dès dix-huit ans un homme *en passe* » (fr.104), c'est le comparer implicitement au joueur de billard (ou de mail) dont la boule est assez bien placée pour passer sous l'arceau dès le coup suivant. La référence aux réalités du jeu se fait parfois délibérément technique, et Pascal démontre à l'occasion une connaissance précise des règles et des stratégies. L'homme qui se divertit de ses malheurs en jouant à la paume est évoqué dans le déroulement bien concret de sa partie :

> On vient de lui servir une balle et il faut qu'il la rejette à son compagnon. Il est occupé à la prendre du toit pour gagner une chasse (fr.522).

Pascal connaît la psychologie du joueur. Tandis que les moralistes s'insurgent contre l'intervention de l'argent dans le jeu, l'auteur des *Pensées* analyse comme une des données fondamentales du jeu, ce besoin paradoxal de risquer des mises pour un profit dont on n'a que faire en réalité.

> Tel homme passe sa vie sans ennui en jouant tous les jours peu de chose. Donnez-lui tous les matins l'argent qu'il peut gagner chaque jour, à la charge qu'il ne joue point, vous le rendez malheureux. On dira peut-être que c'est qu'il recherche l'amusement du jeu et et non pas le gain. Faites le donc jouer pour rien, il ne s'y échauffera pas et s'y ennuiera. Ce n'est donc pas l'amusement seul qu'il recherche (fr.136).

Ce bref inventaire – que nous ne pourrions d'ailleurs prolonger indéfiniment – suffit à autoriser un rapprochement entre Pascal et le jeu. Il ne justifierait pas une étude complète sur le thème. Le jeu nous semble en fait bien plus intimement lié à la pensée de Pascal : non pas comme un thème prédominant, mais comme le modèle de certaines représentations, parmi les plus originales, de l'apologiste. Il importe alors de s'entendre sur une définition plus abstraite, mais stricte, de la notion de jeu. Le jeu est une activité marginale, qui se déroule selon des règles propres et conventionnelles. Loin de considérer, avec certains esprits romantiques, que l'espace de jeu est un espace de liberté, nous tenons au contraire que le jeu apparaît dès le moment où

1. Tout au long de ce travail, les *Pensées* sont citées d'après l'édition LAFUMA (Le Seuil, coll. « l'Intégrale »). Les numéros des fragments sont ceux de cette édition, que nous faisons précéder de l'abréviation « fr. ».

des règles sont acceptées par un groupe de personnes, non pas pour leur intelligence (ou leur justice), mais pour le plaisir de se livrer ensemble à une activité parfaitement codifiée. Le joueur évolue dans un univers fictif, où règles et objectifs sont arbitrairement définis, un univers à l'écart de la vie réelle, confuse et grave. La responsabilité d'alimenter le jeu en événements est le plus souvent confiée au hasard (les cartes, les dés), source inépuisable de surprises et de rebondissements. Ceci est particulièrement vrai au XVIIe siècle, où la plupart des joueurs trouvent leur plaisir dans un abandon passif aux coups du sort (l'engouement pour les jeux de stratégie devant être regardé comme une évolution relativement récente). En résumé, trois dimensions essentielles caractérisent, à notre sens, l'univers du jeu : l'insignifiance des objets qu'il se propose, l'arbitraire des règles qu'il met en place pour atteindre ces objets, et le plaisir que procure l'ensemble du processus.

Cette approche volontairement abstraite de la notion de jeu nous permet d'envisager un *modèle* du jeu, en ne nous limitant plus aux activités strictement répertoriées comme jeux, mais réunissant dans une même catégorie tous les actes humains qui se déroulent à la manière de jeux, selon cette logique bien particulière. Quand Pascal élabore le concept de divertissement, il assimile au jeu un ensemble de comportements réputés « sérieux », mais qui ont tous en commun de poursuivre un but futile : ils prétendent en apparence atteindre un objectif, mais cet objectif, comme celui d'un jeu, est dérisoire, arbitrairement établi et sans valeur essentielle. Rien ne s'oppose plus alors à ce que les charges, « les affaires qui font tracasser [les hommes] dès la pointe du jour » (fr.139), si éloignées semblent-elles des plaisirs de la chasse, du billard ou du piquet, prennent aussi le titre de divertissements.

La notion pascalienne de divertissement est sans doute, dans les *Pensées*, un recours considérable au modèle du jeu, et un des plus célèbres. Nous avons choisi cependant de restreindre notre sujet et de faire porter notre attention moins sur l'analyse des finalités que sur le fonctionnement même de la «cité», tel qu'il ressort des considérations pascaliennes. Nous chercherons à apercevoir le jeu, non pas dans la nature des objectifs que se fixent les hommes – c'est là la part du « divertissement » – mais dans l'organisation sociale qu'ils ont instaurée. Les termes clefs, à travers lesquels peut se dessiner le modèle du jeu, seront alors essentiellement ceux de *hasard* et de *règle*. Dans quelle mesure reçoit-on du hasard les éléments constitutifs de l'ordre et des valeurs politiques ? Quelle est la légitimité des règles qui ont cours ? Tirent-elles leur statut de qualités intrinsèques, ou relèvent-elles d'une simple convention ? – auquel cas la distance entre une loi et la règle d'un jeu serait mince.

On se conduit différemment selon qu'on regarde la réalité quotidienne avec gravité ou dans un esprit de jeu. Comment obéir – doit-on d'ailleurs obéir – à des lois aussi contingentes que des règles de jeux ? Mais surtout, si l'on vient à dire que les hommes sont sur terre pour jouer (ou qu'ils n'ont sur terre qu'à jouer), il reste au chrétien à rendre raison d'un tel désordre. Certes l'ordre du jeu n'est pas exactement le désordre, mais est-il compatible avec l'ordre de Dieu ? Quand Pascal représente au libertin que, quitte à jouer, il ferait mieux de parier pour Dieu, l'apologiste semble céder à une étrange résignation. Qu'un mathématicien s'emploie à comprendre la logique du hasard, qu'il retire de ses analyses un modèle qui dépasse le champ limité de la « géométrie », il n'y a rien là dont il faille s'émouvoir. Mais le modèle du jeu, même s'il n'était qu'une métaphore provocante, est inconciliable avec la Foi. Comment une apologie du christianisme pourrait-elle s'en tenir à une image de l'humanité joueuse ? La foi en Dieu implique en dernier ressort qu'on croie avec assurance en l'existence de certaines valeurs. Où donc s'arrêtera le jeu ?

PREMIÈRE PARTIE

HASARD

« Ce n'était que le hasard qui l'avait mis en place où il était ».
(1er *Discours sur la Condition des Grands*)

CHAPITRE I

LES RENCONTRES DU HASARD

La notion de hasard, quand il s'agit de Pascal, évoque immédiatement les travaux mathématiques auxquels s'était livré l'auteur des *Provinciales* et des *Pensées* avant de se consacrer presque entièrement aux questions théologiques et morales. Le *Traité du triangle arithmétique* et son application à l'analyse des jeux de hasard, la correspondance échangée avec le Toulousain Fermat, sont pour Pascal un des titres durables de gloire scientifique. La prodigieuse importance de ces premiers pas, qui inauguraient la science des probabilités, n'a pas échappé à Pascal, ni leur implication philosophique. Dans une adresse à « l'Illustre Académie Parisienne de Mathématiques » où il présente le fruit de ses recherches, Pascal accorde la prééminence à un « traité tout à fait nouveau, d'une matière absolument inexplorée jusqu'ici » qui peut « s'arroger à bon droit ce titre stupéfiant : la Géométrie du Hasard »[1].

Quelle est la signification théorique et pratique de ces découvertes ? Que faut-il entendre par le terme habituel sous lequel Pascal les désigne : la « règle des partis » ? Nous examinerons cela en détail ultérieurement. Contentons-nous, dans un premier temps, de remarquer que les travaux du mathématicien ont fatalement modifié l'image que le moraliste pouvait se faire du hasard. Les effets du hasard sont certes aberrants, ils échappent par définition à toute prévision. Mais le géomètre, en scrutant leur fonctionnement, a entrevu avec étonnement qu'ils suivent un ordre, obéissent à une raison dont il n'est pas impossible de rendre compte.

Ce hasard, apprivoisé, réglé par l'usage et par l'habitude, Pascal le retrouve à chaque instant dans son examen de la société humaine. Ou plus exactement, il le débusque. Partout où un savoir, une organisation, un sentiment règnent, il se plaît à découvrir une contingence

1. «*Novissima autem ac penitus intentatae materiae tractatio* [...] *stupendum hunc titulum jure sibi arrogat : Aleae Geometria* ».
PASCAL, *Œuvres Complètes*, édition J. MESNARD, t.II, pp.1034-1035.

essentielle. Tout ce qui semble d'abord apporter aux actes et aux jugements un fondement solide (la nature de l'homme, les valeurs qu'il respecte) n'est que justification sommaire, simple recherche de confort métaphysique et moral, qui ne résiste pas à l'analyse : le seul principe organisateur du monde est le hasard, si l'on ose qualifier de principe organisateur ce qui désigne en réalité l'absence de toute organisation préalable.

1. *Vanité*

Deux forces, par leur autorité propre, pourraient soustraire l'homme au règne du hasard, cautionner théoriquement l'ordre du monde : la nature et la raison. La seconde seule implique l'activité humaine, la première est subie et ne demande qu'un respect passif; mais autant ce qui serait fait selon l'ordre de Nature que ce qui trouverait sa justification dans un travail de la raison pourrait se vanter d'échapper à la contingence, se croire fondé.

Certaines personnes dans la société du XVIIe siècle bénéficient, par leur noblesse, d'un avantage qui dès dix-huit ans les met « en passe, connu[es] et respecté[es] comme un autre pourrait avoir mérité à cinquante ans. C'est trente ans gagnés sans peine » (fr. 104). Si le noble est par sa naissance d'une autre nature que le roturier (que la différence du sang représente une réalité), l'avantage dont il jouit est peut-être immérité, il n'en est pas moins juste : vous ne vous êtes donné que la peine de naître, mais votre naissance vous fait appartenir à une classe *naturellement* privilégiée. Ou bien le noble doit recourir à la seconde stratégie disponible et donner une légitimité à l'ordre qui le favorise, en invoquant la raison : les nobles remplissent une fonction importante et périlleuse au service du corps social, il est donc *raisonnable* qu'en contrepartie ils reçoivent des avantages considérables (proportionnés au risque qu'ils acceptent de courir). D'une façon comme de l'autre, l'ordre social tel qu'il se présente dans la réalité du XVIIe siècle est justifié. Toute autre organisation se trouve congédiée pour son désaccord avec l'ordre essentiel (celui de la nature ou celui de la raison).

Devant ces prétentions à la légitimité, Pascal raconte à un jeune duc l'histoire d'un « homme jeté par la tempête dans une île inconnue » et devenu roi par un concours de circonstances :

> Ne vous imaginez pas que ce soit par un moindre hasard que vous possédez les richesses dont vous vous trouvez maître, que

> celui par lequel cet homme se trouvait roi. Vous n'y avez aucun droit de vous-même et par votre nature, non plus que lui[1].

Autrement dit, aucun des deux fondements que nous avons envisagés, la qualité des actes ou la différence du sang, n'autorise à détenir les avantages de la noblesse. Il faut donc se résoudre à n'y voir qu'un superbe cadeau du hasard, le résultat d'une aveugle loterie.

> Non seulement vous ne vous trouvez fils d'un duc, mais vous ne vous trouvez au monde, que par une infinité de hasards (*ibid.*).

Pascal se délecte à énumérer toutes les circonstances dont le concours a été nécessaire : hasard des mariages qui ont constitué la lignée (« D'où ces mariages dépendent-ils? D'une visite faite par rencontre, d'un discours en l'air, de mille occasions imprévues. »), hasard des événements qui ont fait et maintenu la richesse des ancêtres, hasard enfin des lois qui permettent au patrimoine de se transmettre; elles auraient tout aussi bien pu ordonner que les biens « après avoir été possédés par les pères durant leur vie, retourneraient à la république après leur mort » (*ibid*). Une seule cause donc à l'enviable situation du noble, une absence de cause en réalité : « la rencontre du hasard ».

> ... ce n'est que cette rencontre du hasard qui vous a fait naître, avec la fantaisie des lois favorables à votre égard, qui vous met en possession de tous ces biens (*ibid.*).

Il faudra bien entendu tirer les conséquences qu'implique une telle analyse quant à la nature de l'ordre social. Mais le fait essentiel est d'abord qu'il perde droit à se proclamer ordre. La reconnaissance du hasard à l'origine de la répartition des rôles, exclut toute connivence entre les qualités d'un être, quelles qu'elles soient, et son statut social.

> Ce droit que vous avez n'est point fondé sur quelque qualité et sur quelque mérite qui soit en vous et qui vous en rende digne. Votre âme et votre corps sont d'eux-mêmes indifférents à l'état de batelier ou à celui de duc; et il n'y a nul lien naturel qui les attache à une condition plutôt qu'à une autre (*ibid.*).

N'importe qui pouvant être n'importe quoi, selon ce qu'aura voulu le hasard, respecter un ordre établi c'est respecter littéralement n'importe quel ordre possible, apparemment donc n'en respecter aucun.

1. *Trois discours sur la condition des grands*, « premier discours » PASCAL, *Œuvres Complètes*, Le Seuil (coll. « L'intégrale »), p. 366.

L'exemple de l'aristocratie fondée sur la naissance est particulièrement simple. Il donne trop beau jeu au chercheur de hasard. La raison spontanément s'insurge contre un appel aussi grossier aux services du hasard :

> On ne choisit pas pour gouverner un vaisseau celui des voyageurs qui est de la meilleure maison. (fr. 90)

Le respect de la naissance est d'ailleurs si peu constitutif de l'ordre social que les sociétés modernes se fondent, en désir tout au moins, sur l'égalité des chances et la reconnaissance des mérites. Le problème en fait n'est que repoussé car « tous diront qu'ils méritent » (fr. 94). Le mérite comme la justice ne sont pas de vains mots, ces notions recouvrent sans doute des réalités estimables, mais le malheur veut que ce soient des qualités spirituelles « dont on dispose comme on veut » (fr. 85). Si l'on désirait que responsabilités et honneurs fussent distribués selon les mérites, encore faudrait-il être capable de les reconnaître. Prenons au mot les demi-habiles et méprisons les usurpateurs, ceux qui ont hérité de leur position à la naissance; répétons – vérité incontestable – que « la naissance n'est pas un avantage de la personne mais du hasard » (fr. 90). Cherchons donc à distinguer les hommes par les qualités intrinsèques de la personne.

La quête, pour Pascal, est vouée à l'échec : l'homme n'a aucun titre à aucune possession, qu'elle soit matérielle ou intellectuelle. Il ne peut ni justifier théoriquement de ce qu'il possède, ni davantage le conserver : s'il pouvait s'assurer la conservation d'un bien (même arbitrairement attribué) il aurait au moins un titre objectif, une possession de fait qui remplacerait sa possession de droit.

> Toutes les occupations des hommes sont à avoir du bien et ils ne sauraient avoir de titre pour montrer qu'ils le possèdent par justice, car ils n'ont que la fantaisie des hommes, ni force pour le posséder sûrement.
> Il en est de même pour la science. Car la maladie l'ôte.
> Nous sommes incapables et de vrai et de bien (fr.28).

Les qualités et les compétences sur lesquelles se fonde l'estime de la société sont nécessairement imaginaires. Devant l'absence de nature de l'homme (« la nature de l'homme est toute nature, *omne animal* » fr. 630), l'impossibilité donc de le considérer selon ce qu'il serait naturellement (« Il n'y a rien qu'on ne rende naturel. Il n'y a naturel qu'on ne fasse perdre » *Ibid.*), l'imagination a forgé une seconde nature, parfaitement aléatoire, sur laquelle peuvent s'asseoir les jugements.

> Elle a ses heureux, ses malheureux, ses sains, ses malades, ses riches, ses pauvres. Elle fait croire, douter, nier la raison. Elle suspend les sens, elle les fait sentir (fr.44).

Telle est la force à l'œuvre, l'autorité que nous respectons quand nous croyons user de notre raison pour mettre le prix aux êtres et aux choses.

> Qui dispense la réputation, qui donne le respect et la vénération aux personnes, aux ouvrages, aux lois, aux grands, sinon cette faculté imaginante ? » (fr. 44).

L'imagination tient de la sorte les deux bouts de la chaîne. C'est elle qui guide le juge dans son appréciation, qui attire donc les honneurs sur un homme, mais c'est elle aussi qui rend précieux les honneurs obtenus. Les « habiles par imagination » gagnent ainsi tous les avantages : ils « se plaisent à eux-mêmes », jouissent de leur sagesse fictive, et emportent la reconnaissance de ceux qui les écoutent « tant les sages imaginaires ont de faveur auprès des juges de même nature »(fr.44).

Or l'imagination – « superbe puissance ennemie de la raison » (fr.44) – exerce son despotisme sans la moindre méthode, son seul guide est le hasard. Elle bouleverse tout l'ordre du monde, trop subtil et incertain, pour édifier sa propre hiérarchie, des valeurs manifestes. Mais elle effectue toutes les transformations sans règle. La plupart du temps elle masque la vraie valeur des choses mais non pas systématiquement. « Elle serait règle infaillible de la vérité, si elle l'était infaillible du mensonge » (fr.44). Elle introduit un désordre définitif dans le jugement des hommes qu'elle soumet aux fluctuations du hasard. Le prix des choses, par sa puissance, variera selon les individus, les époques, les incidents : le prédicateur perd son autorité si son barbier l'a mal rasé ou « si le *hasard* l'a encore barbouillé de surcroît » (fr.44). Laisser gouverner l'imagination, c'est accepter que jugements, sentiments, actes soient déterminés par des causes futiles et par là même fragiles, se mettre à la merci des apparences, de tout ce que la réalité offre de plus changeant et de plus hasardeux.

Ne garde-t-on pas cependant une vraie part de responsabilité dans le choix de sa condition ? Oublions les avantages aléatoires de la naissance et le poids qu'ils font peser sur la suite de l'existence. Il reste, semble-t-il, nombre d'engagements importants pour lesquels on possède l'initiative. L'exemple qu'en avance Pascal avec prédilection est celui du métier : « La chose la plus importante à toute la vie est le choix du métier... » Mais la conclusion de l'analyse est encore la même : « le hasard en dispose » (fr. 634).

Le processus par lequel un homme est conduit à remettre au hasard les choix essentiels de sa vie, se laisse facilement reconstituer. Au départ, une donnée naturelle – le cas est rare ! –, l'amour de la vertu et la haine de la folie[1], le désir légitime de tout faire pour fuir celle-ci et conformer son existence à celle-là. Mais cette donnée naturelle est malheureusement vide de contenu. Qui indiquera ce que recouvrent les notions de vertu et de folie ? « Ces mots mêmes décideront ; on ne pèche qu'en l'application » (fr. 634). Tout dépendra de l'image qu'on aura reçue durant ses premières années des diverses conditions humaines, et cette image dépend essentiellement du hasard : le milieu où l'on évolue, les coutumes nationales, les réflexions qu'on s'est trouvé entendre et qui ont impressionné. « Par quel hasard chacun prend d'ordinaire ce qu'il a ouï estimer » (fr. 129). Une fois encore se retrouve la disproportion entre la futilité des causes et l'importance des conséquences, avec le même corollaire que précédemment : l'abandon au hasard qu'implique finalement une telle disproportion. La cause de nos choix n'est pas dans une analyse rationnelle, profonde, de la réalité – analyse que l'on pourrait dans une certaine mesure maîtriser – mais dans une fantaisie, une image dont l'apparition est toujours aléatoire et devant laquelle on reste passif.

> Talon de soulier.
>
> O que cela est bien tourné ! que voilà un habile ouvrier ! que ce soldat est hardi ! Voilà la source de nos inclinations et du choix des conditions. Que celui-là boit bien, que celui-là boit peu : voilà ce qui fait les gens sobres et ivrognes, soldats, poltrons, etc... (fr.35).

Ces images de la cordonnerie, de la vie militaire ou de la sobriété, sont proprement des images publicitaires, le travail d'une idéologie particulière qui attache à une condition donnée une série de suggestions affectives et emporte ainsi, sournoisement, une adhésion qui n'a jamais été réfléchie. Dès qu'il se laisse manœuvrer par ses inclinations, par les images fluctuantes et trompeuses qu'offre l'apparence, l'homme perd la maîtrise de ses décisions et se condamne à réagir mécaniquement aux stimulations que le hasard lui adresse. Pascal réunit dans la liasse « Vanité » toutes les analyses qui démontrent une absence de fondement sérieux aux options humaines : à chaque fois est exhibée la responsabilité du hasard. Si une histoire d'amour peut ébranler « les princes, les armées, le monde entier » (fr. 413) et que la forme d'un nez suffise à faire naître l'amour (Cléopâtre), derrière

1. « Car naturellement on aime la vertu et on hait la folie... » (fr. 634).

notre réaction naturelle, mi-ironique, mi-angoissée ("A quoi ça tient ?") se profile toujours une réponse grave : cela ne tient à rien. Ce qu'un détail a su provoquer, un autre détail aurait pu l'empêcher et tous ces détails sont si insignifiants que nul ne peut les contrôler. Nous sommes dépourvus face à tant d'insignifiance et nous remettons nos destinées à la rencontre des hasards.

Le métier est symbolique d'une contingence véritable derrière ce qu'on croit être la nature d'un homme. Pascal condense l'analyse en une expression allusive : « Talon bien tourné » (fr.129). Comprenons : il suffit qu'un talon de soulier semble bien tourné, soit présenté comme un objet d'admiration, pour qu'on se sente naturellement appelé à en fabriquer d'autres. L'homme, une fois encore, nous apparaît comme un être amorphe, susceptible de toutes les influences, quitte à oublier le fondement hasardeux de ses choix et à se persuader ultérieurement qu'il existe des vocations. On croit obéir à sa nature, mais « que de natures en celle de l'homme » (fr. 129). On s'est contenté en réalité de donner le nom de nature aux premières prescriptions du hasard, masquant ainsi tant bien que mal l'absence initiale de l'ordre. Cette hypocrisie, cette lâcheté qui consiste à ignorer le rôle du hasard au départ de nos actes, aboutissent à asservir l'homme durablement à la distribution du sort.

> C'est une chose déplorable de voir tous les hommes ne délibérer que des moyens et point de la fin. Chacun songe comment il s'acquittera de sa condition, mais pour le choix de la condition, et de la patrie le sort nous le donne (fr. 193).

Les choix les plus graves de l'existence deviennent conséquences mécaniques de préventions fortuites. Les infidèles ont pour seule raison de n'être pas chrétiens, qu'ils ne sont pas venus au monde en un lieu de chrétienté. Ils suivent « le train de leurs pères » (fr.193). Et bien des chrétiens sans doute en font de même. Né par hasard en un certain lieu, élevé par hasard dans une religion, dans le respect de certaines valeurs, je laisse s'enchaîner les déterminismes et ne respecte finalement qu'une raison, celle du sort.

Comment un ordre aussi légèrement établi, manquant à ce point de fondement, peut-il revêtir une autorité si solide ? Parce qu'il bénéficie d'un appui déterminant, celui de la coutume. Elle assure d'un respect superstitieux ce qui s'est une fois fortuitement produit. C'est là le vrai facteur de propagation du hasard, la garantie absolue de son pouvoir. La stupéfiante efficacité de la coutume est scandaleuse. L'homme, qui se voudrait maître de sa destinée, est prêt à la rigueur à reconnaître un ordre transcendant ; la servitude serait honorable. Mais il est peu glorieux de découvrir la cause de nos principes dans notre propre passivité. Nous recourons ainsi à l'idée mensongère de nature pour occulter sous des considérations génétiques ou métaphysiques le véritable fondement de nos règles, qui est historique :

> Qu'est-ce que nos principes naturels sinon nos principes accoutumés. Et dans les enfants ceux qu'ils ont reçus de la coutume de leurs pères comme la chasse dans les animaux.
> Une différente coutume en donnera d'autres principes naturels (fr.125).

Par la coutume, autorité peut être donnée à n'importe quelle règle. D'où l'inévitable diversité des lois humaines selon les lieux et les époques, dont le fragment 60 dresse l'inventaire ironique. L'antiquité suffit pour faire oublier l'arbitraire et l'aléatoire du premier ordre. Tout se résume à une inertie étonnante sur laquelle repose la police des États. C'est « la maxime la plus générale de toutes celles qui sont parmi les hommes que chacun suive les mœurs de son pays » (fr.60). Une communauté se constitue autour du respect d'une même tradition; sa coutume présente, seule justification des lois, est la persistance plus ou moins dégradée de ce qu'a semé « la témérité du hasard » (fr.60).

2. *Désordre*

Toutes les réflexions pascaliennes que nous venons d'évoquer sont l'héritage du pyrrhonisme montaignien. Les exemples, les formules sont souvent issus directement des *Essais*[1]. De là sans doute le

1. Pour une présentation systématique des emprunts que Pascal fait aux *Essais*, cf. l'étude de Bernard CROQUETTE : *Pascal et Montaigne. Étude des réminiscences des Essais dans l'œuvre de Pascal* (Droz, 1974).

L'auteur (*op. cit.* p. 109) dénombre ainsi, dans les *Pensées*, 76 citations textuelles du grand chapitre « pyrrhonien » de Montaigne, « l'Apologie de Raymond Sebond » (II,12).

En particulier, les réflexions sur le rôle de l'imagination (fr.44) puisent largement dans deux chapitres des *Essais* : II,12 (« Apologie de Raymond Sebond ») et III,8 (« De l'art de conférer »). Le philosophe menacé du vertige, l'avocat « bien payé par avance », figurent déjà chez Montaigne comme exemples de la puissance de l'imagination.

La totalité du fr.60, sur les lois humaines, apparaît comme une variation sur des thèmes de Montaigne (Croquette, *op. cit.* pp.14-19). Pascal par exemple remarque « la *témérité* du hasard qui a semé les lois humaines » sans qu'on en *rencontre* « au moins une qui fût *universelle* »(fr.60). Montaigne ironisait dans « l'Apologie de Raymond Sebond » : « D'un nombre de lois si infini, il ne s'en caractère finalement tolérable de ces analyses. L'inquiétude qu'elles suscitent n'est que passagère. Elles décrivent le monde en proie au hasard, la naissance aléatoire de l'homme et le risque qu'il s'en satisfasse, mais elles ont en même temps valeur de mise en garde et semblent par là autoriser l'optimisme. Une méfiance systématique permettrait d'échapper au règne du hasard. Quand on a reconnu le vide sur lequel reposent habituellement les choix de la société et des individus, ne peut-on pas se libérer des préventions, assumer véritablement sa condition ? Ceux-là seuls sont asservis au hasard qui n'en ont pas conscience.

Clément Rosset[1] a magistralement montré dans une réflexion sur la philosophie qu'il baptise tragique – celle qui accepte la notion de hasard et qui, selon lui, réunit Lucrèce, Montaigne, Pascal, Nietzsche – que la reconnaissance du hasard par Pascal n'était nullement transitoire ou préliminaire, mais l'essence même de sa conception du monde et de la pensée. Tant le travail du scientifique que celui du philosophe et du moraliste s'appuient sur la résignation à un désordre premier, à ne découvrir nulle part de principe organisateur.

> [L'esprit scientifique] suppose le refus raisonné de méthode dans l'exploration d'un monde sans ordonnancement, l'absence de présupposés quant à ce qui est à trouver (pas de désir de trouver ceci plutôt que cela), l'indifférence à l'égard d'une théorie générale dans laquelle on voudrait intégrer la loi à dégager[2].

Pascal présente donc une « sous-nature » où les associations repérées sont arbitraires et accidentelles, toujours insuffisantes à détruire le hasard :

> Hasard de tout ce qui sans exception se propose à la réflexion tout en refusant de se laisser penser. Hasard de toute apparente *nature* et de tout découpage dans la trame de ce qui existe (celle-ci trop lâche – trop absente – pour pouvoir justifier un découpage en nature des régions : le moi, l'arbre, la maison représentent des zones d'existence aux contours d'ordre conventionnel et, par conséquent, à l'existence illusoire)[3].

rencontre pas au moins une que la fortune et *témérité* du sort ait permis être *universellement* reçue par le consentement de toutes les nations ».

1. Clément ROSSET, *Logique du pire*, Paris : P.U.F. 1971.
2. C. ROSSET, *op.cit.*, p. 146.
3. C. ROSSET, *op.cit.*, p. 147.

Le vertige de Pascal devant l'arbitraire de la classification, le caractère fictif de tout découpage de la réalité, est illustré notamment dans le fragment 558 : « La diversité est si ample que tous les tons de voix, tous les marchers, toussers, mou-

L'expérience du hasard pour Pascal est méthodologique et existentielle. Il n'est pas moyen de penser sans se rendre coupable d'un coup de force injustifiable – et en définitive inutile – contre le désordre du monde. Soit on extrait gratuitement une « vérité » du champ confus de la réalité, ce que l'on ne saurait faire sans repousser toutes les vérités opposées qui, si elles étaient présentes, interdiraient l'affirmation de l'ordre. Ainsi les philosophes non chrétiens, contraints de prendre position sur la grandeur ou la bassesse de l'homme :

> Ceux qui ont dit l'un ou l'autre n'en savaient rien et devinaient sans raison et par hasard. Et même ils erraient toujours en excluant l'un ou l'autre (fr.691).

Soit on construit un ordre factice, inventant des concepts qui donnent l'illusion de la cohérence mais ne produisent en fait qu'une classification superficielle, sans rapport avec la réalité profonde.

> Voilà [...] tout renfermé en un mot : oui mais cela est inutile si on ne l'explique. Et quand on vient à l'expliquer, dès qu'on ouvre ce précepte qui contient tous les autres ils en sortent en la première confusion que vous vouliez éviter (fr.683).

Les efforts de rationalisation sont voués à l'échec car la nature est essentiellement confuse et répugne à tout ordre artificiel. L'ordre sous lequel elle se donne, qui est en réalité le désordre du hasard, est la seule organisation qu'elle accepte : « Ordre. La nature a mis toutes ses vérités en soi-même » (fr.684). Le travail du scientifique, du physicien comme Pascal, n'aboutit pas à dégager (à retrouver) une rationalité dans la confusion apparente, mais à repérer des récurrences auxquelles dans un cadre donné, à un moment donné de l'histoire de la connaissance scientifique, il accordera le nom de règles. Mais ce n'est là qu'une approche quantitative, toujours susceptible de modifications dès que le déséquilibre instable entre règle et exception se transforme, ou que la perception de nouveaux phénomènes oblige à refaire les comptes. L'empirisme témoigne d'un respect scientifique pour la réalité, mais s'en tenir, comme il le fait, à une définition seulement quantitative de la règle, c'est renoncer en fait à la découverte de règles véritables, laisser la réalité hasardeuse.

chers, éternuements. On distingue des fruits les raisins, et entre ceux-là les muscats, et puis Condrieu, et puis Désargues, et puis cette ente. Est-ce tout ? en a-t-elle jamais produit deux grappes pareilles, et une grappe a-t-elle deux grains pareils, etc. »

> Quand nous voyons un effet arriver toujours de même nous en concluons une nécessité naturelle, comme qu'il sera demain jour, etc. mais souvent la nature nous dément et ne s'assujettit pas à ses propres règles (fr. 660)[1].

La *Préface sur le traité du vide,* en refusant l'autorité des anciens dans les sciences de la nature, fonde l'idée d'un progrès indéfini de la connaissance scientifique. La raison humaine semble gagner ainsi le droit d'afficher une ambition illimitée :

> Non seulement chacun des hommes s'avance de jour en jour dans les sciences, mais tous les hommes ensemble y font un continuel progrès à mesure que l'univers vieillit[2].

Ce plaidoyer pour la raison scientifique sonne en réalité le glas des espoirs de la science. La croyance en un progrès scientifique constant est paradoxalement un acte de méfiance en dernier recours quant au pouvoir de la science. Liée à la découverte progressive des « effets » de la réalité[3], elle échappe, il est vrai, à toute autorité établie; elle ne se laissera borner par aucune théorie, aussi respectable soit-elle. Mais elle perd en même temps le droit de jamais proclamer l'état de connaissance. Le fondement de son pouvoir réside dans le caractère historique des « effets » dont le nombre croît sans cesse, au rythme des expérimentations et des découvertes, si bien que chaque nouveau chercheur, riche d'une collection nouvelle de problèmes, peut espérer dépasser le savoir de ses prédécesseurs. Mais la science ainsi ne peut rendre raison d'un ordre du monde. Astreinte à un inventaire qui ne saurait s'achever, elle n'a jamais fini d'organiser la réalité :

1. L'analyse de Clément ROSSET est particulièrement pénétrante sur le rapport entre règle et exception dans la vision pascalienne et l'inaptitude de la règle scientifique à diminuer véritablement le hasard.

« Le principe de distinction [entre la règle et l'exception] n'est nullement un principe de différenciation : puisque la *différence* entre la règle et l'exception est d'ordre quantitatif et non qualitatif (il y a – exceptionnellement : par hasard – certains phénomènes se produisant plus souvent que d'autres). On invoquera ici l'argument du Sorite : à partir de quand la réunion des grains fait-elle un tas ? A partir de quand une réunion d'exceptions se répétant et se ressemblant constitue-t-elle une règle ? [...] Entre la généralité et des faits isolés [il n'y a] aucune différence en *nature* : sinon celle, misérable, qui permet de distinguer entre le *gros* et le *petit* » (*op. cit.*, p.149).

2. PASCAL, *Préface sur le Traité du Vide*, « L'Intégrale », p. 232.

3. Les « effets » sont les éléments problématiques de la réalité, de l'observation desquels dépend le progrès de la connaissance.

Pour une définition et une discussion plus attentives de ce terme essentiel dans la pensée pascalienne, voir L. THIROUIN, « Raison des Effets, essai d'explication d'un concept pascalien », *XVIIe Siècle*, janv.-mars 1982, n°134, pp. 31-50.

> Puisque s'il restait un seul cas à examiner, ce seul suffirait pour empêcher la définition générale (...) Car dans toutes les matières dont la preuve consiste en expériences et non en démonstrations, on ne peut faire aucune assertion universelle que par la générale énumération de toutes les parties ou de tous les cas différents [1].

Aucun savoir solide n'est accessible par ce biais, aucune victoire sur le hasard des choses. La seule science humaine capable d'affirmer un ordre et de le garder, la mathématique, n'obtient ce résultat que par une indifférence à la réalité concrète, multiforme; c'est pourquoi « elle est inutile en sa profondeur » (fr.694).

L'homme doit donc se résoudre à évoluer dans un monde désorganisé où manquent perpétuellement les repères dont il ne peut pourtant se passer. Il lui faudra les prendre au hasard, en tâtonnant. Tout est à l'image de ce point indivisible qui sert aux peintres à construire la perspective de leurs tableaux et qui impose aux spectateurs une distance exacte à respecter (ni trop loin, ni trop près) pour regarder l'œuvre peinte (fr.21, fr.558). A chaque moment de l'existence il y a un milieu à connaître par lequel on échappe au trop et au trop peu : « trop et trop peu de vin » (fr.38), trop et trop peu de vitesse dans la lecture (fr.41), trop et trop peu de réflexion (« si on n'y songe pas assez, si on y songe trop, on s'entête et on s'en coiffe » fr.21), trop et trop peu de délai pour juger son ouvrage (fr.21), trop et trop peu d'âge (« Si on est trop jeune on ne juge pas bien, trop vieil de même. » fr.21). Il est donc indispensable de connaître les proportions, toutes nos décisions en dépendent – comme on sait par exemple à partir de combien de temps passé dans une ville il faut se soucier d'y être estimé : « un temps *proportionné* à notre durée vaine et chétive » (fr.31). Or l'homme flottant entre un infini de grandeur et un infini de petitesse se trouve littéralement *disproportionné*. Le titre du célèbre fragment sur les deux infinis (fr.199) le dit explicitement (« Disproportion de l'homme »), dont Clément Rosset souligne la valeur stricte :

> Disproportion ne signifie pas ici proportion misérable et démesurée par rapport à l'infini mais absence de proportion où prendre mesure pour connaître son lieu et *éprouver* son être. Eprouver : c'est-à-dire, d'abord, déduire son être de l'épreuve d'un repère. Peu importe d'être petit ou grand, ici ou là, mais bien d'être quelque part, faute de quoi il deviendra douteux qu'on soit

1. PASCAL, *Préface sur le Traité du Vide, loc. cit.*

même quelque chose et que quelque chose existe en quoi l'on soit[1].

Dans une nature étrangère à toute idée d'ordre («il n'y a pas de borne dans les choses» fr.540), l'homme, abandonné à l'incertitude, est continuellement ramené à la conscience qu'il est seule origine des lois. L'ordre qu'il est bien obligé de postuler est arbitraire, ne trouve aucun garant du côté des choses. L'ultime espoir serait de trouver un point fixe d'où l'observateur pourrait en quelque sorte maintenir sur la réalité mouvante un regard constant, compenser par sa propre stabilité son impuissance à arrêter le cours des choses.

> Le langage est pareil de tous côtés. Il faut avoir un point fixe pour en juger. Le port juge ceux qui sont dans un vaisseau, mais où prendrons-nous un port dans la morale? (fr.697).

Mais l'homme ne saurait se constituer en observateur stable car il participe de la générale instabilité. «Nous voguons sur un milieu vaste» conclut le fragment 199. La métaphore est à recevoir dans sa littéralité. Le point qu'il faudrait fixer, d'où la confusion du monde se transformerait en perspective, est un point précis, «indivisible». C'est ce milieu *exact* entre le trop et le trop peu que l'on est constamment au défi de tenir. Mais le «milieu» qu'occupe l'homme est un «milieu *vaste*», impropre donc à servir de référence, un ensemble de points indéterminé – entre lesquels il est passivement ballotté –, un milieu si on considère les deux infinis qui l'entourent mais un milieu inutile car privé d'un caractère essentiel du milieu, sa ponctualité. L'horreur de l'infini est qu'il ne constitue jamais une borne, qu'il ne délimite aucune frontière à l'intérieur de laquelle la définition serait possible : «rien ne peut fixer le fini entre les deux infinis qui l'enferment et le fuient» (fr.199). Etre limité par l'infini, c'est être vraiment limité mais sans recevoir en échange le bénéfice de la limite, une nature nette et définie. Le regard de l'homme sur la réalité sera à la fois arbitraire et inconsistant : le sujet se montre aussi peu capable d'imposer un ordre que l'objet n'est apte à en recevoir un. Il ne reste qu'à jouer, chacun à sa manière.

> Il faut que je fasse comme les peintres et que je m'en éloigne, mais non pas trop. De combien donc? Devinez...(fr.558)

Nous touchons là à la véritable gravité du hasard. L'homme ne peut soustraire l'univers à la juridiction du hasard parce qu'il y est lui-même soumis. La cause est bien plus terrible que la conséquence. La

1. C. ROSSET, *op. cit.*, p.148.

liasse XV (« Transition de la connaissance de l'homme à Dieu ») reprend les analyses de la liasse « vanité » sur la précarité des actions humaines, la fragilité de leur origine, et les intègre dans une réflexion systématique sur la contingence [1].

> Pourquoi ma connaissance est-elle bornée, ma taille, ma durée à 100 ans plutôt qu'à 1000 ? quelle raison a eu la nature de me la donner telle et de choisir ce milieu plutôt qu'un autre dans l'infinité, desquels il n'y a pas plus de raison de choisir l'un que l'autre, rien ne tentant plus que l'autre ? (fr.194).

Là encore l'expérience traumatisante est moins de se reconnaître limité que de ne pas pouvoir utiliser ses limites pour l'établissement d'une cohérence, car ce sont des limites déraisonnables qui ne dénoncent aucune volonté supérieure, aucun ordre (aux deux sens du terme) :

> Par l'ordre et la conduite de qui ce lieu et ce temps a-t-il été destiné à moi ? (fr.68)

À la prise de conscience métaphysique de la contingence proprement dite (« je puis n'avoir point été [...] je ne suis pas un être nécessaire » – fr.135), s'ajoute celle de l'égarement, qui est l'occupation fortuite d'un espace et d'un temps donnés (« il n'y a point de raison pourquoi ici plutôt que là, pourquoi à présent plutôt que lors » fr.68). Nous retrouvons la relation déjà soulignée du hasard et de la naissance mais le rapport est cette fois-ci beaucoup plus intime et le problème insoluble. Il ne s'agit plus de qualités ou d'avantages – les avantages de la naissance – distribués par le sort et qu'une conduite avisée de la société pourrait éventuellement compenser *a posteriori*. Ne sont plus en cause les préventions dont on est marqué au hasard : une certaine discipline intellectuelle permet peut-être de les dissiper. L'être même est ici concerné et les catégories fondamentales hors desquelles l'existence humaine ne se peut concevoir : espace et temps. Par sa naissance, l'homme n'est pas seulement en butte au hasard, il est fruit véritable du hasard. En un lieu où il n'a pas voulu être et ne pouvant découvrir à sa présence aucune justification, il est proprement

1. Cette liasse est bien en cela une « transition de la connaissance de l'homme à Dieu ». Les réflexions réunies sous le titre « vanité » montraient l'absence de cause solide des phénomènes. De cette inconstance de l'homme, ressort le sentiment d'une contingence générale, à partir de laquelle l'apologiste envisage une paradoxale transition à Dieu. Voir L. Thirouin, « *Transition de la connaissance de l'homme à Dieu* : examen d'une liasse des *Pensées* », in : *Le Rayonnement de Port-Royal,* Mélanges en l'honneur de Philippe Sellier, Champion, 2001, p. 351-368.

égaré. L'image que prend Pascal est une fois encore celle de l'île, qui associe la notion de contrainte définitive (l'île est par excellence un lieu qui vous impose ses limites) à celle de hasard : perdue dans une immensité, sans nécessité géographique apparente, l'île est posée par hasard et atteinte par chance après le naufrage. On échappe en naissant au néant de la non-existence, « comme un homme qu'on aurait porté endormi dans une île déserte et effroyable et qui s'éveillerait sans connaître et sans moyen d'en sortir » (fr.198).

CHAPITRE II

LE REFUS DU HASARD

En isolant le hasard, en le désignant nettement comme le moteur de la société, comme la condition même de l'homme, Pascal entre en conflit avec les valeurs de son époque. Il prend le contre-pied du rationalisme naissant et devient une menace pour tous ceux qui veulent croire en un progrès de l'humanité. Que l'on soit un chrétien fervent et convaincu que la Providence divine gouverne le monde dans le moindre détail, ou au contraire, que l'on fasse une confiance exclusive à l'homme pour plier peu à peu la réalité à un ordre intelligent, la notion de hasard suscite inquiétude et réprobation au XVIIe siècle, comme d'ailleurs encore pendant le siècle suivant. Traiter du hasard consistera le plus souvent à tenter d'en écarter la menace. Sur ce point, l'activité du jeu, que nous considérons comme un des modèles pascaliens, fournit un exemple bien concret de ce refus du hasard dont les « demi-habiles » sont les théoriciens.

1. *Les demi-habiles.*

Comment peut-on vivre dans un monde où le hasard distribue les avantages, gouverne les jugements, organise la vie quotidienne ? quand tous les efforts pour trouver une rationalité – scientifique, politique, morale – se réduisent à des amusements de philosophes auxquels la réalité reste imperméable ? Qu'en est-il en fin de compte de ces règles sur lesquelles repose la vie en société ? Nous avons vu le crédit qu'elles méritent et la légèreté de leur établissement. Doit-on respecter la parodie d'ordre qu'elles instaurent et, sous couvert de leur obéir, se soumettre à la rencontre des hasards ?

C'est à quoi se refusent absolument ceux que Pascal englobe sous le nom de demi-habiles. Pour eux, un ordre doit être fondé en raison ou renoncer à toute autorité. Quand derrière la façade vénérable des lois ou des institutions, le philosophe demi-habile vient à découvrir la seule puissance du hasard, il se juge aussitôt dégagé de toute obligation et s'emploie à dévoiler la supercherie, prêchant la révolte à ceux qui se laissent encore illusionner. Prenons-en à nouveau pour exemple cette règle essentielle à la société du XVIIe siècle qu'est le statut de la noblesse, le respect qui lui est dû, les avantages dont elle bénéficie. Diverses positions s'affrontent, ou plutôt pour Pascal se succèdent en une « gradation » que détermine la croissante profondeur des analyses :

> Le peuple honore les personnes de grande naissance, les demi-habiles les méprisent disant que la naissance n'est pas un avantage de la personne mais du hasard. Les habiles les honorent, non par la pensée du peuple mais par la pensée de derrière (fr.90).

Le peuple est formé de ceux qui s'imaginent que « la naissance est un avantage effectif » (fr.92), c'est-à-dire induit par l'ordre même de la réalité. Ils honorent les nobles parce qu'ils les tiennent pour des êtres véritablement supérieurs ; les lois sont la simple expression de cette naturelle différence entre les classes. L'idée est bien entendu contestable, mais il faudra, ne l'oublions pas, tout le travail du Siècle des lumières, pour qu'avec la Déclaration des droits de l'homme et la nuit du 4 août soit enfin reconnue la critique des demi-habiles. Les privilèges nobiliaires sont fondés sur la naissance, sur le hasard donc : ils ne sanctionnent pas une qualité de la personne mais un concours de circonstances auquel il n'est pas raisonnable de conférer le moindre droit.

L'argument est inattaquable et, tant qu'on s'en tient aux principes, il témoigne même d'un réel progrès moral, mais dans la pratique il s'effondre, à moins d'un optimisme que Pascal se refuse précisément à partager. Les demi-habiles considèrent un homme d'avant la chute, un homme qui participait aux vérités essentielles. Il pouvait alors exiger de ses lois qu'elles traduisent des valeurs dont il avait connaissance. Mais sa déchéance l'a rendu incapable d'échapper au monde du relatif et du contingent. L'ordre arbitraire, aujourd'hui, le scandalise ; il aimerait que soit tenu compte des mérites, que la richesse récompense les plus utiles à la communauté, que le pouvoir revienne aux meilleurs et aux plus capables. Mais il est bien en peine de reconnaître les meilleurs et les plus capables. Quand il voudrait sincèrement considérer les mérites, il ne saurait les désigner sans arbitraire. L'unanimité ne se réaliserait d'ailleurs pas : le seul effet de cette tentative de moralisation serait de déclencher un nouvel affrontement, chacun disant qu'il mérite, avec l'intime conviction qu'il doit donc bénéficier d'un nouvel ordre fondé sur le mérite.

Demi-habiles et habiles s'accordent en fait sur l'analyse mais, n'étant pas également avancés dans la connaissance du monde, ils en tirent des conclusions opposées. Pour les premiers, la mise en évidence du hasard suffit à disqualifier l'ordre social. Pour les seconds, elle le déconsidère en effet, mais la sujétion au hasard étant une constante de l'humanité, la question reste inchangée. Il faut d'autres arguments pour éprouver la règle.

Or celle qui enjoint d'honorer les nobles a en sa faveur de fonctionner fort efficacement dans la réalité. Aucune ambiguïté dans son application : le noble « me fera donner des étrivières si je ne le salue » (fr.89); et aucun doute quant à l'avantage qu'elle procure, en faisant gagner « 30 ans sans peine » sur le reste des hommes (fr.104). L'habile rejoint donc le peuple au terme de l'analyse, et accepte de se soumettre à l'ordre injuste au même titre que ceux qui le croient juste. Appliquant une règle qu'il sait impertinente, l'habile est véritablement un *joueur* : la pensée de derrière, qui le distingue du peuple, est ce qui constitue en règle de jeu la règle sociale qu'il observe, ce par quoi il lui obéit rigoureusement tout en la méprisant, lui donne force de loi tout en se rappelant qu'elle n'y a aucun droit et qu'elle ne vient que du hasard.

> Il faut avoir une pensée de derrière et juger de tout par là, en parlant cependant comme le peuple (fr.91).

2. *Le hasard dans les jeux*

L'attention que Pascal a portée aux jeux de hasard prend dans cette optique un autre relief et ne peut plus être reléguée au chapitre des parenthèses mondaines ou des défis mathématiques abstraits. Le contraste est frappant entre l'objectivité dépourvue de tout aperçu moral avec laquelle Pascal établit la « règle des partis » pour son ami le chevalier de Méré et la réprobation unanime qui touche au XVIIe siècle le hasard dans les jeux. Le simple fait qu'un mathématicien réfléchisse sur le déroulement du hasard dans un jeu, qu'il en fasse un objet d'étude, heurte la position commune qui ne veut y voir qu'une force aberrante et dangereuse, n'accepte d'en traiter dans un discours que pour le condamner.

Jusqu'à la fin du XVIIIe siècle, la place plus ou moins grande laissée au hasard a constitué le seul critère de classement des jeux. On confond ainsi les jeux d'exercice (c'est-à-dire les sports) comme la paume, et les jeux de réflexion comme les échecs. Les uns et les autres, fondés exclusivement sur les forces de l'individu (qu'elles soient intellectuelles ou physiques) composent la catégorie noble des *jeux d'adresse.* La plupart des moralistes acceptent de les considérer, dans certaines limites, comme des délassements innocents, quelques-uns même leur reconnaissent une utilité véritable pour reposer l'esprit et le rendre plus apte au travail. D'autres divertissements, tout en demandant une réelle intelligence ou habileté, n'excluent pas totalement le hasard, tels le tric-trac ou les jeux de cartes évolués (hombre, piquet...) : ils constituent la classe hybride des *jeux « mêlés »* qui laissent les censeurs dans l'embarras. Tout dépendra ici des circonstances précises. Le casuiste demande à connaître le moment, le lieu, les partenaires, l'importance de la mise et surtout le rôle exact du hasard; plus il s'avère important, plus la suspicion plane sur le jeu, qui se rapproche alors de la troisième classe, celle des *jeux de pur hasard.* Furetière donne de ces derniers la définition suivante dans son dictionnaire : ce « sont les jeux des fainéants, des débauchés ou des avares, dont les principaux sont les cartes ou les dés ».

Cette condamnation sans nuances traverse tout l'ancien régime, où s'entendent à peine les analyses plus sereines de l'Anglais Gataker (*Of the nature and use of lots,* 1619) ou du Français Barbeyrac (*Traité du jeu,* 1709)[1]. L'étude documentée d'Olivier Grussi sur le jeu d'argent en France aux XVIIe et XVIIIe siècles[2] dresse un panorama impressionnant des efforts mis en œuvre pour réprimer le jeu : les règlements successifs, l'action de la police des jeux et de son réseau d'espions, l'attention avec laquelle on surveillait les quelques lieux où le jeu était

1. Thomas GATAKER, théologien et critique anglais, né à Londres en 1574 et mort en 1654, participe à une longue polémique sur la question de la nature du sort. Il soutient dans son traité, contre plusieurs autres théologiens protestants, que l'usage du hasard qui est fait dans les jeux ou divertissements n'a rien de mauvais en soi, quoiqu'il soit souvent sujet à des abus.

Jean BARBEYRAC (1674-1744), jurisconsulte français, quitte la France lors de la Révocation de l'Édit de Nantes ; il enseigne successivement à Berlin, Lausanne et Groningue. On lui doit essentiellement la traduction d'ouvrages de réflexion politique, dont l'influence a été déterminante en France (notamment de Puffendorf et de Grotius).

2. Olivier GRUSSI, *Le jeu d'argent à Paris et à la cour de 1667 à 1789*, thèse de doctorat de 3e cycle, Université de Paris IV, 1985.

Ce travail a été publié sous le titre *La vie quotidienne des joueurs sous l'ancien régime à Paris et à la cour*, Paris : Hachette (coll. « La Vie Quotidienne »), 1985.

Une présentation historique et systématique des règlements de police, de tous les efforts officiels pour étouffer les abus du jeu est donnée par Nicolas DELAMARE dans son *Traité de la police*, dont le premier volume (paru dès 1705) comporte une section consacrée aux jeux (3e livre, « lois concernant les mœurs » : titre 4, « Des Jeux »).

toléré, la guerre menée aux assemblées clandestines de joueurs. L'auteur en revanche, de façon symptomatique, se montre bien en peine d'analyser les raisons de cette mobilisation. Les méfaits du jeu de hasard, dont il emprunte la relation à la littérature de l'époque, donnent la mesure d'une crainte fantasmatique mais on ne peut les accepter comme arguments sans faire preuve d'une sérieuse naïveté [1].

Les traités de morale sur le jeu [2] consacrent l'essentiel de leurs efforts à lutter contre les jeux de hasard. Il semblerait qu'un tel acharnement dût s'appuyer sur des considérations solides et explicites. Ce n'est pas le cas. La malignité du hasard est souvent donnée comme une pétition de principe. Elle va de soi et le moraliste se contente de ressasser l'horreur qu'elle inspire, sans en indiquer bien nettement les motifs. Ou bien, quand les griefs sont exposés, le lecteur moderne ne peut se défendre d'un certain malaise devant la liste des crimes, des dégradations physiques, des déchéances qu'on impute au XVIIe siècle au jeu de hasard. Une telle exagération révèle suffisamment que les vrais motifs de la lutte ne sont pas avoués. Il est vrai que le recours au hasard est le moyen privilégié de jouer de l'argent : en ce sens le jeu de hasard est un terrain propice à exacerber les passions et il réclame une surveillance attentive. Mais au XVIIe siècle tous les jeux, y compris ceux d'adresse, s'accompagnent de mises d'argent et risquent de dégénérer quand on s'y livre immodérément. Pourquoi donc s'en prendre particulièrement au hasard? Si l'on accepte le jeu au nom de ses vertus délassantes, ne faudrait-il pas au contraire – comme le soutient fort logiquement Barbeyrac [3] – privilégier celui qui demande

1. Que l'on considère entre autres la mort du chevalier de Saint-Laurent, due au fait que pour jouer il ne se serait point couché de quinze mois (GRUSSI, *La vie quotidienne...*, p. 148). L'histoire est comparable à celle, moins tragique mais tout aussi fantaisiste, de Dusaulx, qui assure avoir vu un joueur tellement fatigué qu'il avait fait tenir ses cartes par son adversaire, pour que son besoin de dormir n'interrompît point le jeu (cité par GRUSSI, *Ibid.*, p. 116).

2. En particulier :

J. FRAIN DU TREMBLAY, *Conversations morales sur les jeux et les divertissements*, 1685. J.B. THIERS, *Traité des jeux et des divertissements qui peuvent être permis ou qui doivent être défendus aux Chrétiens selon les règles de l'Église et le sentiment des Pères*, 1685. P. ORTIGUE DE VAUMORIERE, *L'Art de plaire dans la conversation*, 1701 (l'Entretien XXVI est consacré au jeu). J. DUSAULX, *Lettre et réflexion sur la fureur du jeu*, 1775 ; *De la passion du jeu*, 1779.

3. J. BARBEYRAC, *Traité du jeu*, 1709. Livre 3, chap. VIII : « À quels jeux il est le plus à propos de se divertir ».

« Le but propre et naturel de tout jeu en général est [...] d'éviter l'ennui d'une oisiveté entière, et de s'occuper d'une manière agréable, qui ne demande ni peine, ni application, ou qui du moins n'en demande pas autant, à beaucoup près, que les affaires sérieuses auxquelles on vaque ordinairement. Ainsi plus un jeu amuse, sans un investissement intellectuel limité et se méfier au premier chef de ceux qui se transforment en étude ou en travail, tels les échecs[1] ?

La condamnation des jeux de hasard ne tient pas en réalité à une analyse concrète de leurs avantages et de leurs inconvénients, qui ne justifierait pas la place maudite qu'on leur réserve, à l'écart de tous les autres jeux. Elle dénonce une profonde horreur pour le hasard lui-même – horreur dont les causes ont évolué au fil du temps, mais qui, au nom de valeurs différentes et parfois opposées, se retrouve entière chez Lambert Daneau, pasteur de la fin du XVIe siècle, chez l'abbé janséniste Jean Frain du Tremblay, dans les *Caractères* de La Bruyère, et au beau milieu de la révolution française chez le conventionnel Dusaulx[2]. Les demi-habiles et les dévots, se conformant à la gradation pascalienne (fr.90), tiennent le même langage. Ils ne peuvent admettre que le hasard donne des droits, attribue des bénéfices. Quand bien même les mises ne seraient pas exorbitantes et les rapports entre les joueurs se maintiendraient dans les limites imposées à une bonne société, le recours au hasard n'en resterait pas moins scandaleux. Ce n'est pas, comme le proclament certains esprits superstitieux qui confondent hasard et Providence divine, parce que toute utilisation du premier serait un appel sacrilège à la seconde. L'argument, représenté au XVIIe siècle, a rapidement perdu toute respectabilité philosophique.

fatiguer l'esprit ou le corps et plus il est propre par lui-même à produire l'effet auquel il est destiné. Au contraire, plus il faut ou de contention d'esprit ou de mouvements du corps qui demandent quelque effort, et plus le jeu s'éloigne de sa véritable fin ; en sorte qu'au delà d'un certain point, ce n'est plus amusement.

De là il s'ensuit, qu'à considérer les choses en elles-mêmes, les *Jeux de pur hasard* sont ceux qui mériteraient le mieux le nom de jeu, et qui tendraient avec le plus de succès au but naturel de ce divertissement, si l'usage n'en était corrompu par l'avidité du gain » (p. 548).

1. Cf. Robert MAUZI, « Écrivains et moralistes du XVIIIe siècle devant les jeux de hasard », *Revue des sciences humaines* (Lille) n° 90, 1958, pp. 219-256.

L'auteur montre comment l'examen des jeux de hasard permet au XVIIIe siècle d'affiner la définition du plaisir. Il cite en particulier cette analyse tout à fait pénétrante de Jaucourt, auteur de l'article « Jeu » dans l'Encyclopédie :

« Les jeux qui laissent une grande part dans l'événement à l'habileté du joueur exigent une contention d'esprit trop suivie et ne tiennent pas l'âme dans une émotion continuelle, ainsi que le font le passe-dix, le lansquenet, la bassette et autres jeux où les événements dépendent entièrement du hasard. À ces derniers jeux tous les coups sont décisifs et chaque événement fait perdre ou gagner quelque chose ; ils tiennent donc l'âme dans une espèce d'agitation, de mouvement, d'extase, et ils l'y tiennent encore sans qu'il soit besoin qu'elle contribue à son plaisir par une attention sérieuse, dont notre paresse naturelle est ravie de se dispenser ».

2. Lambert DANEAU, *Brève remontrance sur les jeux de sort ou de hasard, et principalement de dés et de cartes*, 1591 ; FRAIN DU TREMBLAY et DUSAULX, *op. cit.*

Le fond du problème est ailleurs, comme l'expose Saint François de Sales dans son *Introduction à la vie dévote* , avec une clarté qu'on retrouvera rarement par la suite :

> Les jeux des dés, des cartes et semblables, èsquels le gain dépend principalement du hasard, ne sont pas seulement des récréations dangereuses comme les danses, mais elles sont simplement et naturellement mauvaises et blâmables : c'est pourquoi elles sont défendues par les lois tant civiles qu'ecclésiastiques. Mais quel grand mal y a-t-il, me direz-vous? – Le gain ne se fait pas en ces jeux selon la raison, mais selon le sort, qui tombe bien souvent à celui qui par habileté et industrie ne méritait rien; la raison est donc offensée en cela. – Mais nous avons ainsi convenu, me direz-vous. – Cela est bon pour montrer que celui qui gagne ne fait pas tort aux autres, mais il ne s'ensuit pas que la convention ne soit déraisonnable, et le jeu aussi; car le gain qui doit être le prix de l'industrie, est rendu le prix du sort, qui ne mérite nul prix, puisqu'il ne dépend nullement de nous[1].

Le maître mot de ce texte de 1608 est celui-là même au nom duquel est honni le hasard pendant tout le Siècle des lumières : la raison. Le sort est une puissance déraisonnable qui récompense le malhabile et méprise l'effort, ne tient aucun compte des mérites et, ce faisant, bouleverse l'ordre du monde. Le jeu de hasard remet en cause les valeurs individuelles et sociales qui ont cours, il provoque ainsi la colère de tous ceux qui croient en leur bien-fondé : le nouvel ordre bourgeois prôné par le demi- habile XVIIIe siècle ne saurait davantage s'en satisfaire que les anciens préjugés aristocratiques. Si les rapports instaurés entre les hommes, la hiérarchie des fonctions, des honneurs, des richesses, sont justes, c'est-à-dire s'ils sanctionnent des différences essentielles, comment peut-on admettre qu'un dé en roulant sur une table, que le tirage d'une carte, viennent modifier, de façon parfois importante, l'organisation sociale patiemment édifiée?

Derrière la compassion pour le fils de famille qui dilapide son héritage sur un tapis vert, ou pour l'ouvrier qui perd dans un tripot le fruit de son travail, derrière l'envie pour le petit marquis – Dangeau – devenu grâce au jeu un familier du roi, il y a surtout la constatation insupportable d'une mobilité sociale qui bafoue les valeurs établies. S'il la tolère, l'État laisse entendre qu'il ne croit pas vraiment en ses règles. La Bruyère nous présente ainsi les joueurs comme des

1. Saint FRANÇOIS DE SALES, *Introduction à la vie dévote*, 1609; 3e partie, chap. XXXII : « Des jeux défendus ».

Ce chapitre, inséré dans la première édition (1609) a été omis dans les deux suivantes.

anarchistes et semble bien moins s'émouvoir des risques qu'ils courent que de ceux qu'ils font courir à l'ordre social :

> Ils ne reconnaissent plus ni liaisons, ni alliance, ni naissance, ni distinctions : le hasard seul, aveugle et farouche divinité, préside au cercle et y décide souverainement...
>
> L'on ne reconnaît plus en ceux que le jeu et le gain ont illustrés la moindre trace de leur première condition : ils perdent de vue leurs égaux et atteignent les plus grands seigneurs [1].

Cet argument est pour beaucoup dans la répugnance que les esprits du XVIIIe siècle continuent à éprouver pour les jeux de hasard [2]. On se serait en effet attendu qu'un siècle de libéralisation morale sous bien des aspects, considérât avec plus de sérénité les cartes et les dés. Il n'en est rien. On trouve même des écrivains du XVIIIe siècle pour reprocher aux autorités religieuses du siècle précédent un manque de sévérité à l'égard du jeu. Dusaulx, dans la préface de son traité sur le jeu, commente ainsi une *Résolution sur le Jeu de hasard*, faite en Sorbonne le 25 juin 1697:

> La Sorbonne n'a pas dédaigné de s'expliquer sur le jeu : on ne peut qu'applaudir à la sagesse de ses motifs, à la justesse de ses décisions. Elle affirme, néanmoins, que le désir du gain dans cette conjoncture est irrépréhensible, pourvu qu'il soit réglé : à cet égard je serai moins complaisant que la Sorbonne [3].

1. LA BRUYÈRE, *Les Caractères*, Garnier, 1962. « Des biens de fortune », § 72 et 73, p. 200. Voir L. Thirouin : « La dénonciation du jeu dans les *Caractères* de La Bruyère » (1998).

2. La liste serait longue de toutes les œuvres du XVIIIe siècle inspirées par une vision catastrophique du jeu, tant en poésie (cf. Chevalier Antoine de LAURES : *La passion du jeu*, 1751 ; MORVAN : *Ode contre le jeu*, 1787) qu'au théâtre.

Il est d'ailleurs particulièrement intéressant de constater le glissement dans le traitement théâtral du thème. Le jeu, dans les pièces de REGNARD (*Le Joueur*, représenté en 1699), de DUFRESNY (*Le Chevalier joueur*, 1697 ; *La Joueuse*, 1716), de DANCOURT (*La Déroute du Pharaon*, 1718), est un sujet de comédies de mœurs. Il fournit aux auteurs un réservoir de ridicules. A partir du milieu du XVIIIe siècle, sous l'influence d'une pièce anglaise (*The Gamester* d'E. MOORE, 1753), apparaît au contraire la tragédie du jeu, où celui-ci devient responsable de scènes de folie et d'hallucination : *Le Joueur* de DIDEROT (1760), *Le Joueur* de l'abbé BRUTÉ DE LOIRELLE (1762) et surtout la tragédie bourgeoise de SAURIN, *Beverlei* , représentée avec grand succès à partir de 1768 (cf. Jacques VIER : « *Beverlei* de Bernard-Joseph Saurin », in *Le Jeu au XVIIIe siècle*, actes du colloque d'Aix-en-Provence). Le joueur s'est métamorphosé là en un monstre prêt à assassiner ses enfants, un homme en qui la passion du jeu a tué l'humanité.

3. J. DUSAULX, *De la passion du jeu*, préface p. XXII.

On conçoit maintenant que n'est pas innocent le travail de Pascal mathématicien pour qui le hasard donne véritablement des droits, qui se peuvent mesurer et auxquels s'appliquent les règles de l'équité. En trouvant une solution au problème de Méré, Pascal permet, quand un jeu de hasard est interrompu avant sa fin normale, de répartir malgré tout les enjeux dans le respect de la convention initiale :

> Le règlement de ce qui doit appartenir [aux joueurs] doit être [...] proportionné à ce qu'ils avaient droit d'espérer de la fortune[1].

Une telle attitude, derrière son apparente neutralité scientifique, prend le contre-pied du sentiment général sur le jeu. La position d'un Lambert Daneau par exemple est strictement incompatible avec les analyses pascaliennes :

> Quiconque retient l'argent d'un autre sur ce fondement qu'il le lui a gagné au jeu, le retient injustement, et avec aussi peu de bonne conscience que s'il le lui avait dérobé[2].

Les lois, à l'époque de Pascal, refusent catégoriquement de prêter leur appui aux joueurs qui ne pourraient se faire payer leur gain, alors qu'elles multiplient les cas où les perdants peuvent demander à être remboursés, quand bien même le jeu n'aurait été entaché d'aucune tricherie. Quant aux casuistes, ils hésitent souvent à absoudre un joueur

Dans son article déjà cité, R. MAUZI explique ce passage d'une attitude d'abord nuancée à la critique virulente – qui culmine avec les ouvrages de DUSAULX – par le développement de considérations sociales.

« De tous les divertissements, le jeu est le seul qui contredit cette découverte fondamentale du siècle : la sociabilité naturelle de l'homme. [...] Les joueurs ne donnent pas seulement raison à Hobbes, mais aussi à Pascal. Comment la morale du siècle, qui compte Hobbes et Pascal parmi ses ennemis les plus illustres, pourrait-elle accepter de les justifier ? » (MAUZI, *op. cit.* pp. 240-41).

1. PASCAL, *Traité du triangle arithmétique. Œuvres Complètes*, éd. J. Mesnard, t.2, p. 1308.

2. Lambert DANEAU, *op. cit.*, chap.2, *in fine*.

La conception sereine du jeu comme contrat et non plus comme activité blasphématoire ou délirante servira de base à la réflexion du juriste Barbeyrac, dans son *Traité du jeu* de 1709. Mais une position aussi neutre et mesurée n'est pas encore uniformément admise à la fin du XVIIIe siècle. En 1779, J. DUSAULX, dans l'épais ouvrage déjà cité (*De la passion du jeu*) qu'il consacre à la question, s'attaque tout spécialement aux thèses de BARBEYRAC :

« Ce qui fatigue le plus c'est qu'on s'aperçoit à chaque page qu'il s'est donné la torture pour ramener, sans nécessité, tous les principes du droit et de la morale aux conventions des joueurs : barbares conventions, qui, malgré les méprises des législateurs modernes, n'ont jamais obtenu, n'obtiendront jamais de sanction vraiment légale. Se figurant que l'on peut statuer sur la bonne foi des joueurs, tantôt il considère le jeu comme un simple amusement, tantôt comme un commerce légitime » (préface p. XVII).

s'il n'a pas auparavant restitué les sommes acquises au jeu. Le problème est longuement débattu par Jean Pontas[1]. Un autre docteur, Jacques de Sainte-Beuve, proche de Port-Royal, résume bien les termes du débat. Le jeu est condamné comme un contrat inique, mais peut-on, pour des motifs moraux, pousser quelqu'un à revenir sur ses engagements, et au moment précis où son intérêt l'y incite ?

> Question : Si un homme est obligé en conscience à payer une somme qu'il a perdue au jeu, mais qu'il n'a pas payée en quittant le jeu. La raison de douter d'une part, est que l'équité naturelle semble demander, que comme cet homme aurait tiré l'argent de son compagnon, s'il eût gagné, ou aurait voulu être payé après, il paye aussi ce que l'autre lui a gagné. D'ailleurs au contraire, les Ordonnances de nos Rois, spécialement celle de Paris en Janvier 1629, art.138, déchargent de toutes obligations civiles et naturelles qu'on pourrait contracter pour argent perdu au jeu[2].

1. Dans son *Dictionnaire des cas de conscience* (1715), au chapitre « Jeu » (t. 1), Jean PONTAS énumère tous les cas où la restitution est nécessaire. Elle s'impose notamment – et ce pour toutes les sortes de jeu – quand il a été fait violence à un des joueurs (cas VI : Leonor) ou quand un mineur est mis en cause. En dehors de ces cas où la sévérité est aisément justifiable, il apparaît que le jeu de hasard continue à poser un problème aux casuistes. Le cinquième cas analysé, celui de Lubin, est sur ce point symptomatique :

« Lubin ayant gagné aux dés dix écus à Marin, et se confessant d'avoir joué à ce jeu de hasard, et d'y avoir employé un temps considérable ; son confesseur lui a ordonné de restituer cette somme, attendu que ce jeu est défendu par les Canons, par les lois civiles et par les ordonnances de nos rois, soutenues et exécutées par plusieurs arrêts du Parlement, qui le déclarent illicite, même aux laïcs. Mais un autre confesseur, qui passe pour un homme savant, lui a dit qu'il n'était point obligé en conscience à faire cette restitution. Il demande à quoi il doit s'en tenir ? »

La réponse est longue et embarrassée. Elle prend acte des divergences entre les docteurs, pour aboutir à imposer la restitution, mais sous deux formes différentes. Si le perdant a été, d'une façon ou d'une autre, contraint à jouer, ou s'il ne pouvait pas véritablement disposer de la somme qu'il a perdue, c'est directement à lui que le vainqueur doit restituer le montant du gain. Si le jeu n'a laissé place à aucune irrégularité, le vainqueur doit quand même rendre ce qu'il a gagné, mais sous forme d'aumônes aux pauvres.

2. Jacques de SAINTE-BEUVE, *Résolution de plusieurs cas de conscience...*, t. 3, 1715, cas 234 (« Du Jeu »), p. 712.

La solution du cas proposé passe une fois encore par le rejet des jeux de hasard :

« Il faut distinguer les jeux permis ou défendus. A l'égard des premiers, il y a obligation de payer ce que l'on a perdu. A l'égard des autres, les théologiens sont partagés. Les uns disent, qu'on n'est point obligé de payer à celui qui a gagné, mais que l'on en est absolument déchargé. D'autres, qu'il faut le payer ou à celui qui a gagné, ou aux pauvres. D'autres, qu'on doit le payer à celui qui a gagné ; mais que l'ayant payé, on est en droit de le répéter sur lui ».

Les moralistes ont pour les jeux de hasard une telle répugnance qu'ils n'hésitent pas à relativiser des principes moraux essentiels, comme le respect de la parole donnée.

Nous ne voulons pas à l'inverse ériger Pascal en défenseur des jeux de hasard. Il ne regardait certainement pas sans dégoût la passion du jeu. Au cours de l'ancien régime, elle a pu prendre parfois le caractère d'une véritable plaie sociale. Elle a fait des victimes, dégradé, ruiné des existences. En tant qu'activité concrète, pratiquée dans les académies et les brelans, il fallait de toute évidence restreindre son emprise. Mais quand, dépassant les problèmes de police, on s'élève à une réflexion d'ordre plus théorique, les divergences se manifestent, et sont lourdes de signification. Pour la plupart des contemporains de Pascal, le jeu apparaît comme un cancer qui menace de s'étendre et de contaminer d'arbitraire, d'absurde, le fonctionnement sain de la société. C'est l'image même de ce dont il faut se protéger. Pour Pascal, c'est plutôt un merveilleux terrain d'études, un modèle réduit idéal ; il présente sous une forme évidente et épurée ce même hasard qui a cours partout en dehors du jeu : la « règle des partis » est d'abord la solution du problème technique de Méré, mais elle prend dans les *Pensées* une tout autre ampleur. Elle permet à la raison de traiter les problèmes que continue à poser le hasard après qu'on a quitté le jeu :

> On doit travailler pour l'incertain, par la règle des partis qui est démontrée (fr.577).

Ceux qui bannissent les jeux de hasard au nom de valeurs sociales ou individuelles, se rassurent de la sorte en cantonnant le hasard qui les inquiète dans quelques activités marginales et déconsidérées. C'est agir en fait de façon magique, reporter sur le jeu de hasard tous les éléments d'aléatoire qu'on ne veut pas discerner dans l'ordre quotidien.

Ce refus de reconnaître le hasard, alors même qu'on en applique les ordres, amène à une étrange inconséquence qui suscite la moquerie de Pascal :

> On agit sérieusement et chacun suit sa condition, non pas parce qu'il est bon en effet de la suivre, puisque la mode en est, mais comme si chacun savait certainement où est la raison et la justice. On se trouve déçu à toute heure et par une plaisante humilité on croit que c'est sa faute et non pas celle de l'art qu'on se vante toujours d'avoir (fr.33).

Chacun, en suivant sa condition, s'abandonne au hasard qui la lui a attribuée. Pascal, à la différence d'un demi-habile, trouve bon qu'on se conforme à la mode, c'est-à-dire que, pour tenir au mieux le rôle qu'on a tiré au sort, on se comporte selon les règles qui ont cours. Mais cela évidemment ne peut se faire sérieusement car ce sont des règles insignifiantes et par elles-mêmes sans valeur. De même qu'Aristote et Platon n'ont fait leurs lois qu'« en se jouant » (fr.533), on ne peut les suivre que par esprit de jeu. Elles vont fatalement contredire la justice et la raison, qui n'ont eu aucune part à leur établissement. Ceux qui prennent au sérieux les règles de leur condition, « déçus à toute heure », ne comprennent pas pourquoi elles les amènent ainsi à s'écarter de la raison. S'ils étaient logiques, ils continueraient à respecter leurs lois mais avec une pensée de derrière, comme des règles de jeu dont on admet l'autorité sans avoir à en reconnaître l'intelligence. Mais ils préfèrent s'en prendre à eux-mêmes et, par une « plaisante humilité », s'accuser de mal suivre leurs lois plutôt que d'avouer qu'elles sont imparfaites. Leur humilité est plaisante car elle est l'aboutissement paradoxal d'un orgueil. Elle montre à quoi est prêt l'esprit humain pour ne point apercevoir l'arbitraire et la contingence qui apparentent l'ordre social à un jeu de hasard. La seule réaction logique, devant les faillites répétées de « l'art qu'on se vante d'avoir », est d'avouer enfin son impuissance et renoncer à juger soi-même de la justice. L'exemple que nous donne Pascal de cette autre conclusion – réfutation exacte du fr.33 – est celui de son propre cheminement :

> J'ai passé longtemps de ma vie en croyant qu'il y avait une justice et en cela je ne me trompais pas, car il y en a selon que Dieu nous l'a voulu révéler, mais je ne le prenais pas ainsi et c'est en quoi je me trompais, car je croyais que notre justice était essentiellement juste, et que j'avais de quoi la connaître et en juger, mais je me suis trouvé tant de fois en faute de jugement droit, qu'enfin je suis entré en défiance de moi et puis des autres (fr.520).

DEUXIÈME PARTIE

RÈGLES

« Elle est toute ramassée en soi, elle est loi et rien davantage ».

(*Pensées, fr.60*)

CHAPITRE III

LES LOIS HUMAINES

Le peuple a des opinions saines, en dépit de leur naïveté, car elles prennent en compte la réalité. Les demi-habiles, au contraire, nient l'évidence et cherchent toujours à faire croire que ce qui fonctionne ne fonctionne pas, sous prétexte que sont enfreintes les règles de la raison (de ce qu'ils s'imaginent être la raison). Chercher la chasse et non la prise, qui en est la fin normale, est un comportement théoriquement aberrant – pourquoi chassez-vous si le gibier ne vous importe pas ? – mais l'observateur honnête de la réalité constate que la chasse remplit ainsi son seul vrai rôle qui est le divertissement. Ceux, en revanche, qui partent d'une position de principe sont continuellement amenés à se moquer de ce qu'ils voient :

> Les demi-savants [...] triomphent à montrer là-dessus la folie du monde (fr.101).

Leur rire est en fait ridicule et les apparente à des sauvages qui jugent sommairement, de l'extérieur, sans pénétrer le bénéfice véritable d'un ordre absurde au premier abord. « Cannibales se rient d'un enfant roi » (fr.101). Si l'on ne veut pas faire rire à ses dépens, il faut penser de façon inverse, partir de la réalité, et reconnaître qu'un comportement est toujours assez juste s'il donne satisfaction.

Pour l'habile, le problème des lois humaines passera ainsi par une double constatation :

– Aucune des lois qui nous gouvernent ne peut supporter un examen critique. Dès qu'on en sonde une sans indulgence, écartant la part de coutume qui fait toute son autorité, on met en lumière sa contingence première. Nos règles n'ont pour elles que leur antiquité et le consensus qui peu à peu les a rendues fortes, mais en elles-mêmes elles n'ont aucun titre à nous gouverner.

– Elles existent néanmoins et se font respecter, protégeant la société d'un désordre qui serait préjudiciable à tous. Elles s'acquittent bien du rôle dévolu à des lois et leur utilité concrète est incontestable.

Quel comportement faudra-t-il adopter à leur égard? Quel statut théorique réserver à un tel assemblage d'invalidité et d'efficace?

1. *L'imperfection des lois humaines et ses conséquences paradoxales*

La liasse *Ordre* annonce une «lettre de l'injustice» (fr.9) où les lois apparaîtraient comme autant de plaisanteries :

> La plaisanterie des aînés qui ont tout. Mon ami vous êtes né de ce côté de la montagne, il est donc juste que votre aîné ait tout (fr.9).

La formulation est ambiguë. Se moque-t-on des aînés ou se moquent-ils de nous? Ils semblent à la fois l'objet de la plaisanterie et les auteurs de cette plaisanterie, qui prennent à partie leurs victimes dans une apostrophe ironique. Leur statut de légataires universels est une extravagance, désignée à la raillerie publique, mais c'est aussi de leur part une moquerie adressée aux naïfs qui croiraient encore à la justice des lois. Pascal joue sur le terme «plaisant», qu'il décline dans toutes les premières liasses des *Pensées*. L'humilité de l'homme est qualifiée de «plaisante» (fr.33) quand il préfère s'accuser de mal suivre ses règles plutôt que d'avouer qu'il n'en a aucune. La langue du XVIIe prend généralement l'adjectif au second degré et traite de plaisants des objets ou des personnes qui suscitent la réprobation, voire l'indignation, et aucunement le plaisir. Mais en un sens premier, est plaisant ce qui fait rire, ce dont on se gausse. Pascal confond volontairement les deux registres et, par le jeu d'un adjectif, glisse ironiquement de l'horrible au risible.

> Se peut-il rien de plus plaisant qu'un homme ait droit de me tuer parce qu'il demeure au-delà de l'eau et que son prince a querelle contre le mien, quoique je n'en aie aucune avec lui (fr.60).

Aucun accent de révolte ici dans les analyses pascaliennes, aucun sentiment d'horreur, mais une jubilation devant la force comique des lois[1]. La méthode, héritée de Montaigne («Apologie de Raymond

1. Cf. Philippe SELLIER : «Vous êtes embarqué : où prendrons-nous un port dans la morale?», *Papers on French 17th Century Literature* VIII (14-2), 1981, pp. 13-37.

«Les bizarreries humaines suscitent chez l'apologiste une réaction dont l'ampleur ne saurait être trop soulignée : le rire. Le rire pascalien, avec toutes ses nuances, est presque omniprésent dans les *Pensées*, avec des termes comme "plaisant", "plaisanterie", "rire", "ridicule". L'être humain y tend souvent vers le

Sebond»), que Pascal systématise, est d'inspiration quasi mathématique : elle consiste à déterminer pratiquement les *limites* d'une loi. Entre quelles bornes de temps et d'espace une loi est-elle valide ? Celle par exemple qui interdit de tuer perd son autorité en temps de guerre, où le crime devient vertueux quand il a pour victime l'ennemi désigné. Pour un observateur qui se contente d'enregistrer les phénomènes sans entrer dans leur logique interne, la limite d'application de la loi est, dans ce cas, la frontière entre deux États.

> Mon ami, si vous demeuriez de ce côté, je serais un assassin, et cela serait injuste de vous tuer de la sorte. Mais puisque vous demeurez de l'autre côté, je suis un brave et cela est juste (fr.51).

Dans la «lettre de l'injustice», c'est-à-dire essentiellement dans le fragment 60, qui en est l'état le plus élaboré, Pascal affecte de n'entendre aucune raison et met mécaniquement en rapport l'ambition morale de la loi avec les éléments prosaïques concrets qui définissent son empire, les chaînes de montagnes, les rivières entre lesquelles elle a force, les modes («le droit a ses époques» fr.60). Il s'ensuit une disproportion cocasse entre les justifications nobles, d'ordre éthique, et les conditions contingentes, que Pascal érige en seules causes réelles des lois. L'effet immédiat est le rire : les lois humaines, qui prétendent recevoir leur autorité de la nature même de l'homme, sont dénoncées par leur instabilité comme des fruits du hasard. Le hasard les a «semées» (fr.60) et a poussé la «plaisanterie» (*ibid.*) jusqu'à n'en laisser subsister aucune universellement.

Pascal est évidemment de mauvaise foi, il sait fort bien qu'une loi ne peut se permettre d'être monolithique, «plantée par tous les États du monde, et dans tous les temps» (fr.60). Le modèle de la «véritable équité», au nom duquel il se gausse des lois changeantes, est incompatible avec une morale humaine. Sur la question même de l'homicide, il est prêt ailleurs à admettre qu'aucune position fermement tenue ne serait satisfaisante.

> Que dira-t-on qui soit bon? [...] De ne point tuer? non, car les désordres seraient horribles, et les méchants tueraient tous les bons. De tuer? non, car cela détruit la nature. Nous n'avons ni vrai, ni bien que en partie, et mêlé de mal et de faux (fr.905).

Pour ne pas être injuste, il faut bien s'accommoder d'un certain relativisme et Pascal reconnaît le bien-fondé de l'adage latin «*summum jus, summa injuria*» (fr.85).

fantoche ou la marionnette, comme le philosophe sur sa planche ou les magistrats emmaillotés du fragment "imagination"». Voir L. Thirouin : « La vanité (pour rire) » (2006).

Les plus sages lois du monde ne seraient pas à l'abri des quolibets de Montaigne et de Pascal, car la définition authentique de la justice est inapplicable. Si dans ces conditions le philosophe persiste à penser la loi en termes de justice, le désaccord perpétuel des deux notions le conduira, en toute logique, à une position anarchiste, à un refus général et définitif de toute loi. Les demi-habiles sont préservés de cette tentation pour une simple raison : leur irréductible optimisme, leur confiance dans les forces humaines. Ils dénoncent les lois mauvaises et seraient à vrai dire bien en peine d'en désigner qui les satisfassent, mais ils continuent toujours à croire possible ce qu'ils ne rencontrent jamais. Ils se vantent de connaître l'ordre et se font forts de réconcilier les lois avec lui. Pascal s'en prend précisément à cette belle espérance; ses critiques en effet ne sont pas seulement ponctuelles, elles débouchent sur une proclamation d'ordre général : l'incapacité essentielle de l'homme à accorder la justice et les lois.

> ... il n'y en a aucune vraie et juste à introduire... (fr.525).

> Rien suivant la seule raison n'est juste de soi (fr.60).

En scrutant les lois positives, le philosophe constate qu'aucune ne satisfait les exigences de la justice. Mais il s'est convaincu par ailleurs que cette divergence est inéluctable et fondamentale. Il peut donc annoncer *a priori* la malignité de toute loi, sans même l'examiner. La position de Pascal semble aboutir naturellement à un refus généralisé d'obéir aux règlements humains, à une justification théorique de tout comportement anarchiste. Or la conclusion de l'analyse pascalienne est exactement inverse. La lettre de l'injustice des lois se transforme brusquement en une lettre de l'allégeance aux lois, qui, au bout du compte, tirent une force redoublée de ne point avoir part à la justice.

Pascal déplace en fait le problème. Si les lois sont injustes et que néanmoins elles assurent réellement leur mission, si en dépit de leur vanité elles savent garantir la cohésion de la société, protéger l'homme des pires affrontements, c'est que la loi humaine n'a aucun rapport avec la justice :

> Qui leur obéit parce qu'elles sont justes obéit à la justice qu'il imagine, mais non pas à l'essence de la loi. Elle est toute ramassée en soi. Elle est loi et rien davantage (fr.60).

L'analyse habituelle, qui demande compte de leur justice aux lois, commet une confusion d'ordres; elle prend pour fondamental un caractère accessoire de la loi : l'illusion de justice, qu'elle conserve uniquement pour présenter une image plus acceptable. La loi en réalité est de l'ordre de la chair, c'est-à-dire que son principal mérite réside dans sa force.

> On rend différents devoirs aux différents mérites, devoir d'amour à l'agrément, devoir de crainte à la force, devoir de créance à la science. On doit rendre ces devoirs-là, on est injuste de les refuser et injuste d'en demander d'autres (fr.58).

La tyrannie, pour Pascal, consiste à faire valoir un mérite en dehors de son ordre. Si la beauté réclame créance au lieu de se contenter d'être admirée, elle est tyrannique. Selon la même logique, la loi, n'étant pas de l'ordre de l'esprit, n'a pas à être juste. Ce serait discours « faux et tyrannique » (fr.58) que de lui objecter : tu n'es pas juste, je ne t'obéirai donc pas. Son injustice fait que je ne l'estimerai pas mais elle n'influe en rien sur l'obéissance que je lui dois, laquelle ne dépend que de sa force.

Les moqueries du fragment 60 n'aboutissent donc pas à dépouiller les lois de leur autorité mais à distinguer strictement leur ordre de celui de la justice. Cette distinction devrait clore le débat. Il n'en est pourtant rien, car elle implique la nécessité d'un conflit, au moins à l'origine. Pour Pascal, la naissance de l'ordre social se traduit toujours par la résolution d'une crise : d'un côté, une force véritable, qui se faisait donc obéir, mais incapable de se donner une légitimité (« la force sans la justice est accusée » fr.103) ; de l'autre, une justice dont le sentiment n'était pas encore mort, qui pouvait se faire reconnaître par les esprits justes, mais dépourvue de moyens pour s'imposer (« la justice sans la force est contredite, parce qu'il y a toujours des méchants » fr.103). L'homme, par nostalgie de l'ordre divin et aussi sans doute par orgueil, ne se satisfait pas d'une telle discordance (« On ne veut être assujetti qu'à la raison ou à la justice » fr.525). Il fallait, pour le rassurer et garantir ainsi la tranquillité, donner l'impression factice – et proprement tyrannique – d'une justice forte ou d'une force juste. Pascal montre que la tricherie est possible, mais dans un seul sens : la force, « qualité palpable » (fr.85), ne laisse jamais subsister aucun doute quant à sa réalité ; la justice est plus facile à simuler. On a donc investi du titre de lois les ordres de la force, c'est-à-dire, le plus souvent, ceux du plus grand nombre (la « pluralité ») et l'on a fait comme si l'avis des moins habiles, qu'il était force de suivre puisqu'ils sont les plus nombreux, représentait en même temps la justice. C'est dorénavant par abus de langage que les lois sont dites justes, leur justice est le résultat d'une manipulation idéologique. « On appelle juste ce qu'il est force d'observer » (fr.85). Il y a eu substitution, on a reporté sur la force les attributs de la justice. En ce sens second, construit, le terme de justice exclut évidemment qu'on l'utilise pour contester la force. Ainsi se dissipe le paradoxe apparent des formulations pascaliennes :

> De là vient le droit de l'épée, car l'épée donne un véritable droit. [...]
>
> De là vient l'injustice de la Fronde, qui élève sa prétendue justice contre la force (fr.85).

La règle est justifiée par sa seule faculté de régler. « Elle est loi et rien davantage » (fr.60). Inaccessible à toute approche morale ou même rationnelle, elle est la pure expression indiscutable de la force qu'elle représente. Cette autonomie de la loi, cet arbitraire qui en devient la définition même, lui confèrent une autorité absolue. Tant qu'elle a le pouvoir de s'imposer, elle est fondée à le faire.

Il s'agit bien entendu ici, répétons-le, d'une définition dégradée de la justice, ou pour être plus strict, il ne s'agit plus du tout de justice. Dans un monde abandonné au hasard, les règles qui s'appliquent sont semblables à celles d'un jeu : aussi contingentes et aussi fortes. Dans les deux cas, c'est d'ailleurs l'inintelligence de la règle qui fait sa puissance. La règle d'un jeu ne se réclame d'aucune nécessité, elle ne repose sur aucun fondement rationnel : elle est à la fois parfaitement arbitraire (toute autre règle pourrait prendre sa place, définir un autre jeu) et structurellement incontestable. Si on transgresse la règle d'un jeu, celui-ci devient absurde puisqu'il n'est rien d'autre que la somme de ses règles. Il en va de même pour les lois qui organisent la société des hommes. L'idéal aurait été qu'elles traduisent en règlements la loi naturelle présente dans le cœur de l'homme. Pour son malheur, il en a perdu l'accès : « Il y a sans doute des lois naturelles, mais cette belle raison corrompue a tout corrompu » (fr.60). L'homme, qui ne sait plus discerner en soi les lois naturelles, s'il se soucie de maintenir un ordre, est contraint de forger des règles artificielles, reconnaître des lois qui ne peuvent aucunement prétendre à la légitimité.

La seule différence finalement entre la règle de jeu et la loi humaine est une différence d'échelle. Les espaces respectivement définis sont de même nature mais incommensurables. La règle de jeu est absolue pour ceux qui ont décidé de prendre part au jeu : on ne peut pas jouer et mettre en question les règles du jeu, mais on peut bien entendu ne pas jouer. On est soumis à l'arbitraire du jeu une fois qu'on a, par une libre décision, accepté de se placer dans le cadre contraignant qu'il détermine. La servitude est ici compensée par son aspect volontaire. Pour les règles sociales, il en va tout autrement. Il n'y a pas d'acceptation ou de refus possible de l'espace social. Nous avons perdu le droit de critiquer nos lois, puisqu'il est ridicule de soumettre à une évaluation des règles arbitraires, mais nous ne pouvons pas davantage nous situer en dehors de leur emprise. Le choix ne nous est jamais laissé de participer ou non au jeu social. Joueur malgré lui, l'homme expérimente ici l'inconfortable situation où le mettra à nouveau, plus gravement encore, la question du pari.

De ces spéculations sur la nature des règles, Pascal tire une conséquence pratique, simple et sans nuance :

> La justice est ce qui est établi; et ainsi toutes nos lois établies seront nécessairement tenues pour justes sans être examinées, puisqu'elles sont établies (fr.645).

Il ne s'ensuit pas que toutes les lois se vaillent et nous verrons que « l'établissement » d'une loi, s'il ne dépend point de sa justice, implique qu'elle manifeste certaines qualités propres dont proviendra sa force. Toutes les fantaisies ne sont pas également aptes à régler le monde. Le point reste néanmoins acquis pour Pascal que la justice est d'un autre ordre : son intrusion dans le débat est impertinente. Il n'y a aucune tyrannie pour une loi injuste à demander obéissance puisque lui donne autorité son seul caractère de loi et aucunement une hypothétique justice.

2. *La fragilité des lois humaines*

La vraie nature des lois est ludique. La source réelle de leur pouvoir s'écarte ainsi considérablement de l'image qu'elles présentent. Car nous avons vu le travail « d'intoxication idéologique » auquel elles se livrent pour continuer à se parer des attributs extérieurs de la justice. Il y a là un certain paradoxe : si les lois étaient véritablement fortes, quel besoin auraient-elles de détourner la justice à leur profit ?

> Ne pouvant faire qu'il soit force d'obéir à la justice on a fait qu'il soit juste d'obéir à la force. Ne pouvant fortifier la justice on a justifié la force, afin que le juste et le fort fussent ensemble... (fr.81).

Quel risque courraient-elles à avouer l'étanchéité des ordres ? Si leur établissement suffit à les légitimer, comme le soutient Pascal, pourquoi les lois affectent-elles une autre légitimité ?

Quand Pascal, devant l'irréductible diversité des lois et l'incohérence de leur répartition, arrive à la conclusion qu'elles sont seulement l'expression de la coutume, il met en réalité à leur pouvoir une condition beaucoup plus restrictive qu'il ne semble au premier abord. «La coutume est toute l'équité, par cette seule raison qu'elle est reçue» (fr.60). La coutume donne force parce qu'elle représente habituellement la volonté du grand nombre. Les deux notions se recouvrent la plupart du temps mais, comme elles peuvent venir à diverger, il est bon de connaître leur préséance dans l'ordre de la causalité. Pascal s'interroge ainsi, dans la liasse «raison des effets», sur l'ostracisme que subissent les inventeurs – il parle sans doute d'expérience – et la résistance que rencontrent tous les efforts d'innovation :

> C'est l'effet de la force, non de la coutume, car ceux qui sont capables d'inventer sont rares. Les plus forts en nombre ne veulent que suivre et refusent la gloire à ces inventeurs qui la cherchent par leurs inventions... (fr.88).

La réticence devant le changement ne traduit pas, comme il peut sembler, un respect fondamental pour la coutume. L'inertie est une donnée essentielle des sociétés, dans la mesure seulement où elle rencontre le désir de la majorité («les plus forts en nombre ne veulent que suivre»). Les inventeurs sont condamnés non parce qu'ils s'en prennent à la coutume, mais parce qu'ils sont peu nombreux. La source réelle de la force est donc toujours la même, c'est le nombre : ce que Pascal désigne par le terme de «pluralité» et à quoi les sociétés modernes ont donné une honorabilité conceptuelle sous le nom de démocratie. Il pourrait se faire, dans certaines conditions que le plus grand nombre se déprenne de la coutume et décide de la bouleverser. Elle n'aurait alors aucun moyen de se maintenir, et c'est précisément le risque que courent en permanence les lois.

> Le peuple suit [la coutume] par cette seule raison qu'il la croit juste. Sinon il ne la suivrait plus quoiqu'elle fût coutume (fr.525).

Le peuple en effet – qui représente le plus grand nombre – s'est convaincu à tort que l'antiquité des lois était le gage de leur justice. Ou plutôt, tout simplement, il oublie de poser la question de la justice à ce qu'il a toujours vu respecter. Il met donc la force du grand nombre au service de la coutume. Mais que se passerait-il s'il découvrait que les lois coutumières, dont il admet la justice, ne sont rien d'autre en réalité que des règles de jeu conventionnelles auxquelles on s'est peu à peu accoutumé ? Confronté aux analyses sceptiques de Montaigne et de Pascal, éclairé sur l'impertinence des lois, il n'acceptera sans doute pas de leur conserver son respect.

Les lois sont fortes, non parce qu'elles participent d'une justice quelconque, mais parce qu'elles bénéficient de la reconnaissance du peuple. Cependant le peuple les reconnaît parce qu'il est convaincu qu'elles sont justes. La question de la justice ne peut donc pas être absolument détachée des lois, dans la mesure où la confusion subsiste pour le plus grand nombre. La force des lois repose sur un malentendu, qu'elles n'ont aucun intérêt à dissiper.

Pascal craint que le pouvoir de la majorité ne finisse par s'exercer contre les lois établies et que le peuple, dans une crise de lucidité, ne vienne à désorganiser gravement la société. Pour écarter ce risque, deux stratégies sont envisagées dans les *Pensées*, l'une noble, l'autre qui l'est bien moins. L'idéal serait que le peuple, accédant à la profondeur d'analyse des habiles, prenne conscience de la vraie nature des lois : que ce sont des règlements comme ludiques et que l'on doit s'y soumettre bien qu'ils naissent au hasard.

> Il est dangereux de dire au peuple que les lois ne sont pas justes car il n'y obéit qu'à cause qu'il les croit justes. C'est pourquoi il faut lui dire en même temps qu'il y faut obéir parce qu'elles sont lois, comme il faut obéir aux supérieurs non parce qu'ils sont justes, mais parce qu'ils sont supérieurs. Par là voilà toute sédition prévenue, si on peut faire entendre cela et que proprement c'est la définition de la justice (fr.66).

Pascal ne s'arrête pas cependant à ce projet, dont il dénonce le plus souvent le caractère utopique (« Le peuple n'est pas susceptible de cette doctrine » fr.525). Pour se résigner à une définition dégradée de la justice, il faut connaître la corruption de la nature humaine et avoir renoncé par conséquent à fonder l'ordre social sur une loi naturelle. C'est le fruit d'une analyse chrétienne ou tout au moins d'une lucidité philosophique que Pascal, par réalisme, n'ose présumer. Il y a tout lieu de croire qu'en découvrant la vanité des lois, le peuple leur retirera immédiatement le pouvoir qu'il leur conférait. La solution la plus sûre est donc de dissimuler et de faire comme si les règles arbitraires qui gouvernent les sociétés étaient la traduction d'une authentique justice :

> C'est pourquoi le plus sage des législateurs disait que pour le bien des hommes il faut souvent les piper, et un autre bon politique, *Cum veritatem qua liberetur ignoret, expedit quod fallatur*[1]. Il ne faut pas qu'il sente la vérité de l'usurpation, elle a

1. « Quand il ignore la vérité qui délivre, il lui est bon d'être trompé ».

Il s'agit d'une phrase de saint AUGUSTIN (*Cité de Dieu*, IV, 27) que Pascal trouve chez Montaigne détournée de son sens originel et qu'il cite en la modifiant à nouveau. Ce qui était chez saint Augustin une indignation ironique contre les

> été introduite autrefois sans raison, elle est devenue raisonnable. Il faut la faire regarder comme authentique, éternelle et en cacher le commencement, si on ne veut qu'elle ne prenne bientôt fin (fr.60).

Le travail du gouvernant est de piper le peuple en lui faisant prendre une règle de jeu – c'est-à-dire une loi conventionnelle – pour un effet de la raison. Le politique, pour maintenir l'ordre et la paix, doit cacher le phénomène du jeu, comme Platon et Aristote affectaient de prendre au sérieux la comédie du monde, afin d'en limiter les effets pernicieux.

> S'ils ont fait semblant d'en parler comme d'une grande chose, c'est qu'ils savaient que les fous à qui ils parlaient pensaient être rois et empereurs. Ils entraient dans leurs principes pour modérer leur folie au moins mal qu'il se peut (fr.533).

C'est sans doute sur ce point que Pascal s'écarte de Montaigne. On est surpris de voir l'auteur des *Pensées* reprendre à son compte presque littéralement les analyses montaigniennes sur la loi, mais introduire ses quasi-citations par une condamnation tranchée : « Montaigne a tort » (fr.525). Ce désaveu a paru à Arnauld tellement contradictoire qu'il préfère conclure à un lapsus et restituer dans son édition des *Pensées* une appréciation plus logique : « Montaigne a raison » [1]. En réalité, Montaigne et Pascal s'accordent bien sur la nature exacte des lois, sur leur ignorance constitutive des valeurs morales, mais ils ne tirent pas de cette analyse les mêmes conséquences politiques. Montaigne est désireux de dire l'imposture, d'arracher le peuple à son illusion : « Quiconque obéit [aux lois] parce qu'elles sont justes ne leur obéit pas justement par où il doit » [2]. L'auteur des *Essais* pense apparemment qu'on peut révéler l'arbitraire des lois et maintenir leur force, qu'on a même le devoir de les faire respecter pour ce qu'elles sont. Pascal reprend les termes mêmes de Montaigne, mais les corrections qu'il introduit sont significatives :

> Qui obéit [aux lois] parce qu'elles sont justes, obéit à la justice qu'il imagine mais non pas à l'essence de la loi (fr.60).

religions qui connaissent leur fausseté, devient chez Montaigne et Pascal un éloge de la tromperie en matière de politique.

On consultera sur ce point avec bénéfice les analyses de G. FERREYROLLES, *Pascal et la raison du politique*, p. 116 sq.

1. Texte corrigé par ARNAULD, dans l'édition des *Pensées* de 1678 (XXIX, § 51), p. 402.

2. MONTAIGNE : *Les Essais* , Livre III (13), p. 1072.

Il n'y a plus dans ce jugement que la simple constatation d'un décalage entre la réalité de la loi et l'intelligence que certains lui prêtent, mais Pascal ne prône pas la démystification des lois, car le peuple, pour lui, n'est pas philosophiquement capable de s'assujettir à des règles dont on lui aurait révélé l'impertinence.

> Comme il croit que la vérité se peut trouver et qu'elle est dans les lois et coutumes[1], il les croit et prend leur antiquité comme une preuve de leur vérité [...]. Ainsi il y obéit mais il est sujet à se révolter dès qu'on lui montre qu'elles ne valent rien (fr.525).

Le jeu se complique singulièrement. Il ne peut se dérouler de façon harmonieuse que si la majorité des participants ignore sa nature. Les lois, pour conserver leur autorité, ne doivent pas être identifiées comme des règles de jeu. Leur situation est donc précaire, menacées qu'elles sont, continuellement, par une possible désillusion de ceux qui, par méprise, leur assurent le pouvoir.

Quoi qu'en dise Pascal, Montaigne a bien conscience du risque grave que courent les lois, quand on laisse voir leur origine :

> Les lois prennent leur autorité de la possession et de l'usage : il est *dangereux* de les ramener à leur naissance. Elles grossissent et s'anoblissent en roulant, comme nos rivières : suivez-les contremont jusques à leur source, ce n'est qu'un petit surgeon d'eau à peine reconnaissable[2].

Le fragment 60 conserve d'ailleurs l'image de la rivière, non seulement pour symboliser l'artificielle limite des juridictions (« justice qu'une rivière borne »), mais comme représentation de la loi elle-même, dont la puissance n'a été que progressivement acquise, au fur et à mesure qu'elle s'éloignait de sa source.

> L'art de fronder, bouleverser les États est d'ébranler les coutumes établies en sondant jusque dans leur source pour marquer leur défaut d'autorité et de justice (fr.60).

Dans son étude de référence sur la pensée politique de Pascal, Gérard Ferreyrolles montre comment la piperie du peuple, loin d'être une nouvelle version du machiavélisme, une méthode cynique du pouvoir en place pour assurer son oppression, caractérise une politique responsable et même généreuse. « La piperie n'est intolérable que là où

1. Les demi-habiles croient que la vérité se peut trouver mais qu'elle n'est pas dans les lois et coutumes. Les habiles ne croient ni qu'elle soit dans les lois et coutumes, ni non plus qu'elle se puisse trouver.

2. MONTAIGNE : *Les Essais*, Livre II (12), p. 583 ; nous soulignons.

la vérité est vitale, à tout le moins accessible»[1]. Dans le cas des lois humaines, ce qu'il s'agit de cacher au peuple, c'est précisément l'absence de la vérité, l'impossibilité d'accéder à une justice. En le trompant, on le préserve d'une quête vouée à l'échec et dont il n'aurait pas la force de se dispenser s'il était tiré d'erreur. On le protège en réalité de plus grands trompeurs qui, sous couvert de le détromper, cherchent à l'exploiter, à utiliser sa force à leur unique profit.

> Il faut, dit-on, recourir aux lois fondamentales et premières de l'État, qu'une coutume injuste a abolies. C'est un jeu sûr pour tout perdre; rien ne sera juste à cette balance. Cependant le peuple prête aisément l'oreille à ces discours, ils secouent le joug dès qu'ils le reconnaissent, et les grands en profitent à sa ruine, et à celle de ces curieux examinateurs des coutumes reçues (fr.60).

Qui a intérêt à faire connaître au peuple le poids du joug qu'il supporte? Ceux qui estiment que l'ordre établi ne tourne pas à leur avantage, les nobles frondeurs qui voient leur pouvoir diminuer, les insatisfaits qui sont cependant suffisamment haut placés dans la société pour qu'une nouvelle distribution des privilèges puisse se faire à leur bénéfice. Aucune loi n'étant essentiellement juste, il est toujours facile de désillusionner le peuple à l'égard de celles dont on a à se plaindre : «Il est sujet à se révolter dès qu'on lui montre qu'elles ne valent rien, ce qui se peut faire voir de toutes en les regardant d'un certain côté» (fr.525). Dans cet art de dénoncer au peuple les règles et les comportements aberrants, les demi-habiles sont les instruments désignés. Ce sont eux les «curieux examinateurs des coutumes reçues», si prompts à déceler les traces du hasard et de la déraison. Mais, comme le peuple, ce sont finalement des victimes, et les révolutions qu'ils amorcent ne servent jamais leur cause, noble et naïve à la fois. Les véritables profiteurs du désordre sont eux bien conscients de la nature des lois et mènent avec lucidité le «jeu sûr pour tout perdre». Quand ils prônent un retour aux sources, aux «lois fondamentales et primitives», ils ne veulent en rien rapprocher l'homme d'un état de justice, mais détruire le patient travail de socialisation qui limite l'exercice brutal de leur force.

L'ordre, même arbitraire, même absurde, offre un bénéfice essentiel : il protège des guerres civiles, «le plus grand des maux» (fr.94). Le conservatisme indéniable de Pascal, d'autant plus choquant qu'il est sans illusions quant à la valeur de ce qu'il conserve, repose en fait sur cette conviction première : l'état initial, pré-social, celui

1. Gérard FERREYROLLES, *op. cit.*, pp. 116-121.

auquel reviendrait l'humanité si elle renonçait à ses règles arbitraires, est un état de guerre. Ainsi donc, malgré les apparences, quelle que soit la noirceur du tableau que nous proposent Montaigne et surtout Pascal à sa suite, un important progrès a été accompli. Avant que ne soient formées les « cordes d'imagination » (fr.828), c'est-à-dire les liens tout à fait conventionnels qui structurent les rapports en société, la seule réalité sociale était l'affrontement :

> Il est sans doute qu'ils se battront jusqu'à ce que la plus forte partie opprime la plus faible et qu'enfin il y ait un parti dominant. Mais quand cela est une fois déterminé alors les maîtres qui ne veulent pas que la guerre continue ordonnent que la force qui est entre leurs mains succédera comme il leur plaît : les uns la remettent à l'élection des peuples, les autres à la succession de naissance, etc. (fr.828)[1].

La délicatesse vis à vis des lois, la sévérité devant leurs imperfections, masquent toujours au bout du compte un désir partisan de tirer profit du désordre. L'Église même, en tant que société humaine, n'est pas à l'abri des menées de nos « curieux examinateurs », qui en l'occurrence sont les Jésuites. Elle est en effet, comme toute institution mondaine, définie par des règles mondaines, imparfaites donc, mais qui lui assurent un bénéfice réel :

> Dieu ne regarde que l'intérieur, l'Église ne juge que par l'extérieur. Dieu absout aussitôt qu'il voit la pénitence dans le cœur; l'Église quand elle la voit dans les œuvres. Dieu fera une Église pure au-dedans, qui confonde par sa sainteté intérieure et toute spirituelle, l'impiété intérieure des superbes et des pharisiens. Et l'Église sera une assemblée d'hommes dont les mœurs extérieures soient si pures qu'elles confondent les mœurs des païens; s'il y en a d'hypocrites, non si bien déguisés qu'elle n'en reconnaisse point le venin, elle les souffre. Car encore qu'ils ne sont pas reçus de Dieu qu'ils ne peuvent tromper, ils le sont des hommes qu'ils trompent. Et ainsi elle n'est pas déshonorée par leur conduite qui paraît sainte (fr.923).

1. Un développement de ce sujet reviendrait à répéter toutes les analyses de G. FERREYROLLES : l'ordre initial de la concupiscence, la violence originaire, l'imagination relayant la force pour échapper à cette violence et les tragiques conséquences de tout retour à l'origine. Nous renvoyons une fois encore le lecteur à *La Raison du politique* et en particulier au chapitre 3 : « La concupiscence collective ».

La reconnaissance du rôle des lois et de leur dimension civilisatrice, ne diminue en rien leur aspect artificiel et arbitraire.

Les règles de l'Église ne lui donnent pas les moyens de confondre les pharisiens, ce soin est laissé à Dieu. Il suffit à l'Église, pour se conformer à sa vocation mondaine, de donner une apparence de pureté. Si cette apparence parfois diverge de la réalité, l'Église ne s'en émeut pas, quand bien même elle se rend compte de l'écart, comme quand elle discerne en son sein des hypocrites mal déguisés. Car, pour un cas où elle pourrait trancher et éventuellement exclure le pseudo-chrétien (parce qu'il n'a pas su cacher son âme véritable), combien de cas où elle est totalement incapable de sonder les cœurs ? Elle doit donc se résoudre à une législation imparfaite, qui juge des actes (les œuvres) et ne peut tenir compte des intentions, qui sont pourtant l'élément fondamental. Mais si elle fait vraiment appliquer ses règles imparfaites, elle y gagne au moins de présenter un corps édifiant, capable d'impressionner les païens.

Les Jésuites qui, plus ou moins consciemment, travaillent, selon Pascal, à affaiblir l'Église, à la déconsidérer, agissent comme les demi-habiles en face des lois politiques : ils dénoncent la distance, l'incohérence entre l'intérieur et l'extérieur. C'est une fois encore « un jeu sûr pour tout perdre », car à la suite de ces critiques, l'institution ne gagnera rien en honnêteté, en justice, elle ne fera pas mieux coïncider la valeur et la règle, mais elle aura perdu tout le bénéfice qu'elle pouvait tirer de son organisation première :

> Mais vous...vous voulez que l'Église ne juge ni de l'intérieur parce que cela n'appartient qu'à Dieu, ni de l'extérieur, parce que Dieu ne s'arrête qu'à l'intérieur. Et ainsi lui ôtant tout choix des hommes, vous retenez dans l'Église les plus débordés et ceux qui la déshonorent si fort que les synagogues des Juifs et sectes des philosophes les auraient exclus comme indignes et les auraient abhorrés comme impies (fr.923).

3. *La règle du jeu social*

S'il est impossible de désillusionner le peuple, de lui révéler la véritable nature des lois qu'il observe tout en sauvegardant leur autorité, il faudra bien accepter de le maintenir dans l'erreur. Une telle résolution n'est certes pas pour déplaire à ceux qui tirent de l'ordre en place richesse, honneurs, préséance. Toutes les doctrines qui combattent la sédition font indubitablement l'affaire des privilégiés. Pascal prend donc soin de leur exposer dans quel esprit ils doivent recevoir le somptueux cadeau que leur a fait le hasard en les instituant grands bénéficiaires des règles du jeu. L'illusion du peuple n'est admissible que si l'accompagne la désillusion du gouvernant. G. Ferreyrolles insiste ainsi très justement sur l'éclairage que donnent au débat les *Trois discours sur la condition des grands* :

> L'emploi de la piperie est au demeurant équilibré par le souci d'une pédagogie politique qui empêche d'y voir un idéal de gouvernement. Loin qu'on pousse le puissant à profiter de l'illusion des petits pour exercer sur eux un tyrannique empire, il s'agit de le tirer lui-même d'illusion à son propre sujet afin qu'il se retienne dans les termes d'une équitable et douce domination [1].

Le second discours permet de préciser la valeur que revêtent les termes de justice et d'injustice dans l'univers pascalien. Tout s'articule autour de la distinction entre « grandeurs naturelles » et « grandeurs d'établissement » [2]. Les premières sont « indépendantes de la fantaisie des hommes, parce qu'elles consistent dans des qualités réelles et effectives de l'âme ou du corps, qui rendent l'une ou l'autre plus estimable » [3]. Mais ce n'est pas sur elles que repose la hiérarchie sociale. Quoique objectives, elles sont trop sujettes à contradiction. Les « grandeurs d'établissement » ont été choisies de façon arbitraire pour servir de valeur sociale et susciter un « respect d'établissement ». Comme le prouve suffisamment la grande diversité des lois et des coutumes, il n'importait guère au départ que fût élue telle fantaisie ou telle autre, que l'on attachât les honneurs à la noblesse, comme en France, ou à la roture, comme en Suisse, pour prendre l'exemple habituel de Pascal. Mais il suffit qu'une grandeur ait été établie pour qu'elle impose certains respects.

> Aux grandeurs d'établissements, nous leur devons des respects d'établissement, c'est-à-dire certaines cérémonies extérieures qui doivent être néanmoins accompagnées selon la raison, d'une reconnaissance intérieure de la justice de cet ordre [4].

G. Ferreyrolles s'arrête sur cette phrase et, fort des analyses de saint Thomas, il veut y voir la preuve que l'ordre fondé sur les grandeurs d'établissement correspond à une justice naturelle [5]. Le

1. G. FERREYROLLES, *op. cit.*, p. 119.
2. *Trois discours sur la condition des grands*, « second discours ». PASCAL : *Œuvres complètes*, Le Seuil (coll. « L'intégrale), p. 367.
3. *Ibid.*
4. *Ibid.*
5. « Les respects dus aux grands de chair [...] ont indubitablement chez Pascal leur fondement dans l'ordre de l'intériorité » (G. FERREYROLLES, *op. cit.*, p. 162).

problème réside ici dans la compréhension du mot «justice». Est juste, pour Pascal, ce qui est établi. Loin d'être naturelle, la justice apparaît toujours *a posteriori*. C'est le résultat d'une construction. «La chose devient juste parce qu'il est injuste de la troubler» [1], mais avant ce coup de force, elle était indifférente. Reconnaître intérieurement la justice d'un ordre, c'est admettre, non que telle grandeur méritait d'être établie, mais que l'établissement mérite réellement un certain respect et qu'il y aurait une véritable injustice à le lui refuser: «Il faut parler aux rois à genoux; il faut se tenir debout dans la chambre des princes. C'est une *sottise* et une *bassesse* d'esprit que de leur refuser ces devoirs» [2]. S'élever contre les respects d'établissement n'est pas une offense faite à la justice naturelle – le concept est totalement absent du débat – mais à cette justice artificielle, non moins contraignante, qu'est la règle d'un jeu. C'est une *sottise*, car elle témoigne d'un illogisme : les respects d'établissement sont exactement proportionnés aux grandeurs qu'ils honorent; en les rendant, on s'inscrit seulement dans la cohérence du système [3], sans donner aucune marque spéciale de son estime. Ils «ne nous font pas concevoir quelque qualité réelle en ceux que nous honorons de cette sorte» [4]. Le refus de cet ordre arbitraire est enfin une *bassesse* d'esprit, car c'est s'opposer à des adversaires qui ne le méritent pas, qui n'ont rien à répondre, n'ayant pas la source de leur force dans leur valeur. Il faut être vil pour condescendre à les discuter.

Sottise et bassesse proviennent de ce qu'on oublie le caractère totalement arbitraire et conventionnel de l'ordre qui nous est donné à respecter, et qu'on se comporte à son égard comme s'il était fondé ou qu'il le prétendît. Quand on résiste contre lui, on lui confère une valeur qu'il ne possède aucunement. Il en va de même, à plus forte

L'auteur de *La Raison du politique* s'insurge contre l'opposition habituelle faite entre «un Pascal radicalement pessimiste pour qui le respect des grands serait purement extérieur et de façade» et le «thomiste et optimiste Nicole». L'un et l'autre s'accorderaient pour affirmer de façon mesurée la justice naturelle des honneurs rendus aux grands. (*op. cit.* pp. 158-162).

Nous reviendrons longuement sur ce qui constitue, à notre sens, la seule dimension contestable de l'étude de Gérard Ferreyrolles : son obstination à réconcilier la pensée politique de Pascal avec la notion de loi naturelle.

1. «Second discours...», *ibid.*

2. *Ibid.*, nous soulignons.

3. C'est la logique même de la réponse du Christ, dans Matthieu 22 (15-22), au sujet de l'impôt. Les pièces de monnaie portent l'effigie de César; en versant l'impôt, on ne fait que restituer à César un signe établi par César. Il ne s'est rien passé. La réflexion du Christ, si l'on porte attention à cet aspect, apparaît moins comme une prise de position politique que comme le simple respect d'une logique.

4. «Second discours...», *ibid.*

raison, quand on le respecte sans arrière-pensée et qu'on applique ses règles (ou qu'on les fait appliquer) avec le sentiment qu'elles correspondent à une justice naturelle. Cette confiance est malheureusement le lot du peuple, mais elle devient inacceptable quand elle est le fait du dirigeant. Nous avons vu Pascal lui représenter son personnage, non comme un être d'exception, apte par naissance à gouverner, mais comme le bénéficiaire heureux d'un malentendu, le naufragé pris pour un roi :

> Que diriez-vous de cet homme qui aurait été fait roi par l'erreur du peuple, s'il venait à oublier tellement sa condition naturelle, qu'il s'imaginât que ce royaume lui était dû, qu'il le méritait et qu'il lui appartenait de droit? Vous admireriez *sa sottise et sa folie*. Mais y en a-t-il moins dans les personnes de condition qui vivent dans un si étrange oubli de leur état naturel[1].

L'accusation de sottise est identique à celle que porte Pascal contre le révolutionnaire. Confondre le respect conventionnel, dicté par les lois, avec un hommage rendu à des qualités essentielles, est une marque d'inintelligence. Quant à l'accusation de folie, elle nous ramène au travail de Platon et d'Aristote : « S'ils ont écrit de politique, c'était comme pour régler un hôpital de fous » (fr.533). Cette société, où les rôles sont distribués au hasard et tenus par convention, devrait ressembler davantage à une scène de théâtre[2]; les philosophes, en écrivant de politique, s'apparenteraient à des metteurs en scène, soucieux de régler au mieux le ballet, plutôt qu'à des médecins. Mais le théâtre s'est transformé en hôpital de fous car les acteurs se sont mis à perdre conscience qu'ils jouaient un rôle, les rois et les empereurs à se croire réellement des rois et des empereurs.

Le modèle du jeu lève la contradiction apparente entre, d'une part, la vanité des grandeurs de ce monde, la déraison de l'ordre social, et d'autre part le respect absolu que Pascal nous enjoint de leur témoigner néanmoins. Pascal propose de se comporter dans ce système comme s'il s'agissait d'un jeu : il est par définition impossible de revenir sur des règles de jeu, sous peine d'être sot et bas. Mais il est en même temps absurde de s'impliquer dans un jeu comme on le ferait pour des questions importantes. Dans l'ordre politique, la conscience permanente du hasard fondateur, donc de l'arbitraire de la règle, entraîne le

1. « Premier discours... », *op. cit.* p. 367. Nous soulignons.

2. Pascal utilise d'ailleurs la métaphore théâtrale pour représenter l'organisation artificielle de la société et l'irruption de la mort :

« Le dernier acte est sanglant quelque belle que soit la comédie en tout le reste. On jette enfin de la terre sur la tête et en voilà pour jamais » (fr.165).

développement d'une double pensée, aussi bien chez celui qui gouverne que chez ceux qui se soumettent. La nécessité de la « double pensée » est la conséquence concrète que tire Pascal, dans son premier discours, de l'apologue du naufrage :

> Vous devez avoir, comme cet homme dont nous avons parlé, une double pensée ; et [...] si vous agissez extérieurement avec les hommes selon votre rang, vous devez reconnaître par *une pensée plus cachée mais plus véritable*, que vous n'avez rien naturellement au-dessus d'eux. Si la pensée publique vous élève au-dessus du commun des hommes, que l'autre vous abaisse et vous tienne dans une parfaite égalité avec tous les hommes ; car c'est votre état naturel[1].

C'est au même comportement, symétrique, que conduit la distinction entre respects naturels et respects d'établissement. Pascal décrit ainsi la manifestation de sa double pensée :

> Si vous étiez duc sans être honnête homme, je vous ferais encore justice ; car en vous rendant les devoirs extérieurs que l'ordre des hommes a attachés à votre naissance, je ne manquerais pas d'avoir pour vous le *mépris intérieur* que mériterait la bassesse de votre esprit[2].

Extérieurement, l'homme du peuple et Pascal honorent un duc et pair d'une façon strictement identique. Mais la pensée de derrière du second transforme en jeu ce qui reste pour le premier la conséquence logique de principes raisonnables. La pensée de derrière fait toute la différence entre la règle respectée pour l'intelligence qu'on lui attribue, et la règle suivie avec rigueur, mais dans un esprit de dérision. Par la pensée de derrière, l'homme manifeste la nature ludique des lois auxquelles il est soumis.

Les lois politiques, en se substituant à la loi naturelle irrémédiablement perdue, transforment l'espace social en espace de jeu. Mais elles sont souvent elles-mêmes le résultat d'un jeu de hasard qui échappe à l'homme : « La témérité du hasard [...] a semé les lois » (fr.60). L'homme, à tous les niveaux, se trouve pris dans un jeu. Le peuple applique sans le savoir les règles de jeu que sont les lois. Les demi-habiles, en les frondant et en cherchant à les subvertir, jouent un autre jeu, dont le danger n'est pas négligeable, « un jeu sûr pour tout perdre » (fr.60). Les habiles, quant à eux, savent qu'ils jouent et en acceptent la nécessité. Ce sont les seuls à assumer pleinement leur statut de joueur.

1. « Premier discours... », *ibid.* p. 366. Nous soulignons.
2. « Second discours... », *ibid.* p. 367. Nous soulignons.

CHAPITRE IV

L'ESPRIT DES RÈGLES

1. *La loi naturelle*

Les demi-habiles ne se résignent jamais au jeu. On les reconnaît là. Mus par un désir utopique, ils espèrent sans cesse rapprocher les règles humaines de la justice véritable, et ne sauraient prendre leur parti de l'arbitraire. Pascal flétrit cette impatience, condamne les risques qu'elle fait courir à la société. Mais une telle insatisfaction, si ses conséquences politiques sont pernicieuses, est sur un plan plus général la preuve même dont disposent les *Pensées* pour affirmer la grandeur originelle de l'homme et en retrouver la trace après la chute :

> Malheureux que nous sommes et plus que s'il n'y avait point de grandeur dans notre condition, nous avons une idée du bonheur et nous ne pouvons y arriver. Nous sentons une image de la vérité et ne possédons que le mensonge. Incapables d'ignorer absolument et de savoir certainement, tant il est manifeste que nous avons été dans un degré dont nous sommes malheureusement déchus (fr.131).

Quoi d'étonnant à ce que les demi-habiles gardent ce sentiment intérieur de l'équité, au nom duquel ils critiquent les lois positives? Malgré qu'on en ait, il reste en chacun de nous du cannibale (fr.101) prêt à rire des enfants rois et convaincu intimement que, jeu ou non, un homme d'expérience serait plus apte à occuper le trône. C'est pour l'homme la marque de sa grandeur, de ne jamais être suffisamment privé de la vérité qu'il ne puisse en ressentir douloureusement la privation. En ce sens, le refus du jeu par les demi-habiles est, à sa manière, une expression, un symptôme de la grandeur humaine. Malheureusement, cette grandeur tourne à leur confusion. L'orgueil et le manque d'intelligence les empêchent de s'accommoder d'un ordre arbitraire; obstinés à confondre les grandeurs d'établissement et les grandeurs naturelles, ils sont voués, au mieux à la sottise, au pire à l'anarchie. La condamnation de leur attitude par Pascal tient en fait à un argument fondamental : nous ne pouvons agir conformément à la nature car dans l'état de corruption où nous sommes réduits, nous n'avons plus de la nature qu'une idée floue et inutile. Si l'homme pouvait se référer à une loi naturelle, les demi-habiles seraient alors fondés à rejeter les règles politiques qui s'en écarteraient[1].

G. Ferreyrolles s'étonne : Pascal accepterait-il, en éliminant la notion de loi naturelle, de prendre le contre-pied radical des positions religieuses consacrées ?

> Ce serait [...] un étrange miracle si Pascal, au rebours de ses plus proches amis et compagnons de lutte, malgré l'autorité vénérée de saint Augustin et de saint Thomas [...] et contre la tradition catholique à laquelle il était plus que quiconque attaché, se rangeait à l'avis des sceptiques, cyniques et machiavélistes pour qui la pseudo-universalité du droit se réduit aux contingences de la force ou de la coutume et la loi naturelle n'est qu'une chimère[2].

Pascal croit assurément en l'existence de la loi naturelle. Cette conviction le laisse sans possibilité d'accord avec les machiavélistes. Il y croit même avec une telle fermeté qu'il en fait une des données constitutives de la foi : « La vraie nature de l'homme, son vrai bien et la vraie vertu et la vraie religion sont choses dont la connaissance est inséparable » (fr.393). Quant à l'ordre conventionnel auquel nous avons vu qu'il prêchait soumission, Pascal ne l'envisage que transitoire et se réjouit de son inéluctable disparition.

> La violence n'a qu'un cours borné par l'ordre de Dieu, qui en conduit les effets à la gloire de la vérité qu'elle attaque, au lieu que la vérité subsiste éternellement et triomphe enfin de ses ennemis, parce qu'elle est éternelle et puissante comme Dieu même[3].

1. Cf. fr.86 : « *Veri juris*. Nous n'en avons plus. Si nous en avions nous ne prendrions pas pour règle de justice de suivre les mœurs de son pays ».

2. Gérard FERREYROLLES, *op. cit.*, p.166. Philippe SELLIER, en revanche, ne considère pas que Pascal, en mettant en doute les possibilités d'utiliser la loi naturelle, serait si éloigné de la position augustinienne :

« Pascal, contrairement à l'avis d'Arnauld, ne fait que greffer le relativisme de Montaigne sur une thèse fondamentale de la *Cité de Dieu* : seule la foi est accès à la connaissance de la vraie justice (*justitia*) ; privés de cette connaissance, les groupes humains ne possèdent que des 'sortes de droit'. Ces sortes de droit, Pascal les appelle 'folies' (fr.14) ou 'injustice' (fr.9)... » (Ph. SELLIER : « Vous êtes embarqués... », *article cité* p.19).

3. PASCAL, *Les Provinciales*, conclusion de la douzième lettre, « l'Intégrale », p.429.

La question posée ne concerne donc pas l'existence d'une nature humaine et de la loi naturelle qui s'en peut déduire, mais la possibilité pour l'homme de s'y référer et d'en faire le garant de ses lois positives. Pour Pascal, c'est le signe manifeste de la corruption, que la nature de l'homme soit devenue objet d'hésitation, voire de dispute.

> « Les pères craignent que l'amour naturel des enfants ne s'efface. Quelle est donc cette nature sujette à être effacée.
>
> La coutume est une seconde nature qui détruit la première. Mais qu'est-ce que nature ? pourquoi la coutume n'est-elle pas naturelle ? J'ai grand peur que cette nature ne soit elle-même qu'une première coutume, comme la coutume est une seconde nature » (fr. 126).

La nature humaine est à mettre au nombre de ces réalités essentielles, et d'ailleurs corollaires, telles que la justice, dont l'homme a perdu l'évidence. Dans un système où compte autant que la réalité d'une valeur sa faculté de résistance à la contradiction, où la justice, « sujette à dispute » (fr. 103), doit s'effacer devant la force, non que celle-ci soit plus réelle, mais parce qu'elle est « très reconnaissable » et ne craint pas d'être « contredite » (*ibid.*), la nature est une réalité inutilisable. Le concept, manié à leur gré par tous les philosophes, s'est vidé de son sens et peut offrir sa caution à qui la demande :

> La vraie nature étant perdue, tout devient sa nature (fr. 397).
>
> La nature de l'homme est toute nature, *omne animal* (fr. 630)[1].

A la limite, il est vrai, l'analyse politique de Pascal, vu son ambition de généralité, restitue un modèle unique, universel, qui semble tenir fonction de loi naturelle. G. Ferreyrolles ne se prive pas de le faire remarquer :

> Dans le moment précis où il nie la réalité d'une loi universelle, Pascal la rencontre dans « cette maxime, la plus générale de toutes celles qui sont parmi les hommes, que chacun suive les mœurs de son pays » (fr. 60) ; voilà assurément une «règle

1. « L'homme est proprement *omne animal* », insiste Pascal (fr. 664).
Après avoir avoué comment il était « entré en défiance » de sa propre capacité à connaître la justice, Pascal, dans le fragment 520, présente ainsi l'image qu'il a dû se faire de la nature : « J'ai vu tous les pays et hommes changeants. Et ainsi après bien des changements de jugement touchant la véritable justice j'ai connu que notre nature n'était qu'un continuel changement et je n'ai plus changé depuis. Et si je changeais je confirmerais mon opinion. Le pyrrhonien Arcésilas qui redevient dogmatique ».

universelle » (fr.81) et que la « raison » prend pour principe (fr.44). C'est-à-dire que Pascal, par le geste même qui allait l'exclure, pose dès les premières lignes du fragment 60 l'existence de la loi naturelle, l'obéissance aux lois positives étant elle-même une loi naturelle [1].

C'est là se satisfaire à faible prix et donner à la notion de loi naturelle une signification bien dégradée. Elle devrait constituer le point de référence par rapport auquel sont évaluées les diverses lois positives et non un blanc-seing qui les justifie toutes. Le principe proposé par Pascal, de respecter systématiquement les coutumes établies, ne saurait tenir lieu de loi naturelle : il fixe seulement un règlement transitoire, destiné à limiter les risques d'anarchie et à supporter, le moins mal possible, l'absence d'une loi naturelle.

Dès lors qu'elle perd son caractère d'évidence et qu'elle fait l'objet d'une polémique, la notion même de loi naturelle pose un problème théorique délicat. La considération des règles en usage et des comportements humains ne pourra fournir au moraliste aucun argument irréfutable. Quand on suppose l'existence d'une loi naturelle et qu'on constate qu'elle n'est pas respectée, il est difficile de déterminer dans l'abstrait ce qu'il en faudrait conclure : soit qu'une loi naturelle est transgressée, soit, puisqu'elle est transgressée, qu'elle n'était pas naturelle. Vu cette ambiguïté dans l'interprétation possible des faits, le concept de loi naturelle prend une valeur essentiellement polémique : pour aggraver la désobéissance à une loi, on qualifiera cette loi de naturelle. Il n'est pas étonnant, dans ces conditions, que pour trouver le concept à l'œuvre chez Pascal, il faille le chercher dans des pages de combat, les *Provinciales*, où il a pour mission de couvrir d'opprobre les Jésuites.

Certains passages des *Provinciales* s'opposent de la façon la plus radicale aux analyses des *Pensées*. Il est clair, pour le moins, que le scepticisme hérité de Montaigne n'a pas sa place dans l'examen des préceptes jésuites.

> Voilà, mes Pères, les principes du repos et de la sûreté publique, qui ont été reçus dans tous les temps et dans tous les lieux, et sur lesquels tous les législateurs du monde, saints et profanes, ont établi leurs lois, sans que jamais les païens mêmes aient apporté d'exception à cette règle [2].

1. Gérard FERREYROLLES, *op. cit.*, p.167.
2. PASCAL, *Les Provinciales*, quatorzième lettre, « l'Intégrale », p.436.

Quoiqu'on puisse se résigner à une irréductible opposition entre les *Provinciales* et les *Pensées*, eu égard au moins aux années qui séparent ces deux textes, et surtout à leur différence de nature, il est étrange de constater comment Pascal tire des conclusions divergentes de phénomènes comparables. Dans la quatorzième «Provinciale», l'honnêteté l'oblige à reconnaître que la loi naturelle qui «ôte aux hommes tout pouvoir sur la vie des hommes»[1], connaît, dans certains cas extrêmes, des aménagements. L'image de la nature n'en semble pas affectée :

> Hors cette occasion, dont je ne parle point ici, il [n'] y [a] jamais eu de loi qui ait permis aux particuliers de tuer[2].

Dans le fragment 60 des *Pensées*, en revanche, les exceptions revêtent une tout autre gravité :

> La plaisanterie est telle que le caprice des hommes s'est si bien diversifié qu'il n'y a point [une seule loi universelle] (fr.60).

Selon le sens qu'on veut trouver, se décide le statut qu'on réservera à l'exception. Dans le premier cas, elle ne saurait masquer qu'un sentiment naturel réprouve l'homicide; dans le second cas, elle empêche irrémédiablement de reconnaître la loi naturelle que l'on porte en soi.

«Le larcin, l'inceste, le meurtre des enfants et des pères, tout a eu sa place entre les actions vertueuses» nous affirme Pascal, dans sa «lettre sur l'injustice des lois» (fr.60). Ce sont là, empruntés à Montaigne, les exemples essentiels qui nous attestent que les actes en apparence les plus contraires à la morale naturelle – si une telle chose existait – ont, chez certains, reçu approbation. Sur ce point, Gérard Ferreyrolles se laisse étrangement glisser de l'analyse de la pensée pascalienne, à sa réfutation en règle. Assuré des progrès accomplis, depuis le XVIIe siècle, par la science historique, il fait subir un examen critique sans complaisance aux exemples de Pascal qui voudraient infirmer l'idée de loi naturelle. L'auteur des *Pensées* se laisse abuser, «sur la foi chancelante de quelque légende ovidienne»[3]; il utilise un Montaigne mal informé («l'accusation, ni chez Pascal ni chez

1. *Ibid.*
2. *Ibid.*
L'occasion évoquée est le cas où «on ne peut autrement éviter la perte de la pudicité ou de la vie».
3. Gérard FERREYROLLES, *op. cit.*, p.173.

Montaigne, n'est circonstanciée »[1]) ou un Domat mal compris[2]. Qu'on en déduise ce que l'on désire sur la crédulité de Pascal, on ne changera rien à l'esprit dans lequel il produit ces exemples, et à la thèse qu'ils sont chargés, peut-être maladroitement, d'étayer.

On pourrait d'ailleurs, dans un retour polémique, s'étonner que G. Ferreyrolles, qui juge si sévèrement les exemples du fragment 60, ne recoure pas au même sens critique en face des *Provinciales*. Quitte à faire usage d'un savoir anachronique (celui de notre époque), pourquoi ne pas aussi le convoquer quand sont donnés des exemples de la loi naturelle ? La neuvième « lettre provinciale » ainsi ne manquera pas de surprendre le lecteur moderne, lorsqu'elle présente comme une des offenses les plus évidentes à la loi naturelle, l'autorisation que laissent certains Jésuites aux jeunes filles « de disposer de leur virginité sans leurs parents »[3]. Le consentement des parents au mariage de leurs enfants, s'il est bien sûr souhaitable, ne passe plus aujourd'hui pour un impératif moral catégorique. Beaucoup liront en souriant le passage du poète païen cité par l'auteur des *Provinciales* comme la preuve de la justice naturelle des règlements que les Jésuites bafouent :

> La virginité d'une fille ne lui appartient pas toute entière : [...] une partie appartient au père, et l'autre à la mère, sans lesquels elle n'en peut disposer, même pour le mariage[4].

La même mise en perspective est possible pour d'autres thèmes des *Provinciales*, tels que le droit de guerre et la peine de mort, donnés comme des manifestations de la loi naturelle, et dont la moralité est, pour certaines sociétés modernes, devenue problématique. Qu'allons-nous en déduire : que ces lois n'étaient pas naturelles ou que notre époque a perverti jusqu'aux lois les plus naturelles ?

Nous voici revenus à la question initiale, insoluble. Les transgressions de la loi naturelle doivent-elles faire douter de cette loi ? « Non »,

1. *Ibid.*

2. Le problème évoqué est celui de la *patria potestas*, qui donnait aux Romains droit de vie et de mort sur leurs enfants. G. FERREYROLLES, suggérant implicitement que Pascal doit à son ami J. Domat la mention de ce problème, conteste l'usage qui en est fait dans le fragment 60.

« Le juriste [i.e. Domat] en déduit-il que les Romains ont ignoré la loi naturelle ? Au contraire, il voit une opposition 'extrême entre l'équité qui luit dans les lois si justes qu'ont faites les Romains et l'inhumanité de cette licence' [...] Les livres du Droit Romain restent à jamais 'le dépôt des règles naturelles de l'équité'. » (G.FERREYROLLES, *op. cit.*, p.174 ; les citations de Domat proviennent du *Traité des lois* [c.1] et de la préface des *Lois civiles*).

3. PASCAL, *Les Provinciales*, neuvième lettre, « l'Intégrale », p. 411.

4. *Ibid.*, p. 412. (Il s'agit d'une traduction libre de Catulle).

répondent implicitement les *Provinciales*, qui se réfèrent à la loi naturelle pour donner une image encore plus noire de la permissivité jésuite. « Oui », suggèrent la plupart du temps les *Pensées*; ou tout au moins les transgressions de la loi naturelle frappent d'incertitude les définitions que nous croyons en avoir. Le dilemme ne se présente d'ailleurs pas autrement dans le fragment 60.

> Il y a sans doute des lois naturelles, mais cette belle raison corrompue a tout corrompu (fr. 60).

Quant aux écarts idéologiques, rapidement évoqués, entre l'époque des *Provinciales* et la nôtre, aux métamorphoses qu'a subies en quelques siècles la définition de la loi naturelle, ne sont-ils pas l'illustration exacte de ce que soutient Pascal dans les *Pensées*?

> Il n'y a rien qu'on ne rende naturel. Il n'y a naturel qu'on ne fasse perdre (fr. 630).

Le débat sur la question des lois humaines, entre les *Provinciales* et les *Pensées*, ne peut se conclure qu'à l'avantage de ces dernières, puisque leur seul but en la matière est de convaincre qu'il y a débat. Le phénomène est bien connu : chaque fois qu'une pensée d'inspiration sceptique se heurte à un quelconque dogmatisme, « cela suffit pour embrouiller au moins la matière »(fr.109), et quoique, à la fin, la cause ne soit pas entendue, il ressort au moins du débat un sentiment d'incertitude, ce contre quoi s'élevaient précisément les dogmatistes.

> Cela ternit [la clarté naturelle] et trouble les dogmatistes, à la gloire de la cabale pyrrhonienne qui consiste à cette ambiguïté ambiguë, et dans une certaine obscurité douteuse dont nos doutes ne peuvent ôter toute la clarté, ni nos lumières naturelles en chasser toutes les ténèbres (fr. 109).

Pascal croit en l'existence de la loi naturelle mais, par réalisme, il abandonne l'espoir qu'on puisse, ici-bas, s'appuyer sur son autorité. S'il est parfois possible, guidé par la foi, de la discerner, pour ceux en revanche qui comptent sur les seules forces humaines, elle est devenue insaisissable. Ceux-ci, cependant, ne sont pas impuissants à imposer leurs erreurs. « Le lieu est ouvert au blasphème » (fr. 840). La voix des menteurs et celle des ignorants a, pour notre malheur, autant d'autorité que celle de la vérité. Dès lors on ne peut plus juger des règles par leurs prétentions à la justice. Il faut chercher ailleurs un art objectif de *régler*.

2. *Régler*

Le verbe « régler », dans les *Pensées*, comporte une idée de résignation. On règle un phénomène à défaut de le maîtriser, de le comprendre, quand on a renoncé à saisir sa véritable organisation. La modestie de ce travail, de technicien plus que de philosophe, correspond à la définition qu'en donne Furetière : « Régler signifie [...] Ordonner, faire des règlements pour maintenir les choses dans l'ordre »[1]. Il semble que la nature même des choses importe peu en l'occurrence ; qu'on leur impose, de l'extérieur et non sans brutalité, un ordre quelconque, à seule fin de les « maintenir » dans une cohésion suffisante. Si l'on se croyait capable de modifier les choses, on n'aurait que faire de les régler.

Le lieu, par excellence, qu'il sera question de régler, est l'hôpital de fous. Quand Platon et Aristote sont confrontés à la déraison de l'humanité qui les entoure, ils réduisent leur ambition à « modérer [la] folie au moins mal qu'il se peut » (fr. 533). Ce travail, que Pascal nous désigne comme « la partie la moins philosophe [...] de leur vie » (*ibid.*), suppose une résignation première au désordre et à l'erreur. Platon et Aristote, tels que nous les présente Pascal, n'essaient pas de tirer les hommes de leurs illusions, d'expliquer aux rois qu'ils ne sont pas vraiment rois : ils prennent leur parti de la folie, renoncent à agir sur la cause des maux pour en mieux modérer les effets. C'est cette démission responsable que recouvre le verbe régler :

> S'ils ont écrit de politique c'était comme pour régler un hôpital de fous (fr. 533).

On ne s'étonnera donc pas que Pascal évoque le précepte socratique dans la liasse « misère », où il lui reconnaît ce pouvoir quelque peu dérisoire – quoique précieux – de régler :

> Il faut se connaître soi-même. Quand cela ne servirait pas à connaître le vrai cela au moins sert à *régler sa vie*, et il n'y a rien de plus juste (fr. 72).

La connaissance que l'homme peut atteindre de soi, ne constitue pas un aboutissement, et quand elle résulte, comme chez Montaigne, d'un « dessein premier et principal » (fr. 780), Pascal en juge avec la sévérité que l'on sait (« le sot projet qu'il a de se peindre » fr.780). Mais la connaissance du cœur humain n'est pas inutile : elle a par

1. Antoine FURETIERE, *Le Dictionnaire universel*, [1ère éd. 1690], article « régler ».

exemple permis à quelques esprits fins de concevoir un idéal social («l'honnêteté»), que Pascal condamne, mais pour lequel il ne peut s'empêcher d'éprouver de l'admiration. L'honnête homme perçoit avec lucidité ses propres désirs et sait qu'ils engendrent nécessairement des tensions dans la société. Il se connaît lui-même. Il n'envisage pas pour autant de remettre en cause son idéal d'égoïsme, mais de le rectifier, afin de «satisfaire [sa] concupiscence sans faire tort aux autres» (fr. 74); il enseigne ainsi comment donner à son égoïsme une forme compatible avec la vie sociale. C'est là un exemple parfait du résultat qu'on obtient quand on sait «régler sa vie» (fr. 72), «régler l'amour qu'on se doit à soi-même» (fr. 368). «L'honnêteté» institue une véritable harmonie, sur des bases pourtant fondamentalement mauvaises – celles de l'amour propre – et que l'on n'a aucunement cherché à corriger :

> On a fondé et tiré de la concupiscence des règles admirables de police, de morale et de justice.Mais dans le fond, ce vilain fond de l'homme, ce *figmentum malum* n'est que couvert. Il n'est pas ôté (fr. 211).

Derrière le projet de régler, on croit toujours surprendre chez Pascal le soupir : «faute de mieux !». L'objectif est jugé digne qu'on y emploie ses efforts, mais l'art, à chaque fois, se révèle en dernier ressort inutile, puisqu'il laisse l'homme dans l'ignorance des vérités essentielles. Il faut donc prendre à la lettre la formule de Pascal, quand il déclare (fr.72) qu'«il n'y a rien de plus juste» que de régler sa vie : il n'est pas juste de chercher à se connaître soi-même, mais c'est le plus loin que les forces humaines permettent d'aller sur la voie de la justice.

Le verbe «régler» exprime simultanément la nécessité et la vanité des lois. Dans un monde où Dieu est caché, les valeurs sont confuses, le hasard règne. Il importe donc d'inventer des règles qui assurent un ordre artificiel, de façon intérimaire. L'homme est né pour «régler tout un État» (fr.522). Il lui faut bien gérer le monde déchu, mais tout en sachant que le seul but qu'il puisse atteindre est l'ordre (non pas le bonheur, non pas la justice, qui sont du ressort de Dieu). L'essentiel reste ailleurs : d'échapper à l'univers de la contingence. Si la mise au point de règles temporaires occupe tellement l'homme, qu'il cesse de rechercher le lieu où elles ne seraient plus utiles, de quelle valeur est sa victoire ? Il ne mérite que ces encouragements ironiques par lesquels Pascal conclut son discours sur la condition des grands : «Ce que je vous dis ne va pas bien loin; et si vous en demeurez là, vous ne laisserez pas de vous perdre; mais au moins vous vous perdrez en honnête homme»[1]. Les remèdes provisoires sont en réalité des poisons, tel le divertissement qui, «en nous consolant de nos misères» (fr. 414), nous apprend à nous en accommoder et nous dissuade ainsi de «chercher un moyen plus solide d'en sortir» (*ibid.*).

> Il nous amuse et nous fait arriver insensiblement à la mort (fr. 414).

Celui qui a appris l'art de *régler* la folie et la concupiscence vit certainement plus heureux. Son état peut paraître enviable, quand on le compare aux demi-habiles, qui, par leur méconnaissance de l'homme, ne savent qu'allumer la guerre et déchaîner la violence. Mais quand on s'élève à une exigence plus haute, et qu'on prend conscience de la vocation véritable de l'homme, la différence devient négligeable.

> En vérité, c'est toujours une grande folie que de se damner[2].

L'art de régler est purement pragmatique. «Régler sa vie» et «trouver le vrai» (fr. 72) sont, pour Pascal, deux opérations qui ne coïncident pas nécessairement. Plus grave encore, il peut se faire que le refus délibéré de chercher la vérité définisse, dans certains cas, la règle la plus satisfaisante :

> Lorsqu'on ne sait pas la vérité d'une chose, il est bon qu'il y ait une erreur commune qui fixe l'esprit des hommes, comme par exemple la lune à qui on attribue le changement des saisons, le progrès des maladies, etc..., car la maladie principale de l'homme est la curiosité inquiète des choses qu'il ne peut savoir, et il ne lui est pas si mauvais d'être dans l'erreur que dans cette curiosité inutile (fr. 744).

La nécessité de régler est toujours conséquence de la faiblesse de l'homme, de son ignorance. Elle en devient, par contrecoup, un symptôme humiliant. De ce point de vue, on pourra juger une communauté à son besoin de règles, qui signifie indirectement combien elle est éloignée des vraies valeurs. Le cas extrême est celui des voleurs ou des hérétiques, qui, après s'être signalés par un rejet violent des règles qu'on leur présentait, «s'en sont fait eux-mêmes auxquelles ils obéissent exactement» (fr.794). A l'inverse, un argument qui plaide en faveur de la communauté chrétienne est le petit nombre de règles sur lesquelles elle repose, et leur simplicité. «Deux lois suffisent pour régler toute la République chrétienne, mieux que toutes les lois politiques»(fr.376). L'éloge peut, à première vue, sembler étrange, si

1. PASCAL, 3e *Discours sur la condition des grands*, «l'Intégrale», p.368.
2. *Ibid.*

l'on oublie que, dans l'univers pascalien, une loi évoque irrésistiblement contingence, humiliation, fragilité. N'avoir que deux lois, c'est s'approcher de l'ordre parfait.

3. *Les qualités d'une règle.*

S'il veut échapper au dérèglement, l'homme est contraint d'inventer ses propres règles. La justice véritable, expression de la nature humaine, est hors de sa portée. Il se trouve ainsi, même si le peuple l'ignore, dégagé de la seule référence qu'il devrait respecter. Est-ce à dire que les règles arbitraires sont toutes équivalentes et qu'on peut sans discernement les revêtir du titre de lois ? C'est un art sans doute misérable, mais c'est un art que de « régler tout un État » (fr.522). Dans l'ordre amoral de la règle, il y a des qualités objectives à considérer.

La vocation essentielle des lois, pour Pascal, est d'être fortes. C'est là leur nature profonde, qu'elles dissimulent, pour les raisons que nous avons vues, derrière des protestations de justice[1]. Leur titre à gouverner, en fait, ne tient qu'à la capacité qu'elles démontrent de se faire obéir. La loi devient véritablement loi après son établissement et en raison de son établissement. « Elle est toute ramassée en soi » (fr.60), c'est-à-dire qu'elle n'est loi qu'autant qu'elle peut se faire recevoir comme telle. Le premier critère qu'il faudra donc prendre en compte pour évaluer une règle, est la force qu'elle représente, par laquelle elle s'assure d'être durablement établie.

> Les seules règles universelles sont les lois du pays aux choses ordinaires et la pluralité aux autres. D'où vient cela ? de la force qui y est.
>
> Et de là vient que les rois qui ont la force d'ailleurs ne suivent pas la pluralité de leurs ministres (fr.81).

On voit ici que la force ne se manifeste pas selon un mode unique. Elle appartient certes, sans contestation possible, aux gens de guerre ; ils en sont les détenteurs évidents. Mais ce n'est là que sa forme grossière, alors que la société des hommes, en évoluant, a ménagé à la force des manifestations plus subtiles. Le roi, par exemple, a su

1. L'apparence de justice est une force pour les lois, puisqu'elle leur assure le soutien du grand nombre (le peuple).

Cf. *supra*, chap. I, 2 : « La fragilité des lois humaines ».

transposer sur lui-même les signes concrets de puissance dont il était seulement accompagné :

> La coutume de voir les rois accompagnés de gardes, de tambours, d'officiers et de toutes les choses qui ploient la machine vers le respect et la terreur fait que leur visage, quand il est quelquefois seul et sans ces accompagnements, imprime dans leurs sujets le respect et la terreur parce qu'on ne sépare point dans la pensée leur personne d'avec leur suite qu'on y voit d'ordinaire jointe (fr.25).

Les cannibales peuvent rire (fr.101) mais le peuple se laisse impressionner et croit reconnaître chez le roi « une force naturelle » (fr.25). Il reste que le pouvoir des rois est réel, puisqu'il correspond aux troupes armées qui les accompagnent et qu'ils ont pouvoir de commander. « Ces légions qui les environnent font trembler les plus fermes » (fr.44). C'est un pouvoir emprunté mais qui peut, le cas échéant, donner une démonstration de sa réalité. Bien différent est celui des magistrats et des docteurs, qui n'ont qu'une force usurpée ; ils la doivent uniquement à une utilisation intelligente des effets de l'imagination. En se déguisant, en inventant une mise en scène (« les palais où ils jugent, les fleurs de lys, tout cet appareil auguste... » fr.44), ils parviennent à donner le change et à se faire respecter, du moins tant qu'ils ne sont pas confrontés à une force plus effective.

Il est rare cependant que la force se désigne aussi explicitement, qu'elle soit concentrée dans un personnage – le roi –, dans un groupe reconnu – les gardes. Ce sont là pour Pascal des cas particuliers : l'auteur des *Pensées* propose de la force une définition bien plus abstraite, et qui permet de repérer ses effets moins solennels. Pascal, en mathématicien, est sensible à la fonction déterminante du nombre. Une force, négligeable par elle-même, si elle est alliée à un nombre suffisant de forces du même genre, peut représenter un pouvoir supérieur à tout pouvoir constitué, de même qu'en arithmétique « l'unité peut, étant multipliée plusieurs fois, surpasser quelque nombre que ce soit »[1]. La valeur véritable d'une force dépend donc moins de sa nature propre que du nombre qu'elle exprime.

> La nature recommence toujours les mêmes choses, les ans, les jours, les heures, les espaces de même. Et les nombres sont bout à bout, à la suite l'un de l'autre ; ainsi se fait une espèce d'infini et d'éternel. Ce n'est pas qu'il y ait rien de tout cela qui soit infini

1. PASCAL, *De l'esprit géométrique et de l'art de persuader*, « l'Intégrale », p. 354.

et éternel, mais ces êtres terminés se multiplient infiniment. Ainsi il n'y a ce me semble que le nombre, qui les multiplie, qui soit infini (fr.663).

Une force, pour Pascal, se définit par un nombre, et la Force déterminante sera donc celle qui correspond au plus grand nombre : « la pluralité ».

Les règles les mieux adaptées à faire office de lois, les plus fortes, seront par conséquent celles qui s'accordent avec les désirs et les fantaisies de la majorité. Qu'on ne voie pas, dans cette acceptation de la volonté générale, un souci de démocratie. Pascal admet au contraire que l'avis du plus grand nombre est celui « des moins habiles » (fr.85). Le parti de la majorité est pris dans les *Pensées*, en faisant taire les scrupules de la justice et de la raison, pour la seule cause du réalisme.

> Pourquoi suit-on la pluralité ? est-ce à cause qu'ils ont plus de raison ? non mais plus de force (fr.711).

Il ne s'agit pour Pascal que de trouver un principe solide de force, une garantie sûre, quelle qu'elle soit. L'essentiel est d'écarter cette situation structurellement aberrante où la loi ne posséderait pas les moyens de se faire respecter. Elle se montrerait alors incapable de remplir l'unique mission qui lui est assignée, celle de régler. Comme elle ne représente aucune valeur, son pouvoir est sa seule justification : si elle le perd, elle n'est plus rien.

Hobbes qui, comme Pascal, réduit les lois positives à des règlements arbitraires, est amené de la même façon à privilégier la question de la force. Les lois ne craignent rien tant que d'être faites en vain.

> Les lois civiles ou politiques [...] doivent être établies par celui qui a le droit de glaive, ou de l'épée de guerre, afin qu'il puisse contraindre et forcer les sujets de les garder. Car autrement elles seraient faites en vain[1].

Quand Pascal affirme, non sans provocation, que « l'épée donne un véritable droit » (fr.85), il tire la conséquence logique du même principe : aucun droit ne peut être véritable, s'il ne possède le moyen de s'imposer par l'épée. La règle ne rend aucun compte de son autorité, mais elle a l'autorité qu'elle est en mesure de se donner. On ne saurait échapper à cette redoutable tautologie, qui est celle du jeu : tant que la règle est reconnue comme telle, elle est parfaitement habilitée à

1. HOBBES, *Le Corps politique ou les Éléments de la loi morale et civile*, 1652, chap. I (X).
Cité par Michel LE GUERN, en note à la pensée 78 de son édition (Lafuma 85).

régler, mais dès qu'on lui désobéit, elle cesse d'être règle. Dans le jeu, l'autorité de la règle provient d'un consensus ; personne ne trouve donc à s'en émouvoir. La situation est alors fort simple et relève de la seule logique. Si un joueur revient sur sa décision première et se refuse à suivre une règle, il ne l'enfreint pas en réalité, puisqu'en cessant de la reconnaître, il lui a ôté sa qualité de règle : il s'est retiré du jeu. Dans la réalité sociale, il n'est pas question que certains se soustraient, selon leur fantaisie à la juridiction des lois. Il faut qu'elles soient suffisamment fortes pour s'imposer à ceux qui les contestent, ou bien qu'elles cèdent la place à de nouvelles lois, non moins factices, mais plus fortes.

La découverte de la force, dans les *Pensées*, met un point final aux spéculations théoriques. La raison du plus fort est toujours véritablement la Raison, qu'il s'agisse de la force brute (celle du « simple soldat [qui] prend le bonnet carré d'un premier président et le fait voler par la fenêtre » fr. 797) ou de cette force construite, faite d'une addition de faiblesses en nombre suffisant.

> L'extrême esprit est accusé de folie comme l'extrême défaut ; rien que la médiocrité n'est bon : c'est la pluralité qui a établi cela et qui mord quiconque s'en échappe par quelque bout que ce soit. Je ne m'y obstinerai pas, je consens bien qu'on m'y mette... (fr. 518).

Il n'est nul besoin pour Pascal de chercher une justification théorique à ce comportement de la foule qui refuse si violemment l'excès. La reconnaissance d'une volonté majoritaire (la « pluralité ») à l'origine de la règle, suffit à l'établir (« je ne m'y obstinerai pas »).

Prendre l'assentiment de la majorité comme fondement des règles est d'ailleurs doublement avantageux. Nous avons vu que l'appui du plus grand nombre est la meilleure garantie de force. C'est en outre un critère remarquable par sa simplicité et sa facilité d'application. Il ramène tout à une arithmétique élémentaire, à un décompte de voix. L'opinion est reine du monde, selon le titre italien qui séduit Pascal [1], parce qu'elle est en réalité une expression du nombre. Elle recouvre la possibilité de faire « une cabale plus forte de gens qui diront que... » (fr. 554). Il n'y a qu'à compter. Pascal justifie ainsi par deux raisons sa soumission à la pluralité :

1. « Je voudrais de bon cœur voir le livre italien dont je ne connais que le titre, qui vaut lui seul bien des livres, *Dell'opinione regina del mondo*. J'y souscris sans le connaître, sauf le mal s'il y en a » (fr. 44).

Pascal médite sur ce titre dans le fragment 554.

> La pluralité est la meilleure voie parce qu'elle est visible et qu'elle a la force pour se faire obéir. Cependant c'est l'avis des moins habiles (fr.85).

Du moment qu'il a renoncé à donner aux lois un fondement moral, Pascal s'interroge de façon exclusivement technique sur les qualités dont elles doivent faire preuve. Pour qu'elles soient reconnues, il faut d'abord qu'elles aient la force de s'imposer, mais il faut aussi qu'elles soient reconnaissables, dans le sens le plus concret du terme ; qu'elles ne laissent pas de place à la dispute dans l'interprétation, au doute dans la pratique ; qu'elles soient « visibles ». La règle adoptée pour la succession à la royauté est ainsi d'une simplicité et d'une clarté parfaites. Elle exclut les hésitations, les affrontements que n'aurait pas manqué de susciter une règle plus subtile. « Le mal à craindre d'un sot qui succède par droit de naissance n'est ni si grand, ni si sûr » (fr.94).

Une bonne règle se doit d'être claire. Nous trouvons un exemple de cette qualité dans l'obligation de s'incommoder pour témoigner du respect à un grand. L'inconfort symbolique que l'on s'impose, en restant debout devant un duc, semble un désagrément gratuit. Il a, pour Pascal, le mérite essentiel d'être un signe indubitable.

> Si le respect était d'être en fauteuil on respecterait tout le monde et ainsi on ne distinguerait pas. Mais étant incommodé on distingue fort bien (fr.80).

La règle pascalienne ainsi est vouée à une certaine grossièreté, puisqu'elle borne son attention aux qualités extérieures, matérielles, préservées de tout débat : la force (que l'on ne peut contredire : fr.103), l'habit et l'apparence physique (des expressions indirectes du nombre : « c'est montrer qu'un grand nombre de gens travaillent pour soi » fr.95), l'ordre des naissances (la primogéniture). Les critères plus essentiels sont malheureusement trop subtils et autorisent ainsi la mauvaise foi, la tricherie (« il y a toujours des méchants » fr.103). Chacun peut dire qu'il mérite (fr.94) ou prendre la parole contre la justice, en affectant même de parler au nom de la justice (fr.103). Il suffit pour cela d'un peu d'audace. Pascal évoque Épictète pour illustrer cette inégalité de traitement entre l'univers des sens, protégé de la contradiction, et les choses de l'esprit en proie à l'ambivalence.

> Épictète demande bien plus fortement : pourquoi ne nous fâchons-nous pas si on dit que nous avons mal à la tête, et que nous nous fâchons de ce qu'on dit que nous raisonnons mal ou que nous choisissons mal (fr.98).

L'accusation sous-jacente est nette : si nous acceptons des références de santé, de normalité, dans le domaine physique, combien plus devrions-nous en reconnaître et nous y plier, quand il s'agit de valeurs intellectuelles ou morales, autrement importantes pour l'existence (comment vivre sans opérer des choix en permanence ?). Là où Montaigne décelait une contradiction effectivement inacceptable[1], Pascal ne voit cependant rien que de très logique : « Ce qui cause cela est que nous sommes bien certains que nous n'avons pas mal à la tête, et que nous ne sommes pas boiteux, mais nous ne sommes pas si assurés que nous choisissons le vrai »(fr.99). Plutôt que de se lamenter et de faire honte à l'inconséquence des hommes, Pascal prend acte avec réalisme que, dans un monde incertain des valeurs, les lieux d'unanimité sont rares et qu'ils se restreignent finalement aux questions secondaires. Les règlements humains doivent en tenir compte.

En ultime recours, la meilleure preuve qu'une règle est saine consiste dans son efficacité. Quand on « distingue les hommes par le dehors » (fr.101), on met en place une hiérarchie précise et simple, qu'il n'y a aucun problème à déterminer et donc à respecter. Or c'est là un des services essentiels que doivent nous rendre les lois.

> Il faut qu'il y ait différents degrés, tous les hommes voulant dominer et tous ne le pouvant pas, mais quelques-uns le pouvant (fr.828).

Si une règle apporte la preuve qu'elle est en prise sur la réalité, qu'elle remplit effectivement sa fonction, qui est de régler, on peut affirmer a priori, contre les demi-habiles, qu'elle est bonne. « S'offenser pour avoir reçu un soufflet » (fr.101), attacher à sa « gloire » l'importance capitale que les hommes du XVIIe siècle lui accordaient, sont là des comportements que Pascal justifie par un seul argument, celui de l'efficacité :

> ... cela est très souhaitable à cause des autres biens essentiels qui y sont joints. Et un homme qui a reçu un soufflet sans s'en ressentir est accablé d'injures et de nécessités (fr.101).

La règle, aussi ridicule semble-t-elle quand on l'énonce, est pièce d'un système cohérent, instrument d'ordre. Que lui demander de plus ?

1. MONTAIGNE, *Essais* III, 8 (« De l'art de conférer »), p. 929.
« Pourquoi, sans nous émouvoir, rencontrons-nous quelqu'un qui ait le corps tortu et mal bâti, et ne pouvons souffrir la rencontre d'un esprit mal rangé sans nous mettre en colère ? »
Montaigne condamne cette sévérité, la qualifiant de « vicieuse âpreté ».

On reste frappé par le réalisme délibéré et serein de Pascal, son rejet essentiel de toute tentation utopique. Dans la défense des lois positives qu'il entreprend, il n'hésite pas à indiquer le prix à payer : sottise possible du roi, incompétence assurée de la majorité. Mais puisqu'il faut, pour un temps, renoncer à des lois justes, et régler la cité comme on réglerait un jeu, l'auteur des *Pensées* aborde résolument la question sous son aspect technique. Il recherche les qualités structurelles qu'une loi, même amorale, doit posséder : la force – qui lui tient lieu de légitimité –, la clarté, et l'efficacité, qui atteste sa compétence à régler. La règle comme telle n'a pas de valeur, mais la possibilité est maintenue d'émettre, à son endroit, un jugement de valeur. L'esprit scientifique, passé de « l'étude des sciences abstraites » à celle de l'homme (fr.687), demeure soucieux de connaître les mécanismes et capable de s'atteler à ce travail, alors même qu'il en proclame l'insignifiance relative. Au regard de la vérité, toutes les lois humaines sont également mauvaises. Il n'est cependant pas sans intérêt, pour l'homme, de savoir lesquelles ont réellement le pouvoir de régler.

CHAPITRE V

« UN SI BEL ORDRE » ?

Les joueurs lancent les dés, mêlent des cartes, et se divertissent à provoquer les événements imprévisibles du hasard, pour les transformer en avantages ou en détriments, selon les conventions factices qu'ils ont élaborées. Nous avons vu comment la société des hommes, telle qu'elle apparaît dans les *Pensées* de Pascal, évoque irrésistiblement le fonctionnement du jeu. Certes, ce jeu-ci ne procure pas de plaisir et le hasard n'y est pas volontairement suscité, mais c'est bien lui qui distribue les qualités, et les lois humaines ensuite établissent capricieusement la façon dont ces qualités aléatoires seront sanctionnées. Les demi-habiles s'insurgent; Pascal, résigné à la fatalité du jeu, rappelle que la cité doit être réglée, en dépit de notre tragique et insoluble incompétence. Ainsi s'expliquent les incongruités des lois politiques, et la virulence de Pascal néanmoins contre ceux qui les dénoncent.

Mais on ne peut s'en tenir à ce constat. La présentation des lois comme règles de jeux réduit une contradiction essentielle, en conciliant le mépris qu'elles méritent avec l'obéissance que leur garde Pascal. Il reste que cet ordre, s'il prend ainsi cohérence, est humainement odieux. Le réalisme pascalien ressemble fort au simple cynisme. Or les *Pensées* n'ont un cynisme que de façade : la mise entre parenthèses des valeurs y est temporaire et conduit, par une voie paradoxale, à reconnaître plus fortement et définitivement ces valeurs. Après avoir trouvé la *cause* d'un phénomène – la respectable inintelligence de nos lois –, c'est-à-dire rendu compte de sa cohérence à un premier niveau, il faut s'interroger sur sa *raison*, sur la signification profonde de cette cohérence[1]. Les règles dérisoires de la société humaine acquièrent alors une double valeur : dans leur grossièreté, leur souci étroitement technique d'écarter le désordre,

1. C'est là la démarche que décrit Pascal, et qu'il illustre, dans son analyse du divertissement : « Quand j'ai pensé de plus près et qu'après avoir trouvé la cause de tous nos malheurs j'ai voulu en découvrir les raisons, j'ai trouvé qu'il y en a une bien effective... » (fr.136).

elles humilient l'homme et le ramènent constamment à la conséquence de sa chute; mais malgré leur maladresse, elles s'avèrent d'une efficacité surprenante. Elles édifient ainsi un ordre artificiel, qui figure l'ordre véritable et atteste que l'homme en garde la nostalgie, en quoi Pascal voit la marque manifeste de sa grandeur.

1. *L'ordre pénal*

La brève épître de saint Jacques aborde à plusieurs reprises la question des riches et de leur place dans la communauté chrétienne. L'apôtre s'adresse directement à eux pour les avertir solennellement de la précarité de leur richesse et de son insignifiance au regard du royaume de Dieu [1]. Mais Jacques met aussi en garde l'ensemble des Chrétiens, à qui il reproche de ne pas accorder à tous le même traitement et de témoigner aux riches un trop grand respect :

> S'il entre dans votre assemblée un homme aux bagues d'or, magnifiquement vêtu, s'il entre aussi un pauvre vêtu de haillons, si vous vous intéressez à l'homme qui porte des vêtements magnifiques et lui dites : «Toi, assieds-toi à cette bonne place», si au pauvre vous dites : «Toi, tiens-toi debout» ou «Assieds-toi là-bas au pied de mon escabeau», n'avez-vous pas fait en vous-même une discrimination? N'êtes-vous pas devenus des juges aux raisonnements criminels? [2].

Cette sévère condamnation laisse peu de marge, semble-t-il, à l'interprétation, et s'accorde bien difficilement avec la soumission à l'ordre social, le respect pour l'habit («cet habit, c'est une force» fr.89) ou pour la naissance, que préconisent les *Pensées*.

Aussi Pascal sent-il la nécessité d'une glose : s'il évoque le passage de saint Jacques, c'est à travers une interprétation de saint Thomas :

> Saint Thomas explique le lieu de saint Jacques sur la préférence des riches, que s'ils ne le font dans la vue de Dieu ils sortent de l'ordre de la religion (fr.14).

Le fragment est peu clair, et l'habitude a été prise, pour l'expliciter de se reporter à la *Logique* de Port-Royal. En effet, dans un chapitre rajouté pour la seconde édition (1664), et où se retrouvent de

1. Épître de saint JACQUES, I (9-11), et surtout la célèbre apostrophe de V (1-6) : « Alors, vous les riches, pleurez à grand bruit sur les malheurs qui vous attendent ! Votre richesse est pourrie... » (Traduction Œcuménique de la Bible).

2. Épître de saint JACQUES, II (2-5).

nombreux thèmes des *Pensées*[1], les auteurs mentionnent le passage de saint Jacques en se référant comme Pascal à la *Somme Théologique*, mais la référence est ici développée.

> Saint Thomas croit que c'est ce regard d'estime et d'admiration pour les riches qui est condamné si sévèrement par l'apôtre saint Jacques, lorsqu'il défend de donner un siège plus élevé aux riches qu'aux pauvres dans les assemblées ecclésiastiques : car *ce passage ne pouvant s'entendre à la lettre* d'une défense de rendre certains devoirs extérieurs plutôt aux riches qu'aux pauvres, puisque l'ordre du monde, que la religion ne trouble point, souffre ces préférences, et que les saints même les ont pratiquées, il semble qu'on le doive entendre de cette préférence intérieure, qui fait regarder les pauvres comme sous le pied des riches, et les riches comme étant infiniment élevés au-dessus des pauvres[2].

L'exégèse avoue ici naïvement son but : elle exclut de contredire l'autorité canonique de saint Jacques, mais accepter telle quelle sa

1. *La Logique ou l'art de penser*, 1ère partie, chap. 10, « Quelques exemples de ces idées confuses et obscures tirées de la morale ». Ce chapitre de la *Logique* est un de ceux où l'influence de Pascal apparaît le plus nettement. Qu'on en juge par les quelques exemples suivants :

« Naturellement on aime la vertu et on hait la folie. Ces mots mêmes émeuvent, on ne pèche qu'en l'application » (fr.634, leçon de Philippe Sellier).

« L'homme trouve en soi l'idée du bonheur et du malheur, et cette idée n'est point fausse ni confuse, tant qu'elle demeure générale... » (*Logique*, p.110).

« Il faut donc faire comme si on était seul. Et alors bâtirait-on des maisons superbes ? » (fr.151).

« Qu'est-ce que se proposent ces gens qui bâtissent des maisons superbes beaucoup au-dessus de leur condition et de leur fortune ? Ce n'est pas la simple commodité qu'ils y recherchent [...] et il est visible aussi que s'ils étaient seuls au monde, ils ne prendraient jamais cette peine... » (*Logique*, p.113).

« On ne veut pas que j'honore un homme vêtu de brocatelle et suivi de sept ou huit laquais... » (fr.89).

« Pourquoi croit-on que l'on charge les carrosses de ce grand nombre de laquais ? » (*Logique*, p.114).

« De là vient que le plaisir de la solitude est une chose incompréhensible » (fr.136).

« Ce qui rend [...] la solitude ennuyeuse à la plupart du monde... » (*Logique*, p.114).

On pourrait encore augmenter la liste des rapprochements possibles : les raisons pour lesquelles on choisit un métier (fr.634/*Log*. p.114), la signification exclusivement sociale de la bravoure (fr.806/*Log*. p.113), etc... Nous voulons seulement montrer que le chapitre I,10 de la *Logique* s'inscrit indéniablement dans une thématique pascalienne ; l'évocation du « lieu de saint Jacques » n'étant pas un rapprochement isolé avec les *Pensées*, le critique nous semble d'autant plus autorisé à utiliser, pour le fr.14, l'éclairage de la *Logique*.

2. *La Logique ou l'art de penser*, loc. cit. p.111, nous soulignons.

condamnation des riches, l'entendre « à la lettre », dresserait la religion contre « l'ordre du monde ». Il faut donc donner aux préceptes de l'apôtre un sens suffisamment subtil, spirituel, pour qu'on puisse les enfreindre dans la réalité, sans cesser d'en respecter l'esprit. De toute façon, que saint Jacques, dans son épître, se soit élevé contre toute forme de discrimination entre riches et pauvres, comme cela semble être le cas, ou qu'il ait seulement voulu condamner « une préférence intérieure », là n'est pas pour nous la question. L'interprétation à laquelle s'en tient Pascal est cohérente avec sa conception de l'ordre social ; elle conforte son respect ironique des lois. Observer, jusqu'au sein même de l'assemblée religieuse, les différences de statut, manifester aux riches un respect de façade, c'est se plier aux règles – comportement parfaitement louable, nous l'avons vu, à condition qu'il soit équilibré par une pensée de derrière qui lui restitue sa signification. L'erreur grave, celle-là seule qui est censée provoquer la colère de saint Jacques, est de croire à une supériorité réelle des riches et des puissants, et de leur témoigner une préférence autre que conventionnelle : c'est omettre la pensée de derrière.

Cette distinction entre deux façons de préférer les riches, dont une seule serait fautive, aboutit à légitimer, temporairement au moins, l'ordre établi. On peut dire à l'homme qui porte des vêtements magnifiques : « Toi, assieds-toi à cette bonne place », tant qu'on reste convaincu qu'il ne la mérite pas. N'est-ce pas une sorte de schizophrénie sociale, qui impose de se comporter en permanence contre ses convictions réelles ? G. Ferreyrolles ne le pense pas ; il ne voit là aucun motif d'être choqué, ni même étonné :

> Qui se reportera aux textes mêmes de saint Thomas concernant le 'lieu de saint Jacques' y trouvera que la question en suspens relève au premier chef de la morale naturelle – précisément de ce que le païen Aristote appelait la 'justice distributive'[1].

Reportons-nous donc à l'argumentation de saint Thomas. Le passage en cause est, dans la seconde partie de la *Somme Théologique*, une question consacrée à l'acception des personnes[2]. Saint Thomas entend par là le comportement – établi comme péché à l'issue de l'article 1 – qui consiste à accorder un bien à un homme, non pour un

1. G. FERREYROLLES, *op. cit.* p.159.

2. *Summa Theologiae*, IIa IIae pars, quaestio 63 : *De acceptione personarum.* Michel LE GUERN, en note du fr.12 (Lafuma 14) de son édition des *Pensées*, ignore la *Somme Théologique*, et se réfère à un *Commentaire sur l'épître de saint Jacques* de Nicolas de GORRAN, faussement attribué à THOMAS D'AQUIN. Cette référence ne correspond pas aussi nettement au propos de Pascal.

motif qui l'en rendrait digne, mais simplement parce qu'il est telle personne[1]. La justice réside au contraire dans l'*acceptio causae*, c'est-à-dire dans la prise en compte du seul mérite correspondant à l'avantage ou au bénéfice concédé[2]. Il en va de même pour les biens moins tangibles que sont les honneurs. C'est un péché de rendre honneur à quelqu'un, ou de lui témoigner du respect, en faisant acception de la personne : la vertu est la seule cause légitime d'un honneur, conclut le troisième article[3]. Il semble donc que saint Thomas reçoive à la lettre l'épître de saint Jacques et, puisque la richesse n'est en aucune façon un signe de vertu, qu'il condamne les honneurs qu'on rend aux riches, comme un exemple caractérisé d'acception des personnes[4]. Mais étrangement, l'article 3 introduit dans sa conclusion une subtilité qui détruit toute la rigueur précédente, en donnant de la vertu une définition beaucoup plus large. Il faudra considérer comme vertu, c'est-à-dire comme cause légitime (*causa debita*) des honneurs, non seulement les qualités qu'un homme possède en propre, mais celles qu'il représente[5]. On respecte ainsi le prêtre parce qu'il représente la personne du Christ; quand bien même il ne mériterait que mépris en tant qu'individu, il garderait droit au respect que lui vaut sa fonction religieuse, et ce respect n'est pas une acception de personnes puisqu'il correspond à une qualité effective. Cela amène saint Thomas à reconsidérer le cas des riches. Ils détiennent dans la société une place prééminente. En leur manifestant des égards, on n'exprime donc pas nécessairement un respect pour leur richesse, mais une soumission à l'ordre social qu'ils représentent. Tant qu'on s'en tient à cette motivation, il n'y a pas acception de personnes[6]. C'est à cette

1. «*Non attribuitur ei aliquid propter aliquam causam quae faciat eum dignum, sed simpliciter attribuitur personae*» (qu. 63, art. 1, resp.).

2. «*Si ergo aliquis consideret illam proprietatem personae propter quam id quod ei confertur est ei debitum, non est acceptio personae, sed causae*» (*ibid.*).

L'exemple qu'en donne saint Thomas est le choix d'un professeur : «*si aliquis promoveat aliquem ad magisterium propter sufficientiam scientiae, hic attenditur* causa debita, *non persona* » (*ibid.*, nous soulignons).

3. «*Sola virtus est debita causa honoris*» (*ibid.*, art. 3, resp.).

4. «*Haec est acceptio personarum, divites propter divitias honorare*» (*ibid.*, art. 3, vid.). La question des honneurs rendus aux riches est d'ailleurs l'essentiel du *sed contra* : «*Quicumque divitem propter divitias honorat, peccat*».

5. «*Sciendum tamen quod aliquis potest honorari non solum propter virtutem propriam sed etiam propter virtutem alterius, sicut principes et praelati honorantur, etiamsi sint mali, inquantum gerunt personam Dei et communitatis cui praeficiuntur*» (*ibid.*, art.3, resp.).

6. «*Divites autem honorandi sunt propter hoc quod majorem locum in communitatibus obtinent. Si autem solum intuitu divitiarum honorentur, erit peccatum acceptionis personarum*» (*ibid.*).

conclusion que s'attachent Pascal et les auteurs de la *Logique*, pour justifier les aménagements qu'ils apportent à l'épître de saint Jacques.

Pour Gérard Ferreyrolles, la conformité de vue ici entre les *Pensées* et la *Somme Théologique* est bien la preuve que l'ordre social, tel que l'entend Pascal, ne contredit pas la morale naturelle, ni le sentiment spontané de la justice distributive :

> Tout cela ressortit à la justice naturelle, dont l'impératif s'est toujours exprimé de la même façon pour tous les hommes : « *aliquis det alicui quod ei debetur* » [1].

Mais une opinion aussi sereine n'est soutenable que si l'on isole l'allusion de Pascal au « lieu de saint Jacques », c'est-à-dire si l'on oublie la première partie du fragment 14 et la teneur du raisonnement dans lequel la question des riches n'intervient que comme exemple :

> Les vrais Chrétiens obéissent aux folies néanmoins, non pas qu'ils respectent les folies, mais l'ordre de Dieu qui pour la punition des hommes les a asservis à ces folies. *Omnis creatura subjecta est vanitati, liberabitur.* Ainsi saint Thomas explique le lieu de saint Jacques pour la préférence des riches, que s'ils ne le font dans la vue de Dieu ils sortent de l'ordre de la religion (fr. 14).

Le « lieu de saint Jacques », et l'analyse thomiste qui l'explique, apparaissent maintenant sous un tout autre jour. Le respect pour les riches est évoqué par Pascal comme un exemple de règlement absurde, de ces « folies » auxquelles néanmoins les vrais Chrétiens doivent accepter de se plier. Bien loin d'y trouver une quelconque rationalité, une justice naturelle, Pascal n'en fait mention qu'à titre de « vanité », c'est-à-dire de comportement déraisonnable, sans fondement. Rien, il est vrai, dans les conclusions thomistes, n'autorise à assimiler l'ordre social à une vanité. L'auteur de la *Somme* se contentait, dans les textes que nous avons cités, de remarquer une dimension institutionnelle du respect, sans émettre aucun jugement négatif sur l'institution. Pour Pascal, la cause est entendue : quand on rend aux riches et aux

1. G. FERREYROLLES, *op. cit.*, p.159. (la citation de saint Thomas est de la *Somme Théologique*, IIa IIae, qu. 63, art. 1).

G. Ferreyrolles, dans une analyse fine de la *reverentia* (l'estime) et de l'*observantia* (le respect) montre, à juste titre, combien ces concepts thomistes sont proches des distinctions pascaliennes entre « respects naturels » et « respects d'établissement » (*2e Discours sur la condition des grands*). Ce qui, à notre sens, écarte définitivement Pascal de saint Thomas est que les *Pensées* évoquent cette distinction dans une perspective qui oscille entre l'ironie et l'horreur, non, comme saint Thomas, pour concilier l'ordre humain avec une morale naturelle, mais bien au contraire pour mettre en évidence son aspect arbitraire et dérisoire.

puissants les devoirs correspondant à leur statut social, on agit de façon déraisonnable, puisque l'ordre social est injuste. C'est ainsi cependant qu'il faut agir.

Obéir à des règles auxquelles on ne reconnaît aucune valeur, mais que l'on s'interdit de modifier, c'est la définition que nous avons donnée du jeu. L'homme asservi aux vanités est donc un homme condamné à jouer. Le jeu trouve ici une signification profonde : l'impossibilité d'échapper à l'arbitraire, de remplacer les règlements fantaisistes en ayant recours à des valeurs véritables, est la forme que prend la punition des hommes après la chute. La soumission aux règles de la société perd alors son caractère de simple résignation (renforcée par la crainte de la guerre civile) : elle peut devenir un acte d'humilité chrétienne. En obéissant aux folies, en jouant, le Chrétien accepte une punition qu'il reconnaît méritée.

La gradation des opinions à l'égard du jeu s'établit dès lors comme suit. Le peuple ne s'aperçoit pas qu'il participe à un jeu, il croit les règles sociales fondées. Les demi-habiles discernent et refusent l'arbitraire de ces règles. Les habiles, pour des raisons techniques et par réalisme, acceptent que la société soit réglée de façon sommaire, pourvu qu'elle soit réglée. Les dévots, «qui ont plus de zèle que de science» (fr.90) et qui «jugent par une nouvelle lumière que la piété leur donne» (*ibid*), récusent pour des raisons religieuses, un ordre artificiel, incompatible avec les valeurs évangéliques; leur position est bien illustrée par les remarques de saint Jacques sur les riches, du moins dans leur sens obvie : un nouvel ordre évangélique – celui par exemple qui proclame l'égalité de tous les hommes dans la rédemption – doit se substituer aux règles mondaines. Mais les «vrais Chrétiens» (fr.14), ceux que Pascal, dans son développement le plus complet sur la gradation et la raison des effets, désigne du nom de «Chrétiens parfaits» (fr.90), acceptent comme les habiles de garder leur obéissance à un ordre qu'ils ont reconnu insatisfaisant. Comme les habiles, ils ont une pensée de derrière et s'écartent du peuple en cela qu'ils ne respectent pas les folies; ils s'y soumettent extérieurement, tout en sachant «par une autre lumière supérieure» (fr.90) qui leur vient de la religion, que ce sont des folies et que leur soumission a le sens d'une expiation.

Le prétendu ordre social n'est qu'une parodie d'ordre, bien plus justement qualifié de «folie» ou de «vanité». Mais «dans la vue de Dieu» (fr.14), il retrouve une nécessité, et ce que le moraliste considère comme un désordre apparaît à un niveau supérieur, en tant qu'ordre pénal, comme l'ordre de Dieu[1]. Il y a donc deux façons de considérer une règle humaine comme celle qui accorde aux riches la préséance dans les assemblées. En elle-même, ce n'est qu'une convention mondaine qui ne mérite que mépris. Pascal situe à ce premier niveau d'analyse la condamnation de saint Jacques. Car prise à un second niveau, la même règle inepte manifeste la volonté de Dieu de faire sentir à l'homme sa déchéance et de le punir par une servitude humiliante. L'homme doit donc à ce titre, tout en la jugeant à sa juste valeur (proclamée dans l'épître de Jacques) accepter de s'y soumettre, comme la marque de la volonté divine, et en attendant de la générosité divine d'en être libéré (« *Omnis creatura subjecta est vanitati, liberabitur* » fr.14). L'homme déchu est un joueur. Le Chrétien cependant connaît la cause et la fonction de ce jeu : il s'y livre avec répugnance, mais résolument, comme on se laisse porter sur les fleuves de Babylone (fr.918), en sachant qu'il est vain de chercher à y échapper, acceptant d'être entraîné et prenant seulement garde de rester toujours en sécurité, victime seulement et étranger à cet ordre temporairement subi.

Si l'existence de règles et leur nécessité accusent la déchéance de l'homme, le fonctionnement de l'Église offre à nouveau une certaine similitude avec celui de la cité. Certes, pour un Chrétien, l'Église représente davantage qu'une communauté humaine, régie par des lois arbitraires. En tant que corps mystique du Christ[2], elle possède une nécessité organique. Les règles concrètes qui la structurent n'impliquent pas un respect aussi aveugle et définitif puisqu'on peut sans cesse les confronter à leur justification véritable. L'exemple qu'en donne Pascal est celui de saint Pierre et des apôtres, qui en décidant « d'abolir la circoncision » agissent indiscutablement contre ce qui représentait alors « une loi de Dieu » (fr.367). C'est au nom d'une valeur supé-

1. Nous sommes ici, à nouveau, en parfaite conformité avec les analyses de Gérard FERREYROLLES, à qui nous empruntons d'ailleurs le terme d'*ordre pénal* :

« Parce que l'homme a prétendu se soustraire au plus raisonnable des empires, celui du créateur sur sa créature, il est juste qu'il soit désormais soumis au commandement d'un ou plusieurs de ses semblables qui peuvent fort bien, pour l'habileté, le savoir ou la piété, lui être inférieurs. Ce n'est point là le désordre, c'est "l'ordre de Dieu" ; l'humiliation qu'il inflige à notre orgueil nous empêche de voir la justice d'un ordre pénal... » (*op. cit.* p.154).

Il nous semble cependant difficile de faire coexister ces analyses avec la conviction que l'ordre humain participe d'une loi naturelle.

2. La métaphore paulinienne du corps dont les Chrétiens sont les membres, forme le sujet essentiel de la liasse « Morale chrétienne » (notamment fr.360, 372,...).

rieure, issue d'une alliance nouvelle, qu'ils n'hésitent pas à remettre en cause une loi établie.

> Ils jugent plus sûr que Dieu approuve ceux qu'il remplit de son esprit que non pas qu'il faille observer la loi.
>
> Ils savaient que la fin de la loi n'était que le Saint-Esprit et qu'ainsi puisqu'on l'avait bien sans circoncision elle n'était pas nécessaire (fr.367).

Il reste que, société humaine intégrée dans l'histoire, l'Église n'existe qu'à travers un ensemble de règles et de conventions, auxquelles le Chrétien est assujetti, mais qui ne sont pas strictement la traduction de valeurs évangéliques. Si les apôtres du Christ ont su n'être «point formalistes» (titre du fragment 367), Pascal n'en tire pas argument pour affranchir les Chrétiens des «formalités» :

> C'est être superstitieux de mettre son espérance dans les formalités, mais c'est être superbe de ne vouloir s'y soumettre (fr.364).

Jusque dans sa pratique religieuse, l'homme est donc tenu de se plier à des règles sans valeur : sa corruption, ici aussi, le remet dans l'univers du jeu. Ceux qui croient naïvement en la valeur des rites, qui confondent l'amour de Dieu avec un respect scrupuleux des sacrements, s'apparentent au peuple, inconscient de la nature véritable de ses lois. Ces chrétiens formalistes et superstitieux sont qualifiés par Pascal de grossiers ou de charnels («ce sont les Juifs de la loi nouvelle» fr.286).

> Jésus-Christ selon les chrétiens charnels est venu nous dispenser d'aimer Dieu, et nous donner des sacrements qui opèrent tout sans nous (fr.287).

Mais inversement, se comporter en demi-habiles de la foi, en dénonçant la vanité des manifestations extérieures de piété, c'est faire preuve de superbe, et refuser un ordre dont l'imperfection même est voulue par Dieu.

> Il faut que l'extérieur soit joint à l'intérieur pour obtenir de Dieu ; c'est-à-dire que l'on se mette à genoux, prie des lèvres, etc., afin que l'homme orgueilleux qui n'a voulu se soumettre à Dieu soit maintenant soumis à la créature. Attendre de cet extérieur le secours est être superstitieux ; ne vouloir pas le joindre à l'intérieur est être superbe (fr.944).

Ce difficile équilibre dans les exercices de la foi est le même que face aux lois politiques : il consiste à garder conscience de l'inanité, savoir que les règles qu'on respecte n'ont aucune valeur intrinsèque, mais que dans leur vanité même réside leur signification. Le chrétien qui veut être humble sans tomber dans la superstition, se retrouve dans la position du joueur : affranchi et soumis à la fois. Les formules, les rites, sont pour lui des conventions. Il sait que d'autres cérémonies ne permettraient ni plus ni moins un rapport authentique avec Dieu. Mais il accepte cette inintelligence temporaire, par mortification. Il observe donc scrupuleusement des règles, bien qu'elles soient contingentes et artificielles. S'il n'y trouve pas le plaisir immédiat du joueur, il en tire au moins la satisfaction, en avouant ainsi ses limites spirituelles, de marquer son allégeance à la volonté divine.

C'est un paradoxe constant, dans la pensée pascalienne, que les phénomènes les plus négatifs (les folies du monde) gardent néanmoins, sous un autre regard, un aspect positif, ne serait-ce que parce qu'ils nous éclairent sur notre condition. L'ambivalence est généralisée. Le divertissement, par exemple, n'est ni bon ni mauvais. Il sert de remède, permet à l'homme de supporter sa condition; c'est donc un bien. Mais l'usage de ce bien se révèle pire que le mal :

> La seule chose qui nous console de nos misères est le divertissement, et cependant c'est la plus grande de nos misères. Car c'est cela qui nous empêche principalement de songer à nous et qui nous fait perdre insensiblement... (fr. 414).

La considération cependant du divertissement n'est pas vaine : elle découvre à l'homme une dimension essentielle de sa nature, si bien que « la plus grande de [ses] misères » se transforme en indice précieux de sa grandeur.

> Ils ont un instinct secret qui les pousse à chercher le divertissement et l'occupation au dehors, qui vient du ressentiment de leurs misères continuelles. Et ils ont un autre instinct secret qui reste de la grandeur de notre première nature, qui leur fait connaître que le bonheur n'est en effet que dans le repos et non pas dans le tumulte. Et de ces deux instincts contraires il se forme en eux un projet confus qui se cache à leur vue dans le fond de leur âme, qui les porte à tendre au repos par l'agitation... (fr. 136).

Le divertissement est donc, de façon inséparable, un bien et un mal : un bien dont l'usage est mauvais, un mal dont la reconnaissance est bonne. Il en va de même de nos lois. Plus elles se rapprochent de règles factices et arbitraires, ignorantes des valeurs, plus elles méritent la moquerie des moralistes et des demi-habiles. Elles révèlent en effet une grave inconséquence, et s'attirent les sarcasmes des philosophes au même titre que le divertissement. Le droit d'aînesse rejoint alors les prescriptions liturgiques, au nombre de toutes les conventions que l'homme forge et auxquelles ensuite il se soumet respectueusement, par une sorte d'aliénation. Pascal lui aussi exerce sa moquerie, quand il ne cède pas à un sentiment d'exaspération. Devant l'ineptie du divertissement, il ne peut s'empêcher parfois de manifester son horreur :

> Que le cœur de l'homme est creux et plein d'ordure (fr.139).

Mais les *Pensées* n'en restent pas à hésiter entre dérision et réprobation. La vanité que recèlent nos lois est précieuse par elle-même : elle fait prendre conscience à l'homme de sa misère, de son néant. Pascal avoue à l'occasion que son travail même d'écrivain ne peut souhaiter meilleur aboutissement.

> En écrivant ma pensée elle m'échappe quelquefois; mais cela me fait souvenir de ma faiblesse que j'oublie à toute heure, ce qui m'instruit autant que ma pensée oubliée, car je ne tiens qu'à connaître mon néant (fr.656).

L'homme en proie au jeu, incapable d'établir par lui-même des valeurs de référence, oublieux de la loi naturelle, est un incomparable sujet d'observation. S'il ose être lucide, il découvre dans la cité artificielle qu'il a mise en place, la conséquence logique, et en même temps la punition, d'une chute originelle. Les demi-habiles, en refusant l'ordre ludique, commettent ainsi une double faute. À un niveau technique d'abord, par irréalisme : comme ils se méprennent sur la capacité de justice de l'homme, ils proposent des améliorations qui sont de l'ordre de l'utopie; leurs tentatives ne peuvent aboutir qu'à des états de crise. Mais, considérée d'un point de vue chrétien, leur faute n'est pas moins lourde de conséquences : en cherchant par orgueil à se soustraire à un ordre pénal voulu par Dieu, ils se ferment une possibilité d'entrevoir « l'ordre de Dieu »; la misère de l'homme se trouve privée pour eux de sa contrepartie bénéfique. Ils restent tout à la fois dans l'inefficacité face au monde et dans l'illusion face à eux-mêmes.

2. *Les règles admirables*

Si l'homme était « ce souverain juge du monde » (fr.48) qu'il se proclame naïvement, il serait sans doute capable d'instaurer une cité de justice; pour soustraire la société à l'anarchie, il ne s'en remettrait pas à des règles artificielles, à des conventions qui varient selon les lieux et les époques et qu'il faut déguiser toujours, afin qu'elles aient quelque pouvoir. Comme l'évoque Pascal, non sans ironie, « l'éclat de la véritable équité aurait assujetti tous les peuples» (fr.60). Mais si les lois humaines étaient uniquement des «folies», auxquelles nous sommes «asservis» par punition (fr.14) et auxquelles les vrais chrétiens obéissent par mortification, si l'ordre avait pour seule raison d'être pénal, comment s'expliquer que, somme toute, le jeu fonctionne si bien? Une perspective exclusivement tragique de la loi ne rend pas compte de son efficacité. Et de fait, quoiqu'il veuille ôter au jeune duc ses illusions sur la légitimité de l'ordre, Pascal n'en cache pas pour autant l'intelligence.

> Cet ordre n'est fondé que sur la seule volonté des législateurs *qui ont pu avoir de bonnes raisons*, mais dont aucune n'est prise d'un droit naturel[1].

Toutes les règles sont également mauvaises, dès lors qu'elles ignorent le droit naturel. D'un point de vue métaphysique ou religieux, il n'y a pas lieu de nuancer son jugement. Mais étant posée cette vanité essentielle des règles, leur abus de pouvoir originel, nous avons vu que d'un point de vue utilitariste, elles étaient loin de se valoir. Quelques lois sont plus opérantes que d'autres, plus capables de régler, quoique aucune ne soit fondée à le faire. Quand cette seconde optique est adoptée dans les *Pensées*, les règles imaginées par l'homme reçoivent le plus souvent approbation. Ainsi, la considération de l'ordre social conduit aussi bien Pascal à une méditation sur la chute originelle et ses conséquences, qu'à une reconnaissance admirative de la grandeur humaine.

> Les raisons des effets marquent la grandeur de l'homme, d'avoir su tirer de la concupiscence un si bel ordre (fr.106).

Ou pour ramener la question à l'économie de l'ouvrage pascalien, on observera que les réflexions sur la règle figurent à la fois dans les liasses «vanité», «misère» d'une part, et «raison des effets», «grandeur» d'autre part[2].

1. PASCAL, *1er Discours sur la condition des grands*, «l'Intégrale», p.366 (nous soulignons).

2. On ne remarque pas suffisamment la stricte symétrie des premières liasses classées.

Vanité considère l'absence de causalité, qui traduite en termes existentiels, rapportée à la condition de l'homme, amène les analyses de la liasse *misère*.

La *raison des effets* est l'antonyme exact de la vanité : ce nouveau concept désigne la présence malgré tout d'une causalité, là où initialement on était prêt à ne voir qu'aberration. La conséquence pour l'homme de la raison des effets est la *grandeur*, objet de la liasse suivante.

Le conservatisme politique de Pascal, radical parce que fondé sur un pessimisme métaphysique, va étrangement de pair avec une pensée du progrès. Certes si l'on entendait par progrès une accession progressive de la société à un ordre juste, la possibilité en est exclue par Pascal : les règles humaines restent invariablement artificielles, elles n'acquièrent nulle légitimité avec le temps. Aucune rédemption de l'ordre humain n'est à attendre de l'histoire. Pascal admet cependant que les règles sont allées s'affinant, jusqu'à remplir correctement leur vocation de mise en ordre. Le pur choc originel des égoïsmes, incompatible avec une vie sociale, a été peu à peu canalisé et réutilisé, grâce aux lois, à des fins communautaires.

> Tous les hommes se haïssent naturellement l'un l'autre. On s'est servi comme on a pu de la concupiscence pour la faire servir au bien public... (fr.210).
>
> On a fondé et tiré de la concupiscence des règles admirables de police, de morale et de justice... (fr.211).

Un aboutissement exemplaire de ce processus de socialisation s'offre à Pascal avec les théories nouvelles de l'honnêteté. L'honnête homme a en effet compris que ses désirs spontanés devaient nécessairement se heurter à ceux d'autrui, qu'il fallait donc, dans une première étape, contrecarrer soi-même sa volonté propre, afin d'atteindre ensuite un état d'harmonie qui est l'ambition ultime de l'égoïsme. Les quelques sacrifices consentis sont relativement minces, puisqu'ils permettent en définitive de vivre plus heureux [1]. Les lois politiques ne font rien d'autre que systématiser et imposer à tous le calcul de ces

Misère et grandeur, conséquences respectives de la vanité et de la raison des effets, imposent dans leur paradoxale simultanéité, l'idée de *contrariété* dans la septième liasse. Voir L. Thirouin : « Les premières liasses des *Pensées* : architecture et signification » (1992).

1. Cette conception réaliste et brutale de l'« honnêteté » est celle qui apparaît sous le plume de Damien MITTON, que Pascal prend à plusieurs reprises comme le théoricien et le type de l'honnête homme :

« Pour se rendre heureux avec moins de peine, et pour l'être avec sûreté, sans craindre d'être troublé dans son bonheur, il faut faire en sorte que les autres le soient avec nous : car si l'on prétend seulement songer à soi, on trouve des oppositions continuelles, et quand nous ne voulons être heureux qu'à condition que les autres le soient en même temps, tous les obstacles sont levés, et tout le monde nous prête la main. C'est ce ménagement de bonheur pour nous et pour les autres, que l'on doit appeler l'honnêteté, qui n'est à le bien prendre, que l'amour propre bien réglé.

L'honnêteté doit donc être considérée comme le désir d'être heureux, mais de manière que les autres le soient aussi... » (D. MITTON, « Pensées sur l'honnêteté », *in* : Saint-Évremond, *Œuvres meslées*..., Sixième partie, Paris : Claude Barbin, 1680, p. 3). Voir L. Thirouin : « Le moi haïssable, une formule équivoque » (2005).

esprits fins. À ceux qui ne seraient point convaincus que la recherche lucide de leur intérêt passe par un certain respect des intérêts d'autrui, la force des lois tient lieu d'intelligence. La loi se présente comme « le vrai précepteur du peuple » [1], elle lui permet de travailler à son propre plaisir quand il ne saurait le discerner.

Pascal est si bien convaincu du progrès des lois, de leur lent travail civilisateur, qu'il s'étonne quand il en rencontre une efficace d'emblée. La loi de Moïse constitue à ses yeux un phénomène aberrant, qui exige une interprétation : « Je trouve étrange que la première loi du monde se rencontre aussi la plus parfaite, en sorte que les plus grands législateurs en ont emprunté les leurs... » (fr.454). L'évolution logique d'une société est de passer progressivement d'un état d'anarchie où les désirs s'expriment de façon conflictuelle, s'appuient sur la force brute, à une cité réglée par les efforts des législateurs, qui finissent par harmoniser artificiellement les égoïsmes. Cette réussite n'a aucune valeur morale et n'indique en rien une transformation de l'homme. On a obtenu que la concupiscence serve au bien public, mais « au fond ce n'est que haine» (fr.210). De même qu'il reproche à Mitton, l'honnête homme, de « couvrir » seulement le moi, au lieu de l'ôter (fr.597), Pascal indique clairement les limites de son admiration pour les règles tirées de la concupiscence.

> On a fondé et tiré de la concupiscence des règles admirables de police, de morale et de justice.
>
> Mais, dans le fond, ce vilain fond de l'homme, ce *figmentum malum* n'est que couvert, il n'est pas ôté (fr.211).

L'ordre admirable n'est au bout du compte qu'un artifice, et quel que soit le travail qu'il représente, on ne saurait le confondre avec un ordre véritable. Affranchie de cette appréciation pessimiste, la réhabilitation pascalienne de l'amour propre – à laquelle font d'ailleurs écho les analyses de Nicole [2], contemporaines – annonce la philosophie

1. G. FERREYROLLES, *op. cit.*, p. 143.
Dans le chapitre intitulé « la concupiscence de l'ordre » (pp. 131-146), G. Ferreyrolles analyse longuement les passages des *Pensées* où il est montré comment « la recherche de l'intérêt propre, qui constamment oppose les hommes, [peut] servir leur intérêt commun » : le désir illégitime d'être admiré pousse chacun à s'acquitter au mieux de sa tâche (p.138) ; le goût égoïste des nobles pour l'apparat fait vivre un peuple d'artisans (p.139) ; le souci démesuré de son honneur permet que soient préservés les signes indispensables à l'ordre social (p.140), etc... Plus généralement enfin, la *libido dominandi* (désir de dominer) implique, pour pouvoir s'exercer, un espace social qu'elle s'engage inéluctablement à préserver.

2. Dans les *Essais de morale*, NICOLE consacre un traité (« De la charité et de l'amour propre »), à montrer que les effets d'un égoïsme intelligent sont semblables

libérale du XVIIIe siècle et l'utilitarisme économique[1]. Pascal cependant ne se satisfait pas d'un « tableau de charité » (fr.118); il ne vaut pour lui qu'à titre d'hommage indirect rendu ainsi par l'homme à l'ordre de la charité. La nostalgie de l'ordre indique que l'homme est « tombé de sa place », qu'il « la cherche avec inquiétude » (fr.477). Mais Mitton reste finalement haïssable, avec ses subterfuges pour laisser au centre de tout un moi injuste dont il n'a ôté que l'incommodité (fr.597). Les règlements qu'il prône n'ont qu'une valeur technique et s'ils marquent la grandeur de l'homme, ce n'est pas tant par les résultats qu'ils obtiennent que par le désir qu'ils traduisent.

La règle est souvent pour Pascal la manifestation concrète de la raison des effets. Celle-ci, notion abstraite, justifie théoriquement[2], tandis que la première inscrit dans les faits la justification. Les deux concepts apparaissent réunis dans une réflexion de Pascal sur l'incertain (fr.577), où le problème posé – a-t-on raison de travailler pour l'incertain ? – suscite un développement théorique et une mise au point sur la raison des effets. La solution de la difficulté initiale est donnée par Pascal en ces termes :

– au moins extérieurement – à ceux de la charité, que l'amour propre peut donc parfaitement servir à régler la cité.

« Pour réformer entièrement le monde, c'est-à-dire pour en bannir tous les vices et tous les désordres grossiers, et pour rendre les hommes heureux dès cette vie même, il ne faudrait au défaut de la charité que leur donner à tous un amour propre éclairé, qui sût discerner ses vrais intérêts, et y tendre par les voies que la droite raison lui découvrirait. Quelque corrompue que cette société fût au-dedans et aux yeux de Dieu, il n'y aurait rien au-dehors de mieux réglé, de plus civil, de plus juste, de plus pacifique, de plus honnête, de plus généreux... » (P. NICOLE, *Essais de morale*, Paris : Guillaume Desprez, 1733, vol.3 ; second traité, « De la charité et de l'amour propre », chap.11, p.176).

1. La conviction première du libéralisme économique est – rappelons-le – que chaque individu, s'il travaille à son propre intérêt, travaille par là même au bien de la communauté. Le texte fondateur de B. MANDEVILLE, si souvent cité (*La Fable des abeilles,* 1714, tr. fr. L. & P. Carrive, Paris, Vrin, 1990), le dit fort nettement dans son sous-titre : « les vices privés font le bien public ». Voir P. Force : *Self-Interest before Adam Smith. A Genealogy of Economic science* (2003).

2. Nous renvoyons le lecteur à notre article : « Raison des effets, essai d'explication d'un concept pascalien », et notamment les pp. 44-49.

« La raison que l'on trouve pour les effets fait plus que les expliquer, elle les justifie, elle leur donne raison. [...] La raison de l'effet justifie le peuple et tous ceux qui, de façon spontanée ou non, acceptaient de se soumettre aux effets. La notion de cause reste impartiale : avec une neutralité propre à la science, elle est l'explication d'un phénomène. La *raison* en revanche est une explication orientée, pour laquelle fondement est synonyme de 'bien fondé' » (*op. cit.* p. 45).

> Quand on travaille pour demain et pour l'incertain on agit avec raison, car on doit travailler pour l'incertain par la règle des partis qui est démontrée (fr.577).

L'effet, c'est-à-dire le comportement à première vue aberrant, est finalement jugé raisonnable, car on a mis en évidence une règle qui tout à la fois le légitime (le met en conformité avec une raison) et l'impose (en fait une raison impérieuse). La raison de l'effet se confond donc avec la règle. La chose est encore plus claire dans la deuxième partie du fragment, où Pascal reproche à saint Augustin et à Montaigne de s'être laissés arrêter par l'apparence paradoxale des effets, sans découvrir leur logique profonde. Le premier est accusé de n'avoir pas « vu la règle des partis qui démontre qu'on le doit » (fr.577) et le second de n'avoir pas « vu la raison de cet effet » (*ibid.*). Peu importe ici la teneur des questions : le parallélisme des formules pascaliennes indique que *règle* et *raison* désignent bien la même réalité.

Qu'un effet ait une raison équivaut à dire qu'il découle d'une règle. C'est en cela d'ailleurs qu'il mérite le nom d'effet. Pour le demi-habile, ce n'est qu'une risible incohérence. Le choix du terme d'*effet* se justifie *a posteriori*, une fois qu'on a aperçu la rationalité sous-jacente du phénomène ; baptiser un phénomène d'effet implique qu'on le tient pour symptomatique d'une cause. La mise en évidence d'une raison des effets, elle-même assimilable à une règle, entraîne trois conséquences importantes.

1. Cet effet, dont se moquent volontiers les demi-habiles, obéit à une rationalité, quelle qu'en soit la valeur réelle. Il n'est pas absurde, ni un exemple de l'incohérence humaine. Au contraire, la règle à laquelle il obéit signifie qu'il est mesurable, conceptualisable (« la règle [...] est démontrée »).
2. Cet effet est justifié en droit par cela même qu'il n'est pas aberrant. Si l'effet obéit à une raison, ceux qui le soutiennent ont raison de le faire.
3. Si cette raison est une règle, elle est péremptoire et s'impose. On a non seulement raison d'accepter l'effet, mais on en a l'obligation (« on le doit »). La règle réclame obéissance. L'imbrication de la raison (avec sa fonction justifiante) et de la règle (avec sa fonction contraignante) ressort de la formule synthétique par laquelle Pascal qualifie la règle des partis : elle « démontre qu'on le doit » (fr.577). Quand la règle d'ailleurs est prise dans un sens scientifique, elle a toujours cette double valeur de justification théorique (explication d'un phénomène) et d'impératif (règle à suivre pour agir sur un phénomène).

De manière générale, trouver la raison d'un effet correspond toujours pour Pascal à formuler une règle, à montrer que derrière la spécificité d'un comportement en apparence absurde, il y a un modèle général d'explication. Qu'elles soient scientifiques ou morales, les règles donnent raison aux effets, mais de façon toujours transitoire. Elles n'accèdent pas à l'essence même du phénomène qu'elles règlent, à sa nature. Cela est vrai même des résultats scientifiques. Non seulement en effet la science est exclue *a priori* des connaissances essentielles (« la fin des choses et leurs principes sont [pour l'homme] invinciblement cachés dans un secret impénétrable » fr.199), mais par une infortune paradoxale, à l'intérieur de ces limites, le nombre infini de règles scientifiques donne à celles qu'on retient un caractère d'arbitraire, comparable à celui des règles politiques.

> Toutes les sciences sont infinies en l'étendue de leurs recherches, car qui doute que la géométrie par exemple a une infinité d'infinités de propositions à exposer (fr.199).

Les règles sont efficaces, elles mettent de l'ordre dans la réalité, à la confusion de tous ceux qui n'aperçoivent pas qu'à travers elles les effets font preuve de raison, mais elles restent toujours ignorantes de l'ordre véritable. Tirer l'ordre de la confusion ou de la concupiscence atteste la grandeur de l'homme.

> Grandeur. Les raisons des effets marquent la grandeur de l'homme, d'avoir tiré de la concupiscence un si bel ordre (fr.106).

En jouant sur les termes, on peut cependant retourner la formule : les raisons des effets ne tirent jamais l'homme de la concupiscence.

3. *L'ambivalente nécessité des règles*

En homme qui a « passé longtemps dans l'étude des sciences abstraites » (fr.687) et même s'il avoue s'en être « dégoûté » (*ibid.*), Pascal garde de sa première vocation scientifique la préoccupation permanente des règles. Dans *l'art de persuader*, il se montre convaincu qu'il y a « des règles aussi sûres pour plaire que pour démontrer »[1]. Il expose les secondes avec une rigueur toute géométrique :

> Voilà les huit règles qui contiennent tous les préceptes des preuves solides et immuables. Desquelles il y en a trois qui ne

1. PASCAL, *De l'esprit géométrique et de l'art de persuader*; « l'Intégrale », p.356.

> sont pas absolument nécessaires et qu'on peut négliger sans erreur. [...] Mais les cinq autres règles sont d'une nécessité absolue, et on ne peut s'en dispenser sans un défaut essentiel...[1].

Quant aux règles pour plaire, Pascal ne doute pas que ce soient de véritables règles et que

> ...qui les saurait parfaitement connaître et pratiquer ne réussît aussi sûrement à se faire aimer des rois et de toutes sortes de personnes, qu'à démontrer les éléments de la géométrie...[2].

Elles ne forment malheureusement pas un système aussi stable et économique que les précédentes, au point que Pascal, en ce qui le concerne, renonce finalement à « donner des règles fermes pour accorder les discours à l'inconstance de nos caprices »[3] . Mais quelle est dans les *Pensées* la valeur que représentent les règles ?

La nécessité des règles est illustrée par l'image de la montre, dans son rapport avec le temps qui passe.

> Ceux qui jugent d'un ouvrage sans règle sont à l'égard des autres comme ceux qui ont une montre à l'égard des autres. L'un dit : il y a deux heures ; l'autre dit : il n'y a que trois quarts d'heure. Je regarde ma montre et je dis à l'un : vous vous ennuyez et à l'autre : le temps ne vous dure guère, car il y a une heure et demie et je me moque de ceux qui disent que le temps me dure à moi et que j'en juge par fantaisie.
>
> Ils ne savent pas que j'en juge par ma montre » (fr.534).

Deux comportements s'opposent. Pour les uns, « tout [le] raisonnement se réduit à céder au sentiment » (fr.530) ; ils accordent une confiance naïve à leur propre intuition. Or l'expérience quotidienne montre suffisamment que même pour une question aussi facile à trancher que celle de l'heure, nos capacités de jugement sont oblitérées par notre affectivité : le plaisir que l'on trouve à une compagnie fait oublier le temps qui s'écoule, ou inversement l'ennui donne l'impression fallacieuse que les heures passent plus lentement. La solution est donc de se défier de son jugement spontané et de trouver un instrument de mesure objectif. La montre fait office de règle en cela qu'elle fournit une référence extérieure, incontestable, à partir de laquelle on peut ensuite juger avec rigueur toutes les impressions contradictoires. Comment savoir autrement qui s'ennuie et qui a une conscience exacte

1. *Ibid.*, p.357.
2. *Ibid.*, p.356.
3 *Ibid.*

du temps ? Celui qui n'a senti passer que trois quarts d'heure a beau jeu de se moquer de moi, et de m'accuser de trouver le temps long. Un monde sans règles est un monde où chacun prend son sentiment pour référence et repousse celui des autres, en le taxant de fantaisie.

> La fantaisie est semblable et contraire au sentiment ; de sorte qu'on ne peut distinguer entre ces contraires. L'un dit que mon sentiment est fantaisie, l'autre que sa fantaisie est sentiment. Il faudrait avoir une règle... (fr.530).

La montre est le symbole de cette règle. Celui qui s'y réfère sait discerner les illusions et mesurer leur gravité. Assuré quant à lui de ne point céder à des illusions, il peut à bon droit accueillir par la moquerie les fantaisies qu'on lui oppose sous le nom de « sentiments ».

Juger d'un ouvrage avec des règles signifie ainsi avoir défini une doctrine de référence, qui soustraie le juge aux fluctuations de sa propre fantaisie.

> Je n'ai jamais jugé d'une chose exactement de même, je ne puis juger d'un ouvrage en le faisant. Il faut que je fasse comme les peintres et que je m'en éloigne, mais non pas trop. De combien donc ? Devinez... (fr.558).

La règle établit ce point fixe d'où le jugement est objectif et constant. Elle interrompt du même fait la polémique stérile entre des juges qui, abusés par leur propre instabilité, s'accusent mutuellement de varier, « comme ceux qui sont dans un vaisseau croient que ceux qui sont au bord fuient » (fr.697). Si la montre permettait de connaître l'heure juste, elle se révélait en définitive essentiellement utile pour apprécier avec exactitude les jugements divers, pour fonder une moquerie. Ainsi la règle selon laquelle on juge d'une chose est toujours en second lieu celle qui permet de juger le juge lui-même.

L'anxiété pascalienne devant la relativité, « le langage [...] pareil de tous côtés » (fr.697), l'absence de « bornes dans les choses » (fr.540), rejoint une crainte largement partagée. Les hommes souffrent spontanément de la multiplication des points de vue, et ne désireraient rien tant que se dépouiller de leur liberté d'examen, s'asservir à une autorité pour recevoir en échange le secours d'une règle.

> On aime la sûreté, on aime que le pape soit infaillible en la foi, et que les docteurs graves le soient dans les mœurs (fr.516).

Mais a-t-on trouvé « un port dans la morale » (fr.697) quand on a prêté allégeance à un moraliste ? Reconnaître définitivement une « autorité », quelle qu'elle soit, est un moyen apparemment d'échapper au relativisme. Ce n'est en fait qu'une solution de facilité. Pascal exclut d'emblée qu'elle puisse répondre véritablement au besoin de règles [1]. Il examine les autorités le plus souvent invoquées et constate qu'elles sont conjoncturelles et fragiles, qu'elles n'offrent en aucune manière la permanence théorique qu'on est en droit d'attendre de règles.

> Si l'antiquité était la règle de la créance, les anciens étaient donc sans règle.
> Si le consentement général, si les hommes étaient péris. [...]
> N'aurons-nous donc pas de règle ? (fr. 505).

Juger au moyen de règles ne dispense pas du travail de jugement, au point que Pascal, bien loin de rechercher une autorité de référence, donne comme règle de créance le refus de toute autorité.

> C'est le consentement de vous à vous-même et la voix constante de votre raison et non des autres qui vous doit faire croire (fr. 505).

Conformément à la double fonction d'une règle, le critère proposé pour juger des hommes sera donc leur aptitude à se défier de l'autorité.

> N'y aura-t-il point une règle pour juger des hommes ? Nier, croire et douter sont à l'homme ce que le courir est au cheval (fr. 505).

Il semble qu'avec cette critique de l'autorité, Pascal réduise quelque peu la nécessité des règles initialement proclamée. Ou si la seule règle est de suivre « la voix constante de [sa] raison », le point fixe tant espéré n'était pas si difficile à découvrir et tous les libertins du siècle ne préconisent pas d'autre remède. Cela serait vrai ; le remède serait suffisant, si la voix de la raison était effectivement constante. Mais cette qualité lui fait précisément défaut, et Pascal renvoie lui-même son principe au nombre des mesures impraticables en soulignant sans cesse que la raison qui « s'offre » (fr. 530) si naturellement est en réalité « ployable à tous sens » (*ibid.*). On se réclame d'elle de façon systématique, aussi bien quand on suit ses préceptes que quand on les méprise, ce qui est le plus fréquent.

1. La question de l'autorité occupe une grande place dans la pensée de Pascal, depuis la *Préface sur le traité du vide* où sont strictement définis les domaines de la raison et de l'autorité, jusqu'aux *Pensées*, où l'autorité tend à se confondre avec la notion de crédibilité et autorise donc un contrôle préalable de la raison.

Une bonne présentation du problème est faite par T. SHIOKAWA, dans son article « La connaissance par l'autorité selon Pascal ». L'auteur insiste notamment sur la spécificité du projet apologétique :

« À la différence tant de la théologie qui admet d'avance l'autorité que des sciences naturelles qui n'en ont que faire, l'apologétique a pour but de faire accepter à ceux qui en doutent l'autorité de l'Écriture et de l'Église » (*op. cit.*, p.8).

L'homme n'agit point par la raison qui fait son être (fr. 491).

Il s'ensuit une confusion, soigneusement entretenue, et qui rend la notion de raison hautement suspecte, impropre en tout cas à servir de référence. Les hommes reçoivent pour vérité ce qu'ils ont la volonté de croire. Mais comme ils ont en même temps conscience que « cette voie est basse, indigne et étrangère », qu'« on ne devrait jamais consentir qu'aux vérités démontrées » [1], ils font profession de suivre les conclusions que leur dicte la raison. Derrière l'invocation de la raison, se dissimule ainsi le plus souvent le travail de la volonté, « un des principaux organes de la créance » (fr.539). Pascal n'envisage à aucun moment que la raison humaine puisse servir de règle. Au contraire la confiance en la raison lui semble un moyen de s'abuser, dont on trouve l'exemple caractéristique dans les fausses religions.

> Toutes les religions et les sectes du monde ont eu la raison naturelle pour guide ; les seuls chrétiens ont été astreints à prendre leurs règles hors d'eux-mêmes, et à s'informer de celles que Jésus-Christ a laissées aux anciens pour nous et retransmises aux fidèles (fr. 769).

La règle dont l'homme a besoin pour juger doit autant le protéger du libre examen que du recours aveugle à une autorité constituée.

Nous touchons là à la contradiction majeure : la règle suppose, pour être opérante, la mise en œuvre de la raison ; mais la règle est précisément nécessaire pour compenser les insuffisances de la raison. La rigueur des règles doit être un contrepoids à l'imagination, aux puissances trompeuses, à la menace permanente que la volonté fait peser sur la raison. La nécessité concurrente de la règle et de la raison apparaît avec évidence dans le problème, fondamental pour l'apologie pascalienne, du discernement des miracles. Toutes les apparences de prodiges n'ont pas une origine surnaturelle. Pour Pascal, il existe indéniablement de faux miracles, des événements dont le caractère extraordinaire – réel ou allégué – séduit l'homme et le détourne de la volonté divine. Comment les reconnaître pour s'en défier, sans perdre pour autant le bénéfice spirituel des miracles véritables ? Si on prend pour critère distinctif, pour règle de discernement, la conformité avec la doctrine, les miracles ne prouvent plus rien ; on exclut *a priori* toute possibilité d'enseignement doctrinal par les miracles. « Si la doctrine règle les miracles, les miracles sont inutiles pour la doctrine » (fr. 832). Mais si inversement on renonce à établir une règle de

1. PASCAL, *De l'esprit géométrique et de l'art de persuader* ; « l'Intégrale », p.355.

discernement, il faut se résoudre, par crainte d'être abusé par les faux miracles, à dépouiller systématiquement tous les miracles du pouvoir de convertir : « S'il n'y avait point de règle pour les discerner, les miracles seraient inutiles et il n'y aurait point de raison de croire » (fr. 837). Il faut donc une règle, mais qu'on sache l'utiliser à bon escient, que la raison constamment en fournisse, pour ainsi dire, le mode d'emploi [1].

Le miracle à l'état brut, l'événement extraordinaire qui bouleverse les habitudes, n'a en soi aucune valeur. Il n'est pas signifiant.

> Miracles.
> Le peuple conclut cela de soi-même, mais il vous en faut donner la raison (fr. 648).

Le peuple remarque un événement anormal, qui contredit les règles ; il conclut directement au miracle. Mais cela ne suffit pas. Il faut justifier cette aberration dans le cours des règles que représente le miracle, décider de la constituer en exception et, qui plus est, en exception significative de nouvelles règles. On ne peut pas, sans une raison spécifique, accepter l'existence d'une exception aux règles, sous peine de devoir accueillir n'importe quelle exception et de renoncer à la règle. Le miracle de plus n'a de sens que sur le fond des règles qu'il contredit : il lui est donc essentiel de les préserver en même temps qu'il les interrompt. Aussi l'injonction première de Pascal (« il vous en faut donner la raison ») aboutit-elle à une mise en garde sur les dangers de l'exception :

> Il est fâcheux d'être dans l'exception de la règle ; il faut même être sévère et contraire à l'exception, mais néanmoins comme il est certain qu'il y a des exceptions à la règle il en faut juger sévèrement mais justement (fr. 648) [2].

1. L'ambiguïté change de signification selon le contexte : les miracles faits chez les païens ne peuvent logiquement avoir le même rôle que ceux qui touchent les jansénistes. Car, bien que les jansénistes puissent être effectivement hérétiques, ils refusent de l'admettre : le miracle dont ils bénéficient est susceptible de prendre une valeur de confirmation doctrinale, qu'il ne pouvait aucunement revêtir dans le cas d'infidèles avoués.

Un exposé magistral des réflexions pascaliennes sur les miracles, et de la règle subtile que Pascal élabore dans les *Pensées*, se trouve dans l'étude de T. SHIOKAWA : *Pascal et les miracles*, Nizet, 1977 (voir en particulier le chap. 4, § 3 : « Le discernement des miracles », pp. 152-165).

2. Pour BRUNSCHVICG, la règle à laquelle il est fait ici allusion, « invoquée par les Jésuites et reconnue par Pascal, est qu'il ne se fait plus de miracles depuis l'établissement de l'Église » (éd. Brunschvicg des Classiques Hachette, Pensée n° 833, note 6).

Dès qu'on laisse aux exceptions une place virtuelle, le recours aux règles devient problématique. Elles tirent leur force d'une rigueur quasi mécanique, et la perdent quand le jugement prend le pouvoir discrétionnaire de fixer les limites d'application d'une règle.

> Il n'y a point, dit-on, de règle qui n'ait quelque exception ni de vérité si générale qui n'ait quelque face par où elle manque. Il suffit qu'elle ne soit pas absolument universelle pour nous donner sujet d'appliquer l'exception au sujet présent, et de dire, cela n'est pas toujours vrai, donc il y a des cas où cela n'est pas. Il ne reste plus qu'à montrer que celui-ci en est et c'est à quoi on est bien maladroit ou bien malheureux si on ne trouve quelque joint (fr. 574).

Les règles sont finalement de faible secours, s'il faut, pour les utiliser, se remettre à nouveau sous la coupe de la raison. Elles deviennent elles aussi «ployables à tout sens», comme l'illustrent les Jésuites qui, non seulement utilisent à leur profit la possibilité d'exceptions, mais refusent au bout du compte de considérer autre chose que les exceptions.

> De l'exception vous faites une règle sans exception; en sorte que vous ne voulez plus même que la règle soit en exception (fr. 727).

Pascal comparait ceux qui «jugent d'un ouvrage sans règle» à des gens qui évalueraient le temps sans l'aide d'une montre. Mais quelle règle, quel point fixe, propose-t-il pour juger d'un ouvrage? Il postule l'existence d'un «modèle d'agrément et de beauté» (fr. 585).

> Tout ce qui est formé sur ce modèle nous agrée, soit maison, chanson, discours, vers, prose, femme, oiseaux, rivière, arbres, chambres, habits, etc... (fr. 585).

Mais ici encore la règle se dérobe aussitôt qu'entrevue. Comme il apparaît dans le cas précis de la poésie, le relativisme garde ses droits. «On ne sait ce que c'est que ce modèle qu'il faut imiter» (fr. 586). Si bien que la seule règle imaginée par Pascal se résume à un subterfuge : remplacer l'objet que l'on désire juger par un autre objet fait sur le même modèle, et que l'on saurait plus spontanément apprécier à sa juste valeur.

> Rien ne fait mieux entendre combien un faux sonnet est ridicule que d'en considérer la nature et le modèle et de s'imaginer ensuite une femme ou une maison faite sur ce modèle-là (fr. 585).

À défaut de règles, on se contentera donc de métaphores. Encore faut-il avoir l'esprit suffisamment subtil pour les imaginer. Il est plus honnête de se résigner et de conclure, comme le fait Pascal pour le problème stylistique des répétitions, qu'« il n'y a point de règle générale » (fr. 515). Les envieux continueront à invoquer mécaniquement la règle qui bannit les répétitions, et à se moquer chaque fois qu'ils en aperçoivent une, même quand elle est la « marque » du discours et qu'on ne pourrait la corriger sans gâter le discours. Le bon écrivain seul a l'intuition des mots qui se peuvent répéter, mais il ne possède aucune « montre », aucune règle péremptoire et objective qui le défende des critiques injustes.

> Quand dans un discours se trouvent des mots répétés et qu'essayant de les corriger on les trouve si propres qu'on gâterait le discours il les faut laisser, c'en est la marque. Et c'est là la part de l'envie qui est aveugle et qui ne sait pas que cette répétition n'est pas faute en cet endroit, car il n'y a point de règle générale (fr. 515).

Le désir de règles est celui d'un point fixe qui permettrait à chacun de remédier artificiellement à sa propre inconstance, de donner un fondement objectif aux jugements. Un tel désir est légitime et les *Pensées* s'en font l'écho à de multiples reprises. Pascal se plaît à dépeindre le relativisme insoluble dans lequel l'homme est enfermé en l'absence de règles. Mais les règles se révèlent finalement impropres à résoudre le problème : l'examen de celles qui existent d'une part, et d'autre part la réflexion plus abstraite sur le fonctionnement des règles, montrent qu'elles ne sauraient apporter la référence définitive à laquelle on aspire. Aucune ne relève entièrement la raison humaine de ses responsabilités. Il n'y a d'ailleurs pas lieu de s'en étonner puisque les règles, qu'elles aient pour mission d'organiser la cité ou de seconder le jugement, ne sont qu'un moyen temporaire de soulager l'homme, de limiter les conséquences de sa corruption. La règle, même sous sa forme spéculative, reste le coup de force arbitraire qu'elle était sous sa forme politique. Si l'homme n'était pas privé de communication avec l'être, comme il l'est depuis la chute, il n'aurait que faire de règles. Ainsi, au désir anxieux de trouver des règles, répond chez Pascal la conviction que le savoir véritable, comme la justice véritable, sont sans règles.

> La vraie éloquence se moque de l'éloquence, la vraie morale se moque de la morale. C'est-à-dire que la morale du jugement se moque de la morale de l'esprit qui est sans règles (fr. 513).

Le contexte de la phrase et la logique de l'argumentation pascalienne dans tout le dossier, ôtent la possible ambiguïté dans la définition des deux niveaux que Pascal distingue : esprit et jugement. L'esprit fonctionne grâce à des règles, et la morale qu'il établit («la morale de l'esprit») est une morale faite d'une addition de règles[1]. Comment croire que la morale de l'esprit est sans règles, quand Pascal prend la peine de préciser que les sciences – le domaine des règles par excellence – «appartiennent à l'esprit» (fr. 513), que «la géométrie est [la part] de l'esprit» (*ibid.*). Le jugement, à l'inverse, conçoit une vraie éloquence et une vraie morale, sans avoir recours à des règles. À l'esprit reviennent les manuels de morale, les traités d'éloquence, qui sont des recueils de règles constituées, tandis que le jugement progresse de façon spontanée, attentif au sentiment, c'est-à-dire à une intelligence intuitive. «Le jugement est celui à qui appartient le sentiment» (*ibid.*) Comment aura-t-on la preuve que ce sentiment n'est pas fantaisie? Ou autrement dit, qui empêche l'homme sans morale de se réclamer d'une «véritable morale» pour suivre sa fantaisie? Le danger signalé précédemment (cf. fr. 530) reste réel. Mais la moquerie ici a changé de camp. C'est le jugement, parce qu'il est sans règles, qui reçoit la liberté de se moquer : des systèmes établis, des réseaux de règles qui figent dans une connaissance doctrinale. L'esprit trouve des règles, les agence pour élaborer une philosophie, mais à un niveau supérieur la véritable philosophie consistera précisément à ridiculiser ces règles.

Se moquer de la philosophie, c'est vraiment philosopher (fr. 513).

1. Grammaticalement, la proposition relative «*qui est sans règles*» semble compléter l'antécédent le plus proche («la morale de l'esprit»). Notre interprétation – qui est d'ailleurs la plus fréquente – impose de mettre en rapport la proposition relative avec le premier syntagme de la phrase («la morale du jugement»). La syntaxe classique, on le sait, est moins rigoureuse que la nôtre quant à la place des propositions relatives. Il faut par ailleurs tenir compte du caractère souvent peu rédigé des fragments pascaliens. Mais surtout il nous paraît aberrant de contredire toute la logique du raisonnement pour ne pas avoir à affronter une construction syntaxique un peu maladroite.

Nous nous inscrivons donc en faux contre la lecture de Buford NORMAN, dans sa communication sur «l'idée de règle chez Pascal» (*Méthodes chez Pascal*, actes du colloque tenu à Clermont-Fd, pp. 87-99). Pour «comprendre Pascal sans changer son texte», l'auteur s'ingénie à expliquer en quoi la morale de l'esprit est sans règles : «Le sentiment-jugement-esprit de finesse est une opération intellectuelle où l'on ne suit pas de règles établies, bien que ces règles existent. L'esprit (le raisonnement de la *Logique de Port-Royal*) a des règles à suivre, mais elles ne sont pas applicables à la morale. Pascal ne dit pas qu'il n'y a pas de règles du tout pour une morale de l'esprit, mais que nous n'en n'avons pas...» (*op. cit.*, p.93).

Mais Pascal ne cherche pas ici à répartir entre l'esprit et le jugement les diverses missions de l'homme. Il veut montrer au contraire que l'esprit et le jugement se chargent concurremment d'élaborer une morale, une éloquence, et qu'il est donc nécessaire de distinguer éloquence et vraie éloquence, morale et vraie morale.

La montre était certes un instrument de moquerie, mais de façon seulement transitoire. Juger avec une règle autorise à se moquer de ceux qui errent à la merci de leur fantaisie. Mais celui qui juge bien sans règle, celui qui – pour reprendre la comparaison initiale – donnerait l'heure juste sans montre, atteint une connaissance bien plus précieuse et profonde. Pour ce dernier les références artificielles, les « montres », sont aussi pitoyables que l'errance pour celui qui juge par sa montre. Le projet littéraire de Pascal intègre cette ultime critique, quand au nom d'un ordre véritable, il congédie les règles de composition qui protègent du désordre.

> J'écrirai ici mes pensées sans ordre et non pas peut-être dans une confusion sans dessein. C'est le véritable ordre et qui marquera toujours mon objet par le désordre même (fr. 532).

En somme, quels que soient les mérites de la règle, trouver une règle aboutit toujours dans l'univers pascalien à une humiliation. C'est humilier d'abord ceux qui n'avaient pas vu la règle : le R. P. Noël, dont les convictions archaïques sur le vide sont ridiculisées par les nouvelles lois physiques mises en évidence par Pascal ; les demi-habiles qui, faute d'apercevoir les règles, « croient que le monde est bien peu raisonnable... » et prouvent seulement de la sorte « qu'ils ne connaissent guère notre nature » (fr. 136) ; ceux qui n'ont pas de montre, pas de port et dont le dérèglement est exposé au grand jour. Pascal ensuite humilie l'homme en général, en lui montrant des règles arbitraires (les lois politiques) : c'est le soumettre à une folie, rabaisser son intelligence et son pouvoir d'organisation, l'introduire comme pensionnaire dans un hôpital de fous. La règle enfin, même quand elle est adaptée à son objet, même si elle échappe quelque peu à l'accusation d'arbitraire, humilie le spécialiste, au nom de l'idée que le degré supérieur d'un art, d'une pratique, est l'absence de règles (la vraie éloquence, la vraie morale, le vrai amour de Dieu).

Pascal considère la règle sous un double éclairage contradictoire. Il en déplore le manque mais n'en accepte pas la nécessité. Il aspire à un ordre qui soit sans règles (le « véritable ordre ») en même temps qu'il recherche des points de repère objectifs et semble ne jamais se résigner à leur défaut. Nous l'avons vu saper le fondement des règles en vigueur (les lois) mais leur conférer par la même opération l'autorité absolue qu'elles revêtiraient dans un jeu. Il est inutile ici de chercher des clefs syntaxiques ou lexicales pour « ordonner » la pensée de Pascal et rendre cohérente sa vision de la règle[1]. La notion de règle échappe à toute assimilation sommaire : ce n'est ni le point fixe convoité, dont la connaissance rendrait à l'homme sa maîtrise sur l'univers, ni non plus le code arbitraire que seule la misère de l'homme rend nécessaire. Comme tous les concepts essentiels de Pascal, la règle est fondamentalement ambivalente. Elle est à la fois un enjeu et un risque, un secours et une punition. Elle répète ce monstrueux assemblage que Pascal découvre en tous lieux : la grandeur et la misère de l'homme.

1. Il est regrettable que dans une des rares études consacrées spécifiquement à la notion de règle chez Pascal, Buford NORMAN s'en tienne à cette recherche réductrice :

« Il y a une autre distinction à observer, d'ordre grammatical : la différence entre les emplois de 'règle' au singulier et au pluriel. Quand Pascal parle de lois établies (humaines ou surnaturelles), de principes et de maximes prouvés, il emploie presque toujours le pluriel. Mais quand il cherche une loi, quand il décrit un principe qu'il a inventé, ou quand il énumère les maximes que l'on devrait suivre, il emploie la plupart du temps le singulier » (*op. cit.*, p. 90).

Les réticences mêmes de l'analyse (« presque toujours », « la plupart du temps ») prouvent le peu d'espoir que l'auteur fonde sur elle. On pourrait de fait multiplier les contre-exemples. La règle (au singulier) désigne parfois les principes arbitraires et contestables que l'on a suivis jusqu'ici :

« Si nous avions [une justice véritable] nous ne prendrions pas pour *règle* de justice... » (fr. 86). « Leur *règle* n'est pas de parler juste mais de faire des figures justes » (fr. 559). « Changeons la *règle* que nous avons prise jusqu'ici » (fr. 948).

Le pluriel est utilisé par Pascal aussi bien pour les « règles de notre misérable justice » (fr. 131), les « règles générales » qui servent aux Jésuites à « jeter le trouble et rendre tout inutile » (fr. 840), que pour les « règles admirables » inventées par les hommes (fr. 211) et les règles divines évoquées par le Christ (« Laisse-toi conduire à mes règles », fr. 919 « Mystère de Jésus »).

TROISIÈME PARTIE

LA FIN DU JEU

« Il arrivera croix ou pile ».
(*Pensées, fr.418*)

Si nous en restions là, à la reconnaissance du jeu, d'un ordre conventionnel qui n'est en fait que le hasard réglé, nous ferions de la pensée pascalienne une sorte de réalisme tragique, tantôt masochiste et tantôt machiavélien. Les lois sont des règles quelconques, qui ont pu apporter la preuve d'une certaine efficacité; les rôles dans la société sont distribués par le hasard et respectés avec ironie; les convictions varient au gré de la fantaisie des passions et des coutumes. Telle est, jusqu'ici, la signification de l'analogie avec le jeu.

Mais le jeu n'est pas, pour Pascal, un état définitif de l'homme. Bien au contraire : tout jeu est voué à s'achever, et celui que Pascal considère, celui que joue l'homme bon gré mal gré pendant sa vie terrestre, prend son véritable sens quand on envisage sa fin. Si le hasard pouvait se dérouler sans limites, il faudrait se résigner à une attitude passive et fataliste. Mais dès que le jeu menace de s'arrêter, il y a une décision à prendre et l'on n'est peut-être plus aussi dépourvu devant cette échéance. En examinant les jeux interrompus que Méré le met au défi d'arbitrer, Pascal découvre une règle concrète pour redistribuer les mises avec justice. La règle des partis, que nous analyserons d'abord, est la première défaite du hasard, sur un plan apparemment restreint aux mathématiques, mais avec des conséquences philosophiques obligées. C'est la mise en lumière d'une stratégie raisonnable pour réagir à l'interruption du hasard. Or, si la vie de l'homme est par certains aspects assimilable à un jeu, rien n'est plus assuré que l'interruption de ce jeu.

> Tout ce que je connais est que je dois bientôt mourir... (fr.427).

Le raisonnement du pari peut donc transposer à la condition humaine la logique de la règle des partis. Même si, sa vie durant, l'homme reste prisonnier du hasard, condamné à jouer, la certitude que le jeu aura une fin restitue à ce jeu une finalité. La mort met fin au hasard.

Il reste que l'hypothèse du pari est la plus défavorable et que le hasard n'est pas aussi irréductible dans la vie de l'homme. Derrière une apparence désespérément aléatoire, l'histoire humaine est parcourue par un ordre : le plan divin y a inscrit une nécessité qui dissipe le hasard, – à condition qu'on puisse la reconnaître.

CHAPITRE VI

LA RÈGLE DES PARTIS

Un libertin joueur, le chevalier de Méré, pose deux problèmes pratiques touchant le jeu à un austère mathématicien, Pascal, et de cette rencontre naît le calcul des probabilités. L'anecdote est connue, les acteurs eux-mêmes n'en font pas mystère. Mais si elle fournit à une nouvelle branche des mathématiques, le calcul des probabilités, un fondement savoureux et la caution d'un grand homme, elle risque de laisser dans l'ombre la spécificité et la signification véritable du travail de Pascal. En nommant officiellement Pascal inventeur des probabilités, on lui donne sans conteste un titre de gloire, mais que l'on s'expose à vite relativiser : Cardan avant lui, et d'autres mathématiciens du XVIe siècle ont étudié le hasard et dénombré des chances; Pascal même n'a découvert aucune des grandes lois qui régissent aujourd'hui les probabilités. Il faut avouer que l'apport précis de sa réflexion à ce domaine est assez faible. Conviendra-t-on au moins que nous lui sommes redevables de la notion? E. Coumet ne l'accorde pas sans réticence, et considère que nous projetons nos catégories mathématiques modernes sur une réflexion qui ne les accepte qu'en apparence[1] : si Pascal, dans sa correspondance avec Fermat, a fondé une théorie, c'est moins celle des probabilités que la théorie des décisions, appelée elle à attendre trois siècles avant de se développer.

Mettons donc provisoirement entre parenthèses la postérité des réflexions pascaliennes sur les « partis », et tentons de les considérer en elles-mêmes, selon les enjeux qu'elles proclament.

1. Dans son article capital, « La théorie du hasard est-elle née par hasard ? » (*Annales* n°3, mai-juin 1970, pp. 574-597), E. COUMET déplore que l'on cherche dans ces textes « des anticipations marginales d'une science qu'on leur assigne artificiellement comme fin ».

1. *Les deux problèmes de Méré*

Les deux problèmes posés par le chevalier de Méré ne revêtent pas, aux yeux de Pascal, la même importance :

> J'admire bien davantage la méthode des parties que celle des dés. J'avais vu plusieurs personnes trouver celle des dés, comme M. le Chevalier de Méré, qui est celui qui m'a proposé ces questions, et aussi M. de Roberval; mais M. de Méré n'avait jamais pu trouver la juste valeur des parties ni de biais pour y arriver, de sorte que je me trouvais seul qui eusse connu cette proportion[1].

Le problème des parties, auquel Pascal consacre l'essentiel de sa réflexion, et qu'il est si satisfait d'avoir résolu, est facile à énoncer : il concerne un jeu de hasard composé de plusieurs manches ou parties, où chaque joueur a misé une fois pour toute une certaine somme; la victoire revient au joueur qui aura remporté le nombre de manches fixé au départ. Mais si le jeu doit s'interrompre avant le terme prévu, comment répartir les mises entre les joueurs, pour tenir compte des chances différentes que chacun aurait eues d'obtenir la victoire? On demande au mathématicien de résoudre, conformément aux règles de jeu, ce cas que les règles ne prévoyaient pas.

Nous ne connaissons pas avec une telle précision les éléments du premier problème, celui des dés. La lettre où Pascal exposait sa solution à Fermat est perdue; nous devons la reconstituer par la réponse du mathématicien toulousain, dont il ne nous reste d'ailleurs qu'un extrait[2]. Pierre Humbert formule la question en ces termes : « En combien de coups peut-on espérer faire sonnez (c'est-à-dire amener un double-six) avec deux dés »[3]. La solution de ce problème est mentionnée par Pascal, mais de façon annexe, à la fin de sa lettre à Fermat du 29 juillet 1654, sans qu'il indique en rien les éléments de la démonstration. Il se contente d'exposer à Fermat le sophisme par lequel le chevalier de Méré croyait prouver qu'il y a « fausseté dans les nombres » :

1. Lettre de M. Pascal à M. de Fermat du 29 juillet 1654. PASCAL, *Œuvres Complètes*, éd. J. MESNARD, t. II, p. 1137. Dans ce chapitre et le suivant, nous nous référerons à cette édition des œuvres de Pascal (t. II) par la seule abréviation *O.C.*

2. *O.C.* p. 1136. Cf. aussi sur ce point l'introduction de M. MESNARD à la correspondance de Pascal et Carcavy avec Fermat (*O.C.* pp. 1132-1135).

3. Pierre HUMBERT, *L'œuvre scientifique de Blaise Pascal*, Paris : Albin Michel, 1947, p. 146.

> Si on entreprend de faire un six avec un dé, il y a avantage de l'entreprendre en 4, comme de 671 à 625.
> Si on entreprend de faire sonnez avec deux dés, il y a désavantage de l'entreprendre en 24.
> Et néanmoins 24 est à 36 (qui est le nombre de faces des deux dés) comme 4 à 6 (qui est le nombre de faces d'un dé)[1].

Et Pascal de conclure sur ce point avec ironie, mais sans faire à son correspondant la grâce, ou l'injure, d'aucune explication :

> Voilà quel était son grand scandale qui lui faisait dire hautement que les propositions n'étaient pas constantes et que l'arithmétique se démentait. Mais vous en verrez bien aisément la raison par les principes où vous êtes.

Il semblerait en fait que le problème concernant les dés se rapproche davantage dans son énoncé de celui des parties, à savoir : si un joueur s'étant proposé d'amener avec un dé (ou plus) une face ou une combinaison donnée, décide de ne pas utiliser toutes les tentatives auxquelles il avait droit, ou même d'interrompre le jeu, quelle proportion de la mise faut-il lui rendre pour compenser la chance qu'il renonce à courir ? C'est sur cette question que roule la première lettre de Fermat que nous possédons et l'on comprend mieux, dans cette optique, pourquoi Pascal utilise l'expression de « parti » des dés[2], qui ne conviendrait pas vraiment au problème tel qu'il est formulé par P. Humbert.

Bien entendu, dans tous les cas, il s'agit de déterminer la probabilité d'un événement, mais de façon plus ou moins directe, délibérée. Calculer les chances d'obtenir un double-six en un nombre donné de lancers, chercher au bout de combien de lancers, ces chances dépassant 1/2, l'événement est plus susceptible de se produire que de ne pas se produire, c'est là une pure question de probabilités. La solution, répète P. Humbert, « exige plus de bon sens que de science ». Sans ignorer l'aspect élémentaire du problème, il nous semble cependant que le seul bon sens ou le raisonnement spontané amènent naturellement à une

1. *O.C.* p. 1142. Pierre HUMBERT (*op. cit.* pp. 146-149) donne avec beaucoup de clarté le raisonnement à suivre, l'explicitation de ces chiffres et la loi qui doit s'appliquer.

2. Dans la lettre à Fermat du 29 juillet 1654, Pascal fait allusion aux « deux partis des dés et des parties » (*O.C.* p. 1137). Pour la définition et la discussion du terme de *parti*, cf. *infra*.

erreur[1]. Or Pascal, à une époque où ces calculs constituent encore une nouveauté, traite le problème du double-six avec la désinvolture que nous avons vue. L'hypothèse que ces premières remarques nous conduisent à proposer, et qu'un examen attentif des textes devra confirmer, est la suivante : dans sa correspondance avec Fermat et dans le *Traité du triangle arithmétique*, c'est-à-dire dans la partie de l'œuvre scientifique de Pascal où surgit la question des probabilités, le mathématicien est certes amené à envisager et à calculer des probabilités précises, mais ce n'est jamais le point essentiel; la question qui intéresse Pascal, celle des partis, implique la recherche des probabilités, elle ne se confond pas avec cette recherche.

2. *Partis et probabilités.*

Le mot de probabilité n'apparaît à aucun moment sous la plume de Pascal dans une acception mathématique. Dans les *Pensées* comme dans les *Provinciales*, le substantif et l'adjectif qui lui correspond renvoient toujours au domaine moral : à la théorie des casuistes. Une opinion probable est une opinion qui peut être prouvée (latin : *probare*) donc approuvée, et que l'on peut suivre en toute sécurité, même si elle coexiste avec d'autres opinions probables différentes.

Quand il veut désigner la possibilité plus ou moins grande qu'un événement se produise, Pascal utilise le terme de «hasard». La probabilité d'un événement est développée par une comparaison des *hasards* de gain et des *hasards* de perte, comme il apparaît dans plusieurs formulations du pari :

> Quand il y aurait une infinité de hasards dont un seul serait pour vous [en termes modernes : si la probabilité égale 1/∞].
>
> Il y a [...] un hasard de gain contre un nombre fini de hasards de perte (fr. 418).

Du jeu en plusieurs parties sur lequel s'exerce la réflexion de Pascal, nous dirions que c'est un jeu de hasard équitable, puisque la probabilité de gain de chacun des deux joueurs est, pour chaque partie, de 1/2. Mais Pascal se satisfait d'une notation moins abstraite :

1. Puisqu'il y a 1 chance sur 36 d'obtenir double-six avec deux dés, il peut sembler qu'au bout de 18 tentatives les risques soient équitables. Or c'est seulement à partir du 25e coup que l'entreprise devient avantageuse.

> Il y a autant de hasard que vous les gagniez comme moi[1].

Ou de façon synthétique :

> Le hasard est égal[2].

Le mot de hasard désigne donc à la fois le principe général qui régit les événements aléatoires, et chacune des possibilités concrètes auxquelles le sort peut donner lieu. Les deux sens coexistent dans ce passage du *Triangle Arithmétique* : « Si le jeu est de pur *hasard*, et qu'il y ait autant de *hasards* pour l'un que pour l'autre... »[3].

Dans le tout dernier chapitre de la *Logique* de Port-Royal, passage fortement influencé par Pascal, on ne saurait parler d'un glissement conceptuel, or le terme de « probabilité » est utilisé :

> Pour juger de ce que l'on doit faire pour obtenir un bien, ou pour éviter un mal, il ne faut pas seulement considérer le bien et le mal en soi, mais aussi la probabilité qu'il arrive ou n'arrive pas[4].

Ce chapitre apparaît dès la première édition de la *Logique* (1662) et donne ainsi la preuve qu'à l'époque de Pascal, dans son entourage même, le mot de « probabilité » possédait déjà le sens que formaliseront les mathématiques[5]. L'absence du terme dans les réflexions de Pascal sur le hasard ressortit donc à un refus, et doit être interprétée comme tel. Il est clair que, pour l'auteur des *Provinciales*, la notion

1. Lettre de Pascal à Fermat du 29 juillet 1654, *O.C.* p.1138.

2. *Ibid.*

Ces questions de terminologie peuvent paraître exagérément subtiles, mais elles révèlent des différences de points de vue capitales. M. COSTABEL, pour répondre à une interprétation maladroite des travaux mathématiques de Pascal, insiste sur le danger de confondre partis et probabilités :

« L'idée d'une échelle allant de zéro à un, de l'impossibilité à la certitude, n'est absolument pas chez Pascal. Il y a bien l'idée qu'entre gain et perte, c'est-à-dire des événements contraires, il peut y avoir inégalité de chances (de 'hasards'), mais Pascal ne parle jamais du rapport de ces chances, en quoi réside vraiment la probabilité ». (CMR 17, *Actes du 8e colloque de Marseille*, janvier 1978 : discussion faisant suite à la communication de M. Thomas HARRINGTON, « Le paradoxe du pari de Pascal », pp. 231-232).

3. *O.C.* p.1308 (nous soulignons).

4. ARNAULD et NICOLE, *La Logique ou l'art de penser,* 4e partie, chap. 16, p. 428.

5. Aucun dictionnaire ne mentionne l'acception mathématique du terme avant l'édition de 1798 du Dictionnaire de l'Académie. Le Grand Larousse de la Langue Française donne comme origine du sens mathématique de « probabilité » : début du XVIIIe, Fontenelle. Plusieurs références cependant du dernier chapitre de la *Logique* de Port-Royal montrent comment du sens originel « apparence de vérité » on est déjà passé à « possibilité que quelque chose soit vrai » et donc « possibilité qu'un événement se produise ».

évoque essentiellement les théories morales des Jésuites : pour eux aussi, il s'agit de savoir comment affronter l'incertain, mais leur réponse est diamétralement opposée à celle de Pascal.

Une des sections du *Traité du triangle arithmétique* s'intitule : « Usage du triangle arithmétique pour déterminer les *partis* qu'on doit faire entre deux joueurs qui jouent en plusieurs parties »[1]. Au début de sa lettre du 29 juillet 1654, Pascal adresse à Fermat des félicitations : « Vous avez trouvé les deux *partis* des dés et des parties dans la parfaite justesse »[2]. Le lecteur moderne ne doit pas se laisser abuser par la ressemblance des termes : faire les *partis* est l'expression technique par laquelle Pascal désigne son travail de mathématicien sur les jeux de hasard. Ces jeux peuvent, comme de nos jours, se conclure en un seul coup, ou se composer d'un enchaînement de *parties.*

En évitant cette confusion, les commentateurs tombent fréquemment dans une autre, moins grave en apparence, qui consiste à traduire d'emblée le terme archaïque de « parti » par notre concept de probabilité, puisque déterminer les partis dans un jeu équivaut finalement à calculer les chances de victoire de chaque joueur. Or la notion de parti est bien plus spécifique : faute de l'avoir définie avec précision, on s'expose à ne pas comprendre les nombreux passages des *Pensées* où elle réapparaît, hors de son domaine mathématique.

Parti est le participe passé pris comme substantif du vieux verbe «partir», qui signifiait «partager» (nous connaissons encore l'expression «avoir maille à partir»), et qui était utilisé généralement dans les mathématiques du XVIe siècle au sens de diviser[3]. En termes actuels, faire le parti dans un jeu, c'est effectuer un *partage* des mises ou une *répartition.* Si le jeu suivait son cours normalement, les règles, en permettant de déterminer un vainqueur, attribueraient sans discussion possible l'argent des mises : il ne saurait y avoir de problème de parti. La question des partis ne se pose que dans une situation concrète tout à fait précise : celle d'un jeu (ou, si l'on généralise, d'une activité) qui est interrompu avant sa fin naturelle. La notion de *parti* implique donc celle d'interruption; de la réalité particulière que recouvre le terme à l'origine, provient ce sème fondamental, étranger à l'idée de probabilité.

1. *O.C.* p.1308 (nous soulignons).

2. Lettre de Pascal à Fermat du 29 juillet 1654, *O.C.* p.1137 (nous soulignons).

3. Le Dictionnaire de FURETIERE donne la définition suivante : « Partir, signifie aussi, Diviser une chose en plusieurs parties : mais en ce sens il est actif, et il vieillit, si ce n'est en Arithmétique, où on dit encore, *Partir* un nombre en quatre, en cent, en mille ».

Notons que les données du problème, qui peut nous sembler aujourd'hui une question d'école, retorse et vaine, n'ont pas été inventées par Méré, mais qu'il renouait avec une longue tradition de réflexion et de polémique. E. Coumet[1] recense un grand nombre de textes, émanant de mathématiciens italiens qui, pendant tout le XVIe siècle, ont cherché, avec plus ou moins de bonheur et de finesse, à résoudre cette question des mises à répartir quand un jeu reste inachevé. Le lecteur moderne a tendance à oublier que l'ensemble des jeux (y compris les sports et les jeux d'adresse) faisaient aux XVIe et XVIIe siècles l'objet de paris. L'embarras que Pascal permet de régler devait se présenter fréquemment dans la réalité. Les implications théoriques du problème, en outre, dépassent largement le domaine du jeu : sous une forme simple, il représente une des premières demandes d'aide à la décision, adressée à la science mathématique.

Dans le *Traité du triangle arithmétique*, avant d'exposer ses diverses solutions, Pascal définit très clairement les règles de justice auxquelles doit obéir le partage à réaliser. Écartant toutes les conceptions morales ou magiques, il présente le jeu de hasard comme un simple contrat, librement passé entre plusieurs personnes, qui comporte des engagements et des droits[2]. Entrer dans un jeu, c'est se déposséder volontairement d'une certaine somme, en échange de quoi l'on reçoit le « droit d'attendre ce que le hasard [...] peut donner »[3]. À l'inverse, interrompre le jeu correspond donc à dénoncer le contrat par lequel on avait acheté un espoir : les joueurs préfèrent alors « renoncer à l'attente du hasard et rentrer chacun en la propriété de quelque chose »[4]. Le problème a des résonances juridiques. Tartaglia, en 1556, doutait même qu'on puisse lui apporter une solution mathématique :

> La résolution d'une telle question est davantage d'ordre judiciaire que rationnel, et de quelque manière qu'on veuille la résoudre, on y trouvera sujet à litiges[5].

1. E. COUMET, « Le problème des partis avant Pascal », *Archives internationales d'histoire des sciences*, 18e année (n°72-73), pp. 245-272.

2. Nous avons évoqué au chapitre II (« Le refus du hasard ») la véritable mutation des mentalités dont Pascal est un témoin, par sa façon délibérément juridique de traiter le jeu de hasard. Un magistral résumé de cette question se trouve dans l'article déjà cité d'E. COUMET (« La théorie du hasard... »), pp. 577 à 580.

3. *O.C.* p.1308.

4. *Ibid.*

5. Niccolo TARTAGLIA, *La prima parte del General trattato di numeri e misure*, (références données par E. COUMET, « Le problème des partis... », p. 254).

Le partage des mises doit être juste au double sens du terme : correspondre à des proportions calculées avec justesse et constituer un règlement conforme à la justice.

Le parti cherche à réaliser une égalité entre deux données apparemment hétérogènes et incomparables : la possession effective d'une somme, la possibilité hypothétique d'en obtenir une plus importante. Comment évaluer un espoir, aussi séduisant soit-il, par rapport à une réalité ? La sagesse des nations répond, sans laisser aucune place à l'analyse, par un proverbe qui refuse le moindre crédit à l'incertitude : « Un tiens vaut mieux que deux tu l'auras ». À l'opposé, Pascal met au point une méthode qui permet de reformuler l'incertain en termes de propriété, et d'établir ainsi avec précision, puisque la comparaison devient possible, dans quelles conditions il vaut mieux tenir ou risquer. Le moment du parti est le moment précis ou l'équilibre est réalisé, c'est-à-dire où il est aussi raisonnable d'agir de chacune des façons : certains préféreront tenter leur chance, d'autres conserver ce qu'ils ont acquis, mais il n'y a aucun avantage à choisir une solution plutôt que l'autre. C'est ce choix que Pascal veut rendre possible aux joueurs qui interrompent leur partie :

> Le règlement de ce qui doit leur appartenir doit être tellement proportionné à ce qu'ils avaient droit d'espérer de la fortune que chacun d'eux trouve entièrement égal de prendre ce qu'on lui assigne ou de continuer l'aventure du jeu ; et cette juste distribution s'appelle le parti [1].

Déterminer un parti, c'est construire une relation d'équivalence entre la « certitude de ce qu'on hasarde » (fr. 418) et l'incertitude de ce qu'on peut gagner. Si le parti est juste – et c'est là un pléonasme, car on ne peut parler de parti que quand le rapport est parfaitement juste – le joueur qui quitte le jeu reçoit exactement ce que devrait miser un autre joueur pour prendre sa place et courir la même chance. L'interruption d'un jeu est en fait toujours la même situation que le départ d'un nouveau jeu où les chances des joueurs ne seraient pas égales. Il n'est donc pas absurde de faire le parti d'un jeu qui n'a pas encore commencé : cela revient à calculer la mise de chaque joueur de façon qu'elle corresponde parfaitement à ce qu'il peut espérer et aux risques qu'il court. Cardan avait bien compris la parenté des deux situations et, ne sachant calculer directement comment il faut répartir les mises quand un jeu s'arrête avant terme, il préférait se demander combien devraient parier de nouveaux joueurs pour entrer dans le même jeu, au

1. *O.C.* p.1308.

point où il a été déserté[1]. Le problème est identique, mais cette formulation inverse le rend plus familier : tout parieur a une perception assez intuitive du rapport qu'il peut offrir à son adversaire, ou qu'il doit exiger.

On s'explique pourquoi Pascal utilise le terme de parti dans des cas où il ne s'agit pas à proprement parler d'argent à répartir. Ainsi dans le raisonnement du «Pari» (fr. 418), il donne la règle suivante : «s'il y a autant de hasards d'un côté que de l'autre, le parti est à jouer égal contre égal». Dans ce cas, le «parti» désigne le rapport entre des mises initiales qui n'ont pas encore été faites, et non pas une redistribution. Le parti n'est pas la probabilité, mais l'accord financier qui, compte tenu d'une probabilité donnée, réalise le point d'équilibre. Si, comme dans l'exemple choisi, la probabilité est de 1/2 («il y a autant de hasards d'un côté que de l'autre»), le point d'équilibre est d'ores et déjà atteint : le parti sera donc que toutes les mises soient égales. Si la probabilité était de 1/3, il faudrait compenser l'asymétrie des chances : le parti serait que le joueur qui parie sur l'événement le plus probable risque une somme double de l'autre (c'est-à-dire les 2/3 de la mise totale).

Chaque fois que, dans une situation où le hasard peut amener un gain, on a défini à quelle valeur réellement possédée équivaut ce gain incertain, on a déterminé un parti. Pascal, dans les textes mathématiques, évite systématiquement la formule simplifiée (que l'on trouve dans les *Pensées*) qui associe directement un nombre au «parti», comme si l'on disait par exemple : le parti de tel joueur est 8 pistoles. C'est l'ensemble des sommes attribuées à chaque joueur, la répartition conçue globalement, qui, en réalisant l'égalité entre la pleine propriété et le hasard, constitue un point d'équilibre, le parti.

> *Le parti est qu'ils* séparent la somme qui est au hasard par la moitié et que chacun prenne la sienne.
>
> Si en cas de perte il lui appartient A, et en cas de gain A + B, *le parti est qu'il* prenne A + 1/2 B[2].

Trouver le parti implique que l'on connaisse la probabilité d'un événement donné (afin de calculer la somme qu'il est juste de miser sur sa réalisation) et, en ce sens, la fixation d'un *parti* passant toujours par un calcul de *probabilité*, on n'a pas tort d'assimiler les deux notions. Mais elles recouvrent deux préoccupations finalement fort divergentes : Pascal ne s'intéresse pas à la probabilité d'un événement pour

1. E. COUMET, «Le problème des partis...», pp. 264-265.
2. *O.C.* pp. 1308-1309 (nous soulignons).

elle-même, mais pour décider un comportement pratique (le déséquilibre symétrique des mises ou des remboursements, dans le cas du jeu) qui a pour principal effet de faire disparaître la notion d'incertitude – donc de probabilité : le joueur « hasarde certainement le fini pour gagner incertainement le fini, sans pécher contre la raison » (fr. 418), c'est-à-dire sans que cela signifie une soumission au hasard. Entre l'incertitude du gain et la certitude de la mise, il n'y a plus d'hétérogénéité véritable : les deux données sont du même ordre [1]. En les proportionnant très exactement, la raison agit *a priori* et de façon définitive. Elle supprime le problème (sur lequel elle n'avait pas prise) de ce qui va réellement se produire.

Le parti est donc, si l'on s'en tient au problème de Méré, un partage provoqué par l'interruption d'une activité, mais un partage parfaitement juste, qui fait correspondre avec exactitude hasard et possession. À partir de cette valeur originelle, le terme subit un certain nombre de dérivations. La possibilité d'un comportement rationnel face au hasard, la validité théorique du calcul, est ce que Pascal appelle dans les *Pensées* la « règle des partis » :

> Quand on travaille pour demain et pour l'incertain on agit avec raison, car on doit travailler pour l'incertain par la règle des partis qui est démontrée (fr. 577).

Le parti finalement représente à la fois l'acte (le partage), le résultat de l'acte (« la juste distribution ») et, par un jeu de mots dont nous apprécierons ultérieurement l'importance, la décision de l'acte : le parti que l'on a pris de se retirer d'un jeu et de remplacer un espoir par une jouissance effective.

En effet, avant qu'on ne se mette en peine de calculer la juste répartition, est intervenu un choix : celui de provoquer cette répartition. C'est l'hypothèse du problème, que le mathématicien n'a pas à discuter, mais que le moraliste ne saurait accepter telle quelle. Le langage courant interfère alors avec le concept mathématique :

> Quiconque n'ayant plus que huit jours à vivre ne trouvera pas que le parti est de croire que tout cela n'est pas un coup du hasard... (fr. 326).

1. C'est là le fondement théorique essentiel sur lequel repose l'argumentation du « pari » : « Il n'y a pas infinité de distance entre cette certitude de ce qu'on expose et l'incertitude du gain : cela est faux. Il y a à la vérité infinité entre la certitude de gagner et la certitude de perdre, mais l'incertitude de gagner est proportionnée à la certitude de ce qu'on hasarde selon la proportion des hasards de gain et de perte » (fr.418).

Dans les *Pensées*, la terminologie scientifique n'est jamais neutre; son utilisation acquiert une riche ambiguïté, car elle renvoie à une méthode, tout en signifiant en même temps sa valeur philosophique. Le « parti de croire » est encore la juste mise, celle qui équilibre parfaitement risque et gain, dans une condition de jeu définie (« huit jours à vivre »), mais c'est aussi la décision de s'en remettre à ce type d'analyse, la cause en même temps que la conséquence, le parti pris de ne pas croire au hasard.

> Quel mal vous arrivera-t-il en prenant ce parti? (fr. 418, fin de l'argumentation du pari).

3. *Le calcul des probabilités*

La problématique des partis reste originale, mais qu'en est-il des calculs qu'elle suscite? Peut-on discerner, dans le détail même du travail de Pascal, cette relative insouciance des probabilités que nous croyons apercevoir dans son projet théorique[1]? Quelle que soit, sur le hasard et le processus de décision, la position philosophique de l'auteur des *Pensées*, on ne saurait nier qu'en résolvant le problème de Méré, Pascal et Fermat aient, parmi les premiers, *calculé* des probabilités. Pour mieux pénétrer la pensée de Pascal, il ne sera pas vain de scruter plus attentivement ses calculs.

Les probabilités mises en jeu sont toujours extrêmement simples. Elles sont pour ainsi dire données au départ. Les événements dont il s'agit sont de pur hasard par hypothèse, et tels que sur un coup simple, le dénombrement des chances n'y est jamais difficile. Le numéro d'un dé a une chance sur six de sortir; les deux joueurs des « parties » ont toujours une chance sur deux de remporter une manche. C'est l'enchaînement des coups qui amène la complexité et donne lieu à la réflexion.

Nous ne savons rien de précis sur le jeu qui se déroule en plusieurs parties : est-ce un jeu de dés ou de cartes, ou un quelconque type de

1. Depuis les travaux de G. Th. GUILBAUD (cf. par exemple « Pascal et la mathématique » in *La Table Ronde*, n° spécial 171) et ceux déjà cités d'E. COUMET, l'unanimité s'est à peu près faite quant à l'importante distance qui sépare les découvertes de Pascal sur les partis, de réflexions sur la probabilité. Les interprétations opposées (cf. l'analyse de Th. HARRINGTON, *op. cit.*) font aujourd'hui figure de lectures naïves. Mais cette conviction est souvent davantage étayée par l'interprétation globale de l'œuvre de Pascal que par la considération précise de ses calculs.

loterie ? Chaque manche doit représenter un affrontement assez long et élaboré, sinon l'on ne pourrait comprendre que le temps vienne à manquer pour un jeu qui impose de gagner seulement trois manches. Pascal considère d'emblée le gain d'une manche, indépendamment de toute situation concrète de jeu. De la sorte, il donne certes à son raisonnement une plus grande portée générale, mais il est assuré de n'être confronté qu'à des probabilités claires. Il compose ces probabilités élémentaires, jusqu'à obtenir une situation objectivement complexe quand le jeu est fait de nombreuses manches, mais le hasard qui gouverne le jeu n'a jamais fait l'objet d'une interrogation. On a admis au départ qu'il était équitable, que chaque joueur avait donc autant de chances de gagner une manche. Cette façon de poser le problème élimine de nombreuses questions qui concernent les manieurs de probabilités. La répartition des honneurs ou des couleurs entre diverses mains, le choix des coups les plus sûrs au trictrac, de multiples situations dans les jeux amènent à aborder des points de probabilité assez délicats. Cardan avant Pascal, en joueur professionnel qu'il était, les avait considérés dans son *De Ludo Aleae*. Mais l'événement ludique pris comme tel, aussi riche soit-il de défis mathématiques, n'intéresse pas Pascal. Nous avons vu comment le problème du double-six, plus subtil du point de vue du simple calcul des probabilités, était congédié comme un vulgaire amusement arithmétique, tout juste bon à procurer des paradoxes faciles[1]. C'est l'idée même de hasard que Pascal cherche à étudier, dans son rapport avec le gain et la propriété.

Un point est remarquable dans la méthode pascalienne : tous les problèmes traités sont formulés en termes de propriété. La probabilité est toujours convertie – c'est le principe même de la notion de parti – en une possession différée. Le problème de Méré certes impose une optique délibérément pratique : on n'attend pas du mathématicien la découverte théorique de chances, mais le règlement bien matériel d'un partage. La différence entre les deux optiques semble peut-être négligeable. Ce n'est apparemment qu'une question de présentation, mais nous verrons qu'elle décèle un parti-pris symptomatique, dont les conséquences sur les résultats ne sont d'ailleurs pas toujours

1. Si l'on en croit la correspondance entre Pierre de CARCAVY et Christian HUYGENS, il semble que Pascal, pendant les années 1656-1657, ait continué à échanger et à résoudre des problèmes de partis sur les jeux. Les questions sont plus raffinées et s'appuient sur des jeux concrets parfois complexes (jeux de cartes en particulier). Mais aucun écrit de Pascal ne nous permet de dire s'il s'est vraiment occupé de ces exercices, ou surtout s'il y a vu davantage que de simples jeux géométriques (cf. « La Correspondance de Blaise Pascal et de Pierre de Fermat », *Cahiers de Fontenay*, n°32 : la correspondance indirecte [1656-1657], pp. 61-73).

négligeables. Il est vrai que l'on passe très facilement des « partis » aux probabilités, comme le souligne P. Humbert :

> Il est visible que les partis des joueurs doivent être proportionnels aux probabilités que possède chacun d'eux de gagner la partie [1].

Concrètement, si l'on a déterminé la somme qui revient au joueur le mieux placé au moment de l'interruption du jeu, on peut dire que la probabilité de victoire de ce joueur est égale à la proportion de cette somme par rapport à l'ensemble des mises. Prenons le premier exemple exposé par Pascal dans sa lettre du 29 juillet 1654 : deux joueurs (𝒜 et 𝔅) ont misé chacun 32 pistoles (le total des mises est donc de 64 pistoles) ; le gagnant sera le premier à avoir remporté trois parties. Pascal démontre que si 𝒜 a déjà gagné deux manches, 𝔅 une seule, lorsque le jeu s'interrompt, il appartient à 𝒜 48 pistoles. Transcrit dans le langage de la probabilité, cela revient à dire que ses chances de victoire sont de 48/64, une probabilité de 0,75.

La correspondance de Pascal et Fermat illustre de façon admirable le choc de deux méthodes, au-delà même peut-être : de deux univers mentaux. La postérité s'est accordée à admirer l'élégance et la géniale simplicité de la solution pascalienne, mais déjà P. Rémond de Montmort jugeait bien meilleure l'utilisation des combinaisons par Fermat [2]. Elle consiste à établir en quel nombre maximum de coups le jeu, s'il avait pu continuer, se serait nécessairement achevé ; à envisager exhaustivement comment tous les résultats intermédiaires pourraient se combiner dans cet intervalle ; et à dénombrer la quantité de ces combinaisons amenant l'issue dont on cherche la probabilité. Dans l'exemple élémentaire donné précédemment, il est clair que le jeu ne saurait se prolonger pendant plus de deux manches : si 𝔅 gagne la première, les deux joueurs auront remporté chacun deux parties, et la suivante amènera inéluctablement la victoire de l'un d'eux. La méthode de Fermat consisterait donc à chercher comment 2 parties se combinent entre 2 joueurs. Il y a quatre possibilités : (**a**,**a**), (**a**,**b**), (**b**,**a**), (**b**,**b**) – **a** représentant une manche gagnée par le joueur 𝒜 et **b**, par le joueur 𝔅. Puisqu'une seule victoire suffit à 𝒜, toutes les combinaisons comportant au moins un **a** lui seront favorables, c'est-à-dire une proportion de 3/4, probabilité déjà définie de 0,75.

1. P. HUMBERT, *op. cit.*, p. 150.
2. Pierre Rémond de MONTMORT, *Essai d'analyse sur les jeux de hasard*. Paris : J. Quillau, 1713. Avertissement, p. XXXVI.

Quand augmente le nombre des combinaisons à envisager, les tableaux des cas à construire deviennent vite considérables : pour deux joueurs, il y en a autant que le carré du nombre de parties possibles. Ce mode de raisonnement, lent et systématique, a un caractère presque artisanal. Tous les résultats que le hasard pourrait produire sont examinés, selon la logique d'un arbre des possibles. Une telle exhaustion du futur, dans la mesure où elle est réalisable pratiquement, est sans doute le réflexe le plus naturel quand il s'agit de rechercher la probabilité d'un événement. Pascal reconnaît d'ailleurs, dans sa lettre à Fermat du 29 juillet, la rigueur des combinaisons et l'évidence du procédé :

> Votre méthode est très sûre et est celle qui m'est la première venue à la pensée dans cette recherche. Mais parce que la peine des combinaisons est excessive, j'en ai trouvé un abrégé et proprement une autre méthode bien plus courte et plus nette [1].

Cette autre méthode cesse de considérer ce qui pourrait concrètement se produire, et estime que des résultats sont d'ores et déjà acquis. Conservons le même exemple. Si le joueur *A*, qui possède déjà deux parties, gagnait la manche suivante, il remporterait la victoire et donc les 64 pistoles ; si, au contraire, il perdait cette manche, les deux adversaires se retrouveraient à égalité : il conviendrait alors de répartir les 64 pistoles également, puisque les chances de victoire de chacun seraient les mêmes. Que *A* gagne ou perde cette manche, il est donc assuré d'obtenir 32 pistoles. Pascal juge que cette somme ne dépend plus du hasard et qu'elle est *d'ores et déjà* la propriété de *A*. Le hasard n'a pouvoir en réalité que sur la moitié de l'enjeu, 32 pistoles, seul élément qu'il faille soumettre au partage. *A* quitte donc le jeu avec 48 pistoles : les 32 qui lui appartiennent quoi qu'il arrive, plus les 16 auxquelles un hasard équitable lui donne droit. À l'aide d'un raisonnement par récurrence, le mathématicien ramène tous les cas à ce premier résultat et peut ainsi proposer une analyse générale du problème.

L'enthousiasme dont témoigne Pascal quand il découvre que la solution de Fermat confirme la sienne [2] révèle par contrecoup les

1. Lettre de Pascal à Fermat du 29 juillet 1654, *O.C.* p.1137.

2. La lettre du 29 juillet est pleine d'une jubilation intellectuelle qui s'exprime en toute simplicité : « L'impatience me prend aussi bien qu'à vous et, quoique je sois encore au lit, je ne puis m'empêcher de vous dire que je reçus hier au soir [...] votre lettre sur les partis ».

La fécondité du dialogue scientifique est manifestée ici d'une façon qui reste encore exemplaire : « Je ne doute plus maintenant que je ne sois dans la vérité, doutes qu'il pouvait nourrir sur la valeur de sa méthode. Rigueur d'un esprit scientifique, qui attend une preuve extérieure avant de faire pleinement confiance à sa démonstration et pour qui le mystère est une garantie d'objectivité (« Je n'en faisais que pour voir si je ne me trompais pas » [1]), mais aussi conscience de l'originalité, de l'étrangeté de la méthode. Le principe de Pascal consiste à réduire peu à peu la part du hasard et, d'une certaine façon, à congédier le problème de la probabilité : le jeu étant une lente progression vers un résultat définitif, il peut se recomposer en un enchaînement d'acquisitions intermédiaires [2]. Le projet n'est plus alors de découvrir ce qui arrivera, ni même ce qui pourrait arriver, mais ce qui est déjà acquis à un moment donné, ce qui est sûr quoi qu'il arrive. « Le premier doit dire : je suis sûr d'avoir 32 pistoles car la perte même me les donne » [3]; autrement dit : je possède une assurance qui ne dépend point d'un accident futur (la défaite ou la victoire). Cette idée de propriété irréversible choque évidemment dans le cours d'un jeu de hasard, où il semble bien au contraire que tout résultat puisse être remis en cause à chaque instant. L'interruption brutale du hasard, en quoi consiste le problème des partis, crée une situation spéciale et permet de concevoir cette rationalité aussi paradoxale en apparence.

Brunschvicg n'avait pas tort, dans ces conditions, de parler, à propos des théories pascaliennes, d'un « avenir défuturisé », d'un « hasard déprobabilisé » [4]. En face de Fermat qui imagine l'avenir et propose un moyen rigoureux de l'inventorier, les efforts de Pascal visent à supprimer la notion d'hypothétique. Tout savoir sur le futur l'intéresse comme savoir du présent. Un malentendu entre les deux mathématiciens – qui fait le sujet de la lettre du 24 août 1654 – est riche d'enseignements sur ce point. Pascal reprend, dans cette lettre, la méthode des combinaisons, critiquée par Roberval. Il étudie deux exemples : un cas de parti entre deux joueurs, qui lui paraît calculable de la façon de Fermat et pour lequel il détruit les objections de Roberval; le même type de problème, mais où trois joueurs sont concernés (il manque une partie au premier joueur pour gagner le jeu,

après la rencontre admirable où je me trouve avec vous [...] Je voudrais désormais vous ouvrir mon cœur, s'il se pouvait, tant j'ai de joie à voir notre rencontre. Je vois bien que la vérité est la même à Toulouse et à Paris » (*O.C.*, p. 1137).

1. Lettre de Pascal à Fermat du 29 juillet 1654, *O.C.* p.1139.

2. Cf. *infra* la notion de *compositio aleae*.

3. Lettre de Pascal à Fermat du 29 juillet 1654, *O.C.* p.1138.

4. Léon BRUNSCHVICG, *L'expérience humaine et la causalité physique*, Paris : P.U.F., 1949, p. 355; cité et critiqué par E. COUMET, « La théorie du hasard... », *op. cit.* p. 583.

deux au second, et deux au troisième). Dans ce dernier cas, Pascal affirme que l'utilisation des combinaisons conduit à un résultat erroné. Puisque le jeu doit nécessairement être achevé en 3 parties, « il faut voir [...] combien 3 parties se combinent entre 3 joueurs et combien il y en a de favorables à l'un, combien à l'autre et combien au dernier »[1]. Or parmi les 27 combinaisons possibles (3^3), certaines semblent apporter la victoire à deux joueurs à la fois, comme quand le premier gagne la première manche et le troisième les deux suivantes. Lequel des deux faut-il alors créditer d'une possibilité de gain ? Si l'on garde à l'esprit le déroulement concret du jeu, ce problème n'en est pas un. Dès qu'un joueur a remporté le nombre de manches fixé par les conventions, il gagne le jeu, qui n'a plus alors aucune raison de se continuer. Le simple bon sens impose donc de considérer dans une combinaison non seulement la nature des éléments mais leur ordre. C'est ce que répond Fermat avec une légère ironie :

> Il semble que vous ne vous souveniez plus que tout ce qui se fait après qu'un des joueurs a gagné ne sert plus de rien. Or cette combinaison ayant fait gagner le premier dès la première partie, qu'importe que le troisième en gagne deux ensuite, puisque quand il en gagnerait trente, tout cela serait superflu ?[2]

L'erreur commise par Pascal en cette affaire est symptomatique. Son analyse est la suivante : quand une combinaison est « ambiguë », c'est-à-dire quand elle réunit les conditions de victoire de deux adversaires en même temps, il ne faut pas la compter « comme valant la somme entière à chacun, mais seulement la moitié »[3]. Évidemment le résultat que donne ce mode de calcul n'est pas juste et Pascal en conclut à l'invalidité de la méthode des combinaisons, dès lors qu'elle s'applique à des situations suffisamment complexes. Ce paralogisme s'accompagne d'une réflexion sur la « condition véritable » d'un jeu et la « condition feinte » que lui substitue le mathématicien en envisageant le plus grand nombre de manches possibles. Le jeu réel n'est pas assuré de durer autant que la prévision théorique, objectait Roberval. Pascal répond avec justesse que cet écart n'a pas d'importance dans le cas d'un jeu à deux, parce que rien n'interdirait au vainqueur de continuer à jouer une fois sa victoire acquise ; ce serait simplement inutile. Pascal ne s'est pas rendu compte que le même raisonnement pouvait s'appliquer quand le nombre de joueurs était plus élevé. Obsédé par la notion

1. Lettre de Pascal à Fermat du 24 août 1654, *O.C.* p. 1150.
2. Lettre de Fermat à Pascal du 25 septembre 1654, *O.C.* p. 1155.
3. Lettre de Pascal à Fermat du 24 août 1654, *O.C.* p. 1151.

– intuitive – d'espérance mathématique, il tient à transformer l'événement hasardeux en une possession (établie selon le coefficient du risque). Si deux adversaires peuvent prétendre également à la même somme, il est juste que chacun en reçoive la moitié. Mais c'est oublier là le fonctionnement du jeu, qui attribue la totalité à un seul, le premier.

L'intérêt presque exclusif que porte Pascal à la définition du gain, apparaît encore plus clairement dans les développements qu'il donne au problème initial des partis. Après avoir résolu la question de la répartition, il se propose une nouvelle difficulté : quelle est la « valeur de la première partie sur l'argent de l'autre ? » [1]. En d'autres termes, quelle proportion de sa mise ai-je gagnée sur mon adversaire quand j'ai remporté la première manche ? Seule l'utilisation du triangle arithmétique permet de donner à ce problème une solution générale, de trouver la valeur de la première, de la seconde et de la dernière manche d'un jeu, de quelque longueur qu'il soit. On admet dans tous les cas qu'un joueur perd continuellement, et qu'ainsi sa mise devient progressivement la propriété de son adversaire. Pascal envoie à son correspondant (lettre du 29 juillet 1654) les tables qu'il avait dû calculer cas par cas – avant d'avoir mis au point le triangle arithmétique – et qui indiquent, pour un jeu comprenant entre une et six manches, la part acquise à chaque victoire sur un adversaire ayant misé 256 pistoles.

On s'éloigne ici nettement des perspectives probabilistes, dans la mesure où celles-ci chercheraient en priorité à définir les chances qu'un événement se produise. Les questions bien sûr sont liées, mais trouver la probabilité de la victoire est si peu le but de Pascal, que le résultat de son problème ne le permet que très indirectement. Pour passer de l'un à l'autre, il faut opérer un véritable calcul : connaissant par exemple la proportion de la mise du perdant acquise par un joueur après qu'il a gagné la première manche, trouver la probabilité que ce dernier gagne le jeu. Empruntons à Pascal des données précises : 𝒜 et 𝔅 ont misé 32 pistoles chacun ; le premier a remporté une partie, le second aucune, et il en faut trois pour la victoire. Combien le joueur 𝒜 a-t-il déjà pris à son adversaire après la première manche ? Le triangle arithmétique donne une réponse immédiate (3e proposition du calcul des partis [2]) : la proportion de la mise gagnée sur le perdant est 6/16. Considérons ce gain par rapport à l'ensemble des mises (et non plus seulement celle du perdant) : la fraction est deux fois moindre, 3/16.

1. Lettre de Pascal à Fermat du 29 juillet 1654, *O.C.* p. 1141.
2. « Usages du triangle arithmétique », *O.C.* p. 1318.

La probabilité que 𝒜 gagne le jeu s'exprimera par cette seconde fraction, augmentée de 1/2, qui représente la mise initiale de 𝒜 rapportée à l'ensemble des mises[1].

$$\frac{1}{2}+\frac{3}{16}=\frac{11}{16}$$

La proportion donnée par le « triangle » réalise un progrès dans la recherche des partis, car elle permet de connaître directement le parti entre deux joueurs, quelles que soient les mises. Dans notre exemple, 𝔅 qui avait misé 32 pistoles vient d'en perdre 32 x 6/16, c'est-à-dire 12, après sa première défaite, et 𝒜 en quittant le jeu aurait donc droit à 44 pistoles (32 + 12), ce qui correspond bien aux résultats fournis à Pascal par sa première méthode[2].

Le biais que Pascal utilise pour généraliser sa solution nous a donc écarté encore davantage des événements, du hasard qui les gouverne. Tout se résume à un transfert de propriété, dont l'inéluctable progression est bien exprimée par les tables envoyées à Fermat. La notion de cas favorables et de cas possibles est en germe dans le recours aux combinaisons, mais elle ne saurait surgir de la méthode de Pascal, qui repose au contraire sur sa négation. Pour l'inventeur du triangle arithmétique, le moyen de traiter l'incertain est d'en isoler une part de certitude qui croît peu à peu, jusqu'à être la certitude complète de la victoire finale. Quand on suspend le déroulement du jeu de hasard, on est obligé d'effectuer matériellement la répartition des biens, de prendre acte que le travail du hasard était déjà avancé, qu'il avait déjà affecté une certaine somme au gagnant. Le phénomène serait resté latent si le jeu avait suivi son cours ; on n'en aurait vu que l'ultime manifestation, quand toutes les mises deviennent propriété du même : l'interruption du jeu a agi comme révélateur. L'idée moderne de probabilité correspond à une spéculation sur le futur, d'autant plus fiable que ce futur est étendu : sur un très grand nombre d'essais, on peut annoncer combien de fois un événement se produira. Les partis pascaliens ignorent absolument cette conception ; ils spéculent sur le présent et caractérisent un hasard par la portion de propriété qu'il attribue.

1. On aurait pu symétriquement chercher la probabilité de la victoire de 𝔅. S'il a perdu 6/16 de sa mise, il lui en reste 10/16. La probabilité qu'il gagne la partie est deux fois moindre : 5/16.

2. Lettre de Pascal à Fermat du 29 juillet 1654, *O.C.* p. 1139.

4. *Hasard et raison*

Nous avons croisé plusieurs fois cette idée pascalienne d'un hasard progressif. Elle est sous-jacente à la structure même des jeux examinés : le hasard y règle tout, mais il agit par étapes. Un jeu qui se conclurait en un seul coup de dés, une seule distribution de cartes, n'intéresse pas en principe la règle des partis. Il ne pourrait être interrompu, or c'est l'interruption qui fonde la possibilité de la théorie. Dans le problème de Méré, les joueurs décident d'arrêter le jeu ; dans les questions que rajoute Pascal, l'interruption est la fiction de travail du mathématicien : rechercher la valeur d'une partie sur l'argent du perdant n'a de sens que si le jeu ne se poursuit pas. Ou bien le joueur qui vient de gagner, par une première manche, une certaine proportion de la mise de son adversaire, peut perdre la manche suivante et se retrouver à égalité avec lui.

Si d'autre part le hasard pouvait jouer sans fin, si le nombre des parties n'était pas limité par les conventions de la règle, le parti de 𝒜 et 𝔅 serait toujours de 1/2, car par rapport au nombre infini de parties à jouer, le nombre fini, quel qu'il soit, des manches que chacun possède, est équivalent. On sait par ailleurs que plus le hasard porte sur un grand nombre d'événements, plus on approche dans les faits de la probabilité théorique. Quand, au bout de deux parties, le joueur 𝒜 devance son adversaire par 0 à 2, il a un avantage dû à la chance, qui s'effacerait si le jeu de hasard continuait assez longtemps ; mais par le fait même que le jeu s'arrête et que 𝒜 a déjà rempli les 2/3 des conditions de la victoire, il devient impossible de considérer comme équivalentes les positions de 𝒜 et 𝔅. C'est l'interruption qui introduit la rationalité et, dans le cours aveugle du hasard, redonne prise à l'analyse de l'homme. Le passage se fait naturellement de cette raison mathématique à une méditation sur la vie humaine : si le comportement de l'homme déchu, la contingence de son être, la rigueur arbitraire des lois singent un jeu de hasard, il reste la mort, certitude que le jeu sera brutalement interrompu, possibilité donc de prendre un parti. La mort est pour l'homme une intolérable perspective, mais sa nécessité ultime lui rend le pouvoir d'agir, de choisir malgré son ignorance, d'échapper au règne de l'aléatoire.

Au printemps de 1654, avant le plein développement de ses réflexions sur les partis, Pascal adresse à une académie de mathématiques, l'académie Le Pailleur certainement, un inventaire de ses ouvrages scientifiques et de ses travaux en cours. Lettre dédicatoire en même temps que projet théorique, dont la rédaction en latin atteste la solennité, ce texte nous montre combien Pascal avait conscience de la portée philosophique de ses découvertes sur le hasard. En ce sens il est vraiment le fondateur des probabilités, car il aperçoit la mutation épistémologique que représente ce nouveau savoir, cette rencontre inouïe du hasard et de la raison. En créant une «*geometria aleae*», la raison humaine étend son empire à des phénomènes qui lui échappent nécessairement. Elle ouvre un nouveau champ à la connaissance. Mieux, elle définit un nouveau mode de savoir, qui mêle intimement science et ignorance. Par les partis, je sais comment agir, je peux édicter un règlement et contenter la justice distributive, mais j'ignore ce qui aurait pu se passer : le hasard demeure cette impossibilité dans la recherche des causes, il reste rebelle à toute expérimentation («*quae experimento rebellis fuit*»[1]). Je sais ainsi agir sans savoir.

Mais comment s'édifie le savoir si l'ignorance persiste? Quel est l'objet de l'étude? Pascal le définit par une étrange formule : «*tractatio [...] de compositione aleae in ludis ipsi subjectis*»[2]. Le terme de *compositio* a divisé les traducteurs[3] et il gêne en effet la compréhension : il ne désigne pas bien sûr la place (la composante) du hasard, puisque nous sommes dans des jeux totalement soumis au hasard. D'autre part, le singulier des deux termes (*compositio aleae*) indique qu'il ne s'agit pas des multiples combinaisons des probabilités concrètes, mais d'un principe général. Si on le considère globalement, le hasard semble une force mystérieuse, magique; une volonté supérieure, chaotique, à laquelle on ne saurait avoir aucune participation, dont on doive se contenter d'attendre les diktats. Mais quand on essaye de le *décomposer*, on en suit les effets pas à pas, et bien qu'on ne les domine pas davantage, comme chaque étape est maintenant limitée, on peut la mettre en correspondance avec un règlement rationnel. Sachant précisément à chaque moment du jeu combien il entre de hasard, on peut faire la part de ce qui lui échappe progressivement et suivre ainsi rationnellement l'irrationalité du hasard. Dans un jeu qui dure, la victoire n'est pas un renversement, un dernier coup inattendu; elle a été obtenue graduellement. Loin que tout soit continuellement remis en cause par le sort, le vainqueur s'aperçoit qu'il a gagné quelque chose à chaque instant. Il faut donc subdiviser ce principe de hasard apparemment global, en des moments minimaux de hasard, qui sont les seuls de véritable contingence; le résultat final est une *composition* de ces moments élémentaires. Le moteur reste aberrant, mais l'ordre appar-

1. *À l'Illustre Académie parisienne... O.C.* p. 1034.
2. *Ibid.*
3. M. Claude CHABAUTY traduit ainsi : «La répartition du hasard dans les jeux qui lui sont soumis» (Pascal, «L'Intégrale», p. 102). M. Jean MESNARD préfère parler des «combinaisons du hasard dans le jeu» (*O.C.*, p. 1034).

tient à la géométrie. C'est cette inscription rationnelle de l'aléatoire dans la réalité que désigne le terme de *compositio*. Le travail de Pascal est précisément une *décomposition* du hasard à l'intérieur d'un jeu, obtenue en décomposant le gain qu'il détermine.

Dans l'exemple simple où un joueur 𝒜 a gagné deux parties et son adversaire 𝔅, une seule sur les trois qui assurent la victoire, la probabilité que 𝒜 gagne le prochain coup est de 1/2, mais la somme qui lui revient équitablement est de plus que la moitié des mises. Ce serait une erreur de dire que puisque l'issue du jeu est remise au hasard, et que ce hasard est équitable (probabilité =1/2), 𝒜 et 𝔅 en sont toujours au même point. Ce serait là étendre démesurément le règne du hasard, le considérer à tous moments, avec superstition, comme une force entière et aveugle. Si on en décompose les effets progressifs – nous parlerions bien aujourd'hui de probabilité *composée* – on rend rationnellement compte de l'inégalité entre 𝒜 et 𝔅. Le simple bon sens de joueurs suffit à concevoir ce résultat, mais la rigueur du géomètre permet de le quantifier et d'enfermer le hasard dans les limites strictes d'un fonctionnement.

Le moraliste J. Frain du Tremblay, désireux de montrer, à des fins théologiques, que le hasard n'existe pas véritablement dans les jeux, croit pouvoir s'appuyer en 1685 sur la découverte récente des probabilités[1]. C'est ne pas voir que jamais, chez Pascal, n'est mise en doute la spécificité du hasard comme cause insensée de certains événements. Le mathématicien au contraire réaffirme clairement que le moteur du jeu est irréductible en soi – la réduction a lieu ailleurs – à un ordre physique, à une quelconque rationalité :

> Les résultats ambigus du sort sont *à juste titre* attribués plutôt au hasard de la contingence qu'à une nécessité de nature[2].

La découverte de Pascal est que, si le hasard en tant que tel échappe nécessairement à la raison de l'homme, la raison reprend barre sur lui quand il s'inscrit dans une activité humaine, et dans l'étroite tempo-

1. Jean FRAIN DU TREMBLAY (1641-1724), *Conversations morales sur les jeux et les divertissements*. Paris, 1685.

Dans la troisième conversation, l'auteur, tout en condamnant sévèrement les jeux de hasard, veut prouver « qu'il n'y a point de jeux de hasard, au sens qu'on le prend ordinairement ». Entre autres arguments, il utilise de façon allusive les intuitions mathématiques : « Cette alternation (pour ainsi dire) de perte ou de profit, est une preuve que rien ne s'y fait par hasard, mais selon un ordre très réglé » (p. 79).

2. *À l'Illustre Académie parisienne..., O.C.* p. 1034; traduction de M. J. MESNARD (nous soulignons). Le texte latin est le suivant : « *Ambigui enim sortis eventus fortuitae contingentiae potius quam naturali necessitati merito tribuuntur* ».

ralité que cela implique. Elle peut mesurer ses effets, lui imposer l'ordre de la géométrie, se comporter tout simplement comme si son mystère avait disparu – telle une machine complexe dont on ne maîtriserait pas la mécanique, mais que l'on aurait appris à régler avec une grande précision et à utiliser efficacement. C'est parce que le hasard continue néanmoins à exister comme par le passé, qu'est vraiment stupéfiant le titre de «*geometria aleae* « :

> ... *et sic matheseos demonstrationes cum aleae incertitudine jungendo, et quae contraria videntur conciliando, ab utraque nominationem suam accipiens, stupendum hunc titulum jure sibi arrogat :* Aleae Geometria[1].

En mettant en évidence ce que les mathématiciens modernes appelleraient une «loi de composition» (*compositio aleae*), Pascal peut affirmer l'existence d'une logique de l'aléatoire (*aleae geometria*).

* * *

La règle des partis est une règle de décision, ultime recours lorsqu'il semble qu'aucune connaissance ne soit assez sûre pour fonder une résolution. Quand une certitude existe – et la foi en est une pour les croyants – elle guide celui qui la détient, lui indique le but à atteindre et les moyens à employer. Mais dans l'obscurité de l'ignorance, quand Dieu se cache, l'homme obligé de vivre se trouve dans la même position que le mathématicien confronté au hasard. Il doit renoncer à savoir et ne peut renoncer à agir. La règle des partis lui enseigne ce qu'il a raison de faire à défaut de connaître ce qui est; comment il faut agir dans le doute, quand on est incapable de le lever.

Parfaitement antinomique apparaît la perspective des jésuites. Leur doctrine de la probabilité libère les actions des analyses morales qui les gouvernent. Elle rend toutes les décisions équivalentes, pour ne laisser finalement qu'un principe : le désir. À ceux-là mêmes qui possèdent un savoir – les vrais Chrétiens – elle donne le moyen de ne pas l'accomplir, en multipliant à l'infini les savoirs concurrents :

> Probabilité. Chacun peut mettre, nul ne peut ôter (fr. 653).

1. *Ibid.* p. 1035. M. MESNARD traduit ainsi ce passage : «... par l'union ainsi réalisée entre les démonstrations des mathématiques et l'incertitude du hasard, et par la conciliation entre les contraires apparents, elle [i.e. la question des partis] peut tirer son nom de part et d'autre et s'arroger à bon droit ce titre étonnant : Géométrie du hasard».

Le fondement de la théorie et son efficace résident dans le refus de toute sélection, de l'idée même d'une règle. Dès qu'une opinion est probable, c'est-à-dire dès qu'il est possible de la soutenir, elle s'ajoute à la collection de préceptes, contradictoires entre eux, qui peuvent justifier toute conduite :

> — Mais, mon Père, lui dis-je, on doit être bien embarrassé à choisir alors !
> — Point du tout, dit-il, il n'y a qu'à suivre l'avis qui agrée le plus.
> — Eh quoi ! si l'autre est plus probable ?
> — Il n'importe, me dit-il.
> — Et si l'autre est plus sûr ?
> — Il n'importe, me dit encore le Père... [1].

Deux positions philosophiques, deux systèmes antagonistes : l'un redoute les règles et ne saurait donc accepter la certitude, car les règles qu'elle impose sont inéluctables ; l'autre ne saurait se résoudre à l'errance et quand la connaissance est inaccessible, il veut néanmoins une règle pour décider. La probabilité, pour les Jésuites, est la façon d'assimiler le savoir à l'ignorance ; pour Pascal, elle est le dernier refuge du savoir.

1. PASCAL, 5e Provinciale ; (« l'Intégrale », p. 390).

CHAPITRE VII

LE PARI

De toute évidence, le fragment « Infini rien », que par une métonymie admise on désigne sous le nom du Pari, est marqué par les réflexions de Pascal sur la géométrie du hasard. Le vocabulaire (parti, hasards), les thèmes, de nombreuses réflexions théoriques (peut-on hasarder avec certitude pour gagner avec incertitude ?) appartiennent au mathématicien. Le rapprochement est incontestable, mais on s'y limite souvent, esquivant les questions qui en découlent naturellement. Quelle est la place véritable et la signification du raisonnement mathématique dans ce fragment 418 ? Est-ce une coquetterie de scientifique qui pour impressionner son interlocuteur le renvoie à des découvertes récentes, un moyen facile de se donner de l'autorité ? Bien des commentateurs, de façon plus ou moins explicite, ramènent ainsi ces développements arides de Pascal à une dimension anecdotique. Il nous apparaît au contraire que le lien est étroit entre le « Pari » et les travaux de 1654 sur les partis. Le texte des *Pensées* ne saurait se comprendre dans toute sa richesse sans une référence précise aux concepts mathématiques.

Mais bien plus que la collusion entre le discours scientifique et le discours moral, l'aspect du pari qui a gêné les lecteurs de Pascal depuis 1670, qui a fourni le plus d'armes à ses ennemis, est la place accordée à la notion de jeu. Voltaire, qui n'avait pourtant accès qu'à un texte expurgé, résume bien l'impression générale :

> D'ailleurs cet article paraît un peu indécent et puéril ; cette idée de jeu, de perte et de gain, ne convient point à la gravité du sujet[1].

Les défenseurs de Pascal se sentent toujours obligés de le laver de ce soupçon horrible : il n'a pas confondu le jeu et la religion, ébauché une alliance blasphématoire entre ces deux réalités disproportionnées

1. VOLTAIRE, *Lettres Philosophiques*. Vingt-cinquième lettre : « Sur les *Pensées* de M. Pascal », remarque V.

mais il s'est simplement mis à la portée d'un libertin du XVIIe siècle en adoptant les références qui avaient le plus de poids pour lui. L'invasion des termes de jeu, la forme même du pari ne sont que des concessions rhétoriques. Même un lecteur aussi scrupuleux et soucieux du texte de Pascal qu'Henri Gouhier s'emploie à diminuer l'importance du jeu et regrette que «nous prenions trop à la lettre la comparaison avec les jeux de hasard qu'implique l'acte de parier»[1].

Nous voudrions relire le fragment «Infini rien» dans une optique résolument opposée, accepter d'abord la dimension ludique du raisonnement au lieu de nous en offusquer, au lieu de chercher par maintes subtilités à démontrer qu'elle est secondaire. Si l'allusion au jeu n'est pas cette regrettable maladresse de Pascal que tant de ses admirateurs ont voulu excuser, mais une métaphore essentielle de l'incroyance et de la quête de Dieu, il faut la considérer avec attention, s'interroger sur sa cohérence et sur sa valeur: de quel jeu s'agit-il vraiment? Que signifie l'action de jouer et qu'est-ce que ne pas jouer? Ce texte a-t-il encore un sens pour les non-joueurs, non-mathématiciens? La spécificité de cette approche nous excusera de poser à nouveau après tant d'autres la question de la fonction du pari, d'avancer à notre tour une interprétation globale de ce texte irritant que l'on n'a, semble-t-il, réussi ni à congédier ni à élucider.

I. *Du pari existentiel au pari mathématique*

1. Les deux paris

Partons d'une conclusion, très critique, celle qu'apporte Georges Brunet après avoir minutieusement analysé le manuscrit du pari :

> Pascal était trop riche. A la fois réaliste et imaginatif, inventeur génial et prestigieux artiste, profond géomètre et chrétien enflammé, il lui a plu, un jour, d'appliquer sur une construction solide et de style inédit, un vernis mathématique qui s'écaille dès qu'on y touche. En voulant prêter son concours à l'apologiste, le géomètre s'est mêlé d'une affaire qui ne le regardait pas[2].

Il y a en effet deux temps dans l'argumentation, deux formulations successives du même pari. Le géomètre d'abord reste discret. Le pre-

1. Henri GOUHIER, *Blaise Pascal. Commentaires*, Paris : Vrin, 1971, p. 281.
2. Georges BRUNET, *Le Pari de Pascal*, Paris : Desclée de Brouwer, 1956, p. 129.

mier mouvement – « solide et de style inédit » selon G. Brunet – est celui qu'Henri Gouhier désigne sous le nom de « pari existentiel » [1]. Pascal, ayant décidé de parler « selon les lumières naturelles » [2], prend acte de l'infirmité de la raison. Cela impose un changement de perspective : quand on a perdu l'espoir d'accéder à une connaissance et qu'il faut néanmoins agir, on doit agir en fonction de son seul intérêt ; en cela consiste le pari. Or l'intérêt d'un homme est clair, sommé de choisir entre l'existence de Dieu et le néant. Pascal ne fait que reprendre des réflexions de bon sens, non exemptes de simplisme, dont il est facile de trouver la trace avant lui : si les athées ont raison de ne pas croire en Dieu et en l'immortalité de l'âme, quel bien leur apportera leur victoire ? De la même façon, si les chrétiens se trompent, ils n'ont perdu qu'une illusion ; mais si le Dieu qu'ils adorent existe, les voilà éternellement heureux. « Si vous gagnez vous gagnez tout, et si vous perdez vous ne perdez rien » [3].

L'originalité de Pascal dans ce premier temps est d'exposer nettement deux conditions sans lesquelles le raisonnement perdrait toute validité. Il pourrait en effet, au premier abord, sembler naïf de fonder sa foi en Dieu sur le simple intérêt qu'on a à ce que Dieu existe. Voltaire se gausse : « L'intérêt que j'ai à croire une chose n'est pas la preuve de l'existence de cette chose » [4]. Mais Pascal – qui ne cherche d'ailleurs aucunement à prouver l'existence de Dieu – a bien compris lui-même que la substance du pari résidait précisément dans ce passage du savoir à l'intérêt, ou (pour reprendre les termes d'Henri Gouhier) du rationnel au raisonnable : il consacre donc l'essentiel de sa première démonstration à justifier ce glissement, à fonder en raison ce renoncement de la raison.

L'autre point fragile de l'argument est relevé par l'interlocuteur de l'apologiste ; il s'en prend à ceux qui parient :

1. *Op. cit.*, p. 252.

2. Fragment 418 (édition Lafuma). En dehors d'autres précisions, toutes les citations de Pascal données dans ce chapitre sont extraites de ce fragment « Infini rien ».

3. Pour la question, généralement décevante, des sources du « pari », on se référera avec utilité à l'étude de Jean ORCIBAL : « Le fragment *infini rien* et ses sources », publiée dans le recueil *Blaise Pascal, l'homme et l'œuvre* (Cahiers de Royaumont, éditions de Minuit, 1956) pp. 159-195. L'auteur mentionne (p. 171) un passage des Trois Vérités de P. CHARRON, que Daniel HUET déjà rapprochait du pari pascalien :

« Bref au pis aller, il n'y peut avoir aucun danger à croire un Dieu et une providence car quand bien l'on se serait mesconté, quel mal en peut-il advenir ?... »

4. VOLTAIRE, *loc. cit.*.

> Je les blâmerai d'avoir fait non ce choix, mais un choix, car encore que celui qui prend croix et l'autre soient en pareille faute ils sont tous deux en faute ; le juste est de ne point parier.

L'objection est pertinente. Si l'ignorance prive une action de ses fondements, le plus juste, au lieu de chercher des critères de substitution, est tout simplement de renoncer à agir. Cela est vrai dans l'absolu, mais l'action dont il s'agit ici est de nature telle qu'on ne peut se dispenser de l'entreprendre. « Il faut parier. Cela n'est pas volontaire, vous êtes embarqués ». On perd donc définitivement le droit de blâmer ceux qui, en l'impuissance de la raison, ont pris un parti conforme à l'intelligence, celui de croire que Dieu est. S'il était possible de suspendre son jugement, ou si une réflexion plus attentive devait permettre d'entrevoir des preuves, le pari serait un acte déshonorant ou lâche.

A ce point de l'argumentation, l'interlocuteur a admis successivement : 1) qu'il n'était pas absurde de parier, 2) qu'il était impossible de ne pas parier, 3) qu'il était juste de parier pour Dieu. De ces trois étapes, Pascal a le mérite d'avoir développé les deux premières. L'apologie traditionnelle se contentait de la conclusion qui tient ici en deux phrases :

> Pesons le gain et la perte en prenant croix que Dieu est. Estimons ces deux cas : si vous gagnez vous gagnez tout, et si vous perdez vous ne perdez rien : gagez donc qu'il est sans hésiter.

Le pari pourrait s'arrêter là, mais une nouvelle intervention du libertin vient tout remettre en cause : « Oui il faut gager mais je gage peut-être trop ». Cette objection, qui provoque le long développement mathématique, est amorcée par Pascal dans un étroit interligne : l'examen du manuscrit prouve ainsi que l'écrivain n'avait pas conscience, en commençant à la rédiger, que la réponse prendrait une telle ampleur. Il lui faut utiliser un signe de renvoi et entamer une nouvelle page. Cet aspect presque fortuit de la seconde formulation – l'expression mathématique – du pari, donne raison en apparence à G. Brunet qui veut n'y voir qu'une greffe assez inutile et maladroite. Le pari eût été complet sans cette addition. Nous constaterons au contraire que, s'il s'agit toujours du même pari, la démonstration mathématique change de façon notable sa signification, ou plus exactement son statut. Elle lui donne le prestige du raisonnement par excellence, la géométrie, justifiant la triomphante exclamation finale : « Cela est démonstratif et si les hommes sont capables de quelque vérité, celle-là l'est ».

L'inefficacité d'une telle vérité, qui ne pourra emporter l'adhésion, prendra une valeur d'autant plus exemplaire.

La conclusion du « pari existentiel » laissait dans l'ombre un élément important du problème, la question de la mise. Si Dieu existe, sans doute gagnerons-nous tout, mais n'est-il pas rapide de dire que nous ne risquons rien ? Nous pouvons perdre le seul véritable bien que nous possédions concrètement, la vie. L'objection trouvait en fait une réponse anticipée dès les premières lignes du discours : « Le fini s'anéantit en présence de l'infini et devient un pur néant ». Le titre même du fragment suggère ce principe, qu'aucune réalité ne peut être prise en compte si l'*infini* est en balance ; quelque importante qu'elle semble, cette réalité doit être considérée comme *rien*. Le raisonnement mathématique ne fait somme toute que transcrire la même loi dans un langage plus formel. La question cependant est ici compliquée par l'incertitude des paramètres. Le fini doit-il encore s'anéantir devant un infini incertain ? Or Pascal vient précisément de mettre au point un outil conceptuel qui permet de comparer la valeur respective d'événements qui n'ont pas le même degré de certitude. La règle des partis, nous l'avons vu, ramène toutes les espérances à une possession effective, il est facile ensuite de choisir l'espérance la plus avantageuse.

Aucune rupture donc, aucun désaveu dans la reconstruction mathématique du premier pari existentiel, mais une systématisation de ce qui aurait déjà dû convaincre, la mise en évidence du mécanisme implicite qui rendait le pari pertinent. L'ensemble du raisonnement est consolidé... à condition du moins que cette géométrie soit solide et non un artifice pour renouveler dans les apparences un argument trop banal. Or, malgré le nombre impressionnant des commentaires, il reste toujours difficile de se prononcer sur la valeur réelle de la démonstration mathématique. On dispute de sa nécessité, on s'étonne que Pascal propose à un honnête homme des considérations aussi abstruses, les plus tolérants finalement excusent le mathématicien de retomber parfois dans son vice. Mais le raisonnement lui-même est négligé, la phrase la plus obscure est prudemment laissée sans explication, et la conclusion de Pascal (« si les hommes sont capables de quelque vérité celle-là l'est ») est souvent chez les critiques l'occasion d'un acte de foi ! Il est impossible de poursuivre notre lecture du fragment « Infini rien » sans avoir pris position sur ce point. Si la démonstration est faible ou fausse, c'est tout le jeu qui est faussé. On en revient à l'argument de Charron ou à celui du Père

Sirmond[1] après un détour maladroit et peut-être malhonnête. Si au contraire la construction géométrique de Pascal résiste, il faut lever certaines ambiguïtés et établir précisément son statut par rapport au travail apologétique du texte.

2. Estimation du futur et espérance mathématique

Soucieux de ne pas imposer à Pascal une terminologie qui lui est étrangère, nous avons insisté dans le chapitre précédent sur l'enjeu épistémologique et moral de ses calculs, qui semble l'avoir préoccupé bien davantage qu'un affinement des notions. La meilleure preuve en est l'utilisation toute théorique que fait l'auteur des *Pensées* de sa récente règle des partis. C'est la règle qui démontre qu'on doit travailler pour l'incertain (fr. 577) : d'une méthode mathématique, elle s'est transformée en principe abstrait, presque philosophique. Elle désigne une position générale sur les actions de l'homme.

Si l'on veut concevoir plus clairement ce que devient la règle des partis quand elle a échappé à son origine mathématique et qu'elle revendique une compétence sur le règlement de la vie quotidienne, il faut se reporter à un ouvrage postérieur de quelques années seulement au fragment « Infini rien », et où la marque de Pascal est nette : la *Logique* de Port-Royal. Le livre s'achève sur un chapitre inattendu (« Du jugement qu'on doit faire des accidents futurs ») où on retrouve, développées pédagogiquement et appliquées aux décisions les plus diverses, les réflexions de Pascal sur les partis. La principale thèse du chapitre nous paraît frôler aujourd'hui le domaine de l'évidence, mais le besoin qu'ont senti les auteurs de l'exposer et d'en faire même la conclusion de leur ouvrage est la preuve qu'elle constituait à l'époque une nouveauté, sinon dans son contenu du moins dans le mode de raisonnement qu'elle met en œuvre. La question est la suivante : comment faut-il se comporter « à l'égard des accidents où l'on a quelque part, et que l'on peut ou procurer ou empêcher en quelque sorte par ses soins, en s'y exposant, ou en les évitant ? »[2]. Il s'agit d'événements que l'on ne peut prévoir avec certitude mais dont la conséquence sera différente selon l'attitude que l'on aura adoptée.

1. Le Père Antoine SIRMOND, jésuite, est l'auteur du *De immortalitate animae demonstratio physica et aristotelica* (Paris, 1635), œuvre dont Pascal avait peut-être connaissance et qui intègre à la réflexion sur l'immortalité de l'âme des considérations sur les jeux de hasard.

2. *Logique* de Port-Royal, chap. XVI, p. 427. Nous avons commenté au chapitre précédent l'usage du terme de « probabilité » dans ce dernier texte de la *Logique*.

Les auteurs commencent par se moquer d'un comportement qui leur semble répandu :

> Il arrive à plusieurs personnes de tomber dans une illusion qui est d'autant plus trompeuse qu'elle leur paraît plus raisonnable. C'est qu'ils ne regardent que la grandeur et la conséquence de l'avantage qu'ils souhaitent, ou de l'inconvénient qu'ils craignent, sans considérer en aucune sorte l'apparence et la probabilité qu'il y a que cet avantage ou cet inconvénient arrive ou n'arrive pas[1].

Tel est le cas de la Princesse dont nous est racontée une manie que nous qualifierions volontiers aujourd'hui de névrose :

> Ayant ouï dire que des personnes avaient été accablées par la chute d'un plancher, [elle] ne voulait jamais ensuite entrer dans une maison sans l'avoir fait visiter auparavant: et elle était tellement persuadée qu'elle avait raison, qu'il lui semblait que tous ceux qui agissaient autrement étaient imprudents[2].

L'erreur de tous ces gens, et de ceux qui se croient riches parce qu'ils ont acheté un billet dans une loterie dotée d'un gros lot fabuleux, est de considérer le bien ou le mal d'un accident futur de façon absolue, sans se soucier des chances qu'il a de se produire. La catastrophe la plus terrible n'est pas à craindre si sa perspective est suffisamment improbable. Il est ridicule de s'incommoder pour en éviter le risque.

Ces réflexions de bon sens amènent à une conclusion théorique importante. Si l'on veut juger avec pertinence du cas qu'il faut faire d'un événement, on doit prendre en compte deux critères : son importance intrinsèque et la probabilité plus ou moins forte qu'il ait lieu. L'idée que ce second paramètre est quantifiable et peut se combiner géométriquement avec le premier, est le fondement de la règle des partis. Elle consiste essentiellement en l'émergence de la probabilité comme nouvelle catégorie. En termes simples on pourrait la gloser ainsi : tous les événements soumis au hasard ne sont pas équivalents, ils ont des degrés différents de vraisemblance qu'il faut préciser quand on veut les évaluer correctement.

Pour montrer la proportion géométrique qui existe entre la valeur d'un événement et sa probabilité, la *Logique* de Port-Royal choisit tout naturellement l'exemple des jeux :

> Il y a des jeux où dix personnes mettant chacun un écu, il n'y en a qu'un qui gagne le tout, et tous les autres perdent : ainsi

1. *Ibid.*
2. *Ibid.* p. 428.

> chacun n'est au hasard que de perdre un écu, et en peut gagner neuf. Si l'on ne considérait que le gain et la perte en soi, il semblerait que tous y ont de l'avantage : mais il faut de plus considérer que si chacun peut gagner neuf écus, et n'est au hasard que d'en perdre un, il est aussi neuf fois plus probable à l'égard de chacun qu'il perdra son écu, et ne gagnera pas les neuf. Ainsi chacun a pour soi neuf écus à espérer, un écu à perdre, neuf degrés de probabilité de perdre un écu, et un seul de gagner les neuf écus : ce qui met la chose dans une parfaite égalité[1].

La terminologie, la formalisation des calculs diffèrent mais les résultats et l'analyse qui en est faite correspondent exactement à une notion élémentaire des probabilités : *l'espérance mathématique* du jeu. Si P_1 est la probabilité 1/10 de gagner neuf écus ($G_1 = 9$) et P_2 la probabilité 9/10 de perdre un écu ($G_2 = -1$), l'espérance mathématique est égale à la somme de tous les résultats possibles multipliés par leur probabilité :

$$
\begin{aligned}
e &= (G_1 \times P_1) + (G_2 \times P_2) \\
&= (9 \times \frac{1}{10}) + (-1 \times \frac{9}{10}) \\
&= \frac{9}{10} - \frac{9}{10} = 0
\end{aligned}
$$

Un tel jeu dont l'espérance mathématique est nulle est considéré comme parfaitement équitable. Si le résultat était positif, le jeu serait avantageux. Si inversement le résultat était négatif, cela signifierait que le bilan de toutes les éventualités réunies aboutirait à une perte : le jeu serait donc arithmétiquement défavorable.

Il apparaît ainsi clairement que le critère proposé par la *Logique* de Port-Royal pour juger des accidents futurs est celui que l'on désignera plus tard sous le nom de valeur d'attente ou espérance mathématique. La conclusion de l'analyse est péremptoire :

> Tous les jeux qui sont de cette sorte [celle du jeu analysé où l'espérance égale zéro] sont équitables, autant que les jeux le peuvent être, et ceux qui sont hors de cette proposition sont manifestement injustes[2].

La notion d'espérance mathématique n'apparaît jamais aussi explicitement chez Pascal, mais c'est bien d'elle qu'il s'agit dans le problème de Méré : la somme qui appartient à chaque joueur

1. *Ibid.*
2. *Ibid.*

correspond au produit du gain qu'il pourrait obtenir par les chances spécifiques de le remporter à un moment donné. Nous avons constaté en fait que la façon dont Pascal résout le problème est inverse. Elle équivaut à calculer l'espérance mathématique du jeu pour un joueur sans véritablement déterminer la probabilité de sa victoire, puisque cette probabilité précise[1], si elle est nécessairement impliquée par le résultat, est absente en tant que telle du travail (cf. *supra* : « la Règle des partis »).

C'est dans le pari qu'est utilisé de la façon la plus systématique ce principe de base qui consiste à évaluer un gain en multipliant sa valeur par son degré de probabilité. La méthode de Pascal reste implicite, mais si nous reformulons les considérations mathématiques du pari dans le langage qui nous est proche[2], la parenté devient évidente avec les pages de la *Logique* que nous avons commentées. Quelle est la fonction des calculs dans le fragment « Infini rien », sinon de déterminer géométriquement l'espérance mathématique du jeu où l'on parierait pour l'existence de Dieu ? Pascal définit la valeur d'attente de tous les résultats possibles du jeu : ils sont au nombre de deux. La somme des deux valeurs d'attente, c'est-à-dire de ce que l'on peut gagner multiplié par la probabilité de le gagner et de ce que l'on peut perdre multiplié par la probabilité de le perdre, donne la valeur d'attente (l'espérance mathématique) du jeu lui-même et permet de dire s'il est équitable, avantageux ou désavantageux.

Lisons ainsi dans cette optique le premier temps de la démonstration :

> Puisqu'il y a pareil hasard de gain et de perte, si vous n'aviez qu'à gagner deux vies pour une vous pourriez encore gager, mais s'il y en avait trois à gagner ? Il faudrait jouer...

Le raisonnement est ici fort simple : deux jeux sont comparés où la mise est de une vie et la probabilité de gagner de 1/2. Seul varie le gain possible. Dans le premier cas vous pouvez gagner deux vies : compte tenu de la vie que vous avez perdue (votre mise), le gain net serait de une vie. L'espérance mathématique du jeu est donc la suivante :

1. Et non la probabilité théorique sur laquelle fonctionne le jeu. Cette dernière est connue par hypothèse (1/2 : pur hasard) mais ne correspond plus à la situation asymétrique où le jeu est interrompu.

2. C'est notamment ce à quoi s'est employé Th. HARRINGTON, dans son article « Le paradoxe du pari de Pascal » (*Actes* du 8e colloque de Marseille, janv. 1978, pp. 221-232) – travail repris dans le livre *Pascal philosophe,* Paris : SEDES, 1982, pp. 142-153.

$$e_1 = (+1 \times \frac{1}{2}) + (-1 \times \frac{1}{2}) = 0$$

Le pari est équitable et ceux qui choisissent de le tenir ne prennent pas un risque aberrant (« vous pourriez encore gager »). Dans le deuxième cas où le gain net serait de deux vies, l'espérance mathématique est supérieure à 0 :

$$e_2 = (+2 \times \frac{1}{2}) + (-1 \times \frac{1}{2}) = \frac{1}{2}$$

Il est donc avantageux de prendre ce pari.

Toute la question de la validité du raisonnement mathématique se résumera ainsi à un point : la notion d'espérance mathématique offre-t-elle un instrument fiable pour prendre une décision concernant l'avenir ? Mais avant d'en venir à ce point central, il serait bon d'avoir une idée plus précise de la démonstration pascalienne dans toute sa complexité. En effet l'incertitude qui affecte quelques-uns des paramètres essentiels impose de multiplier les hypothèses et les calculs. Pascal, de plus, ne recourt pas au mode de formalisation que nous venons d'évoquer : pour appréhender intégralement le raisonnement du fragment 418, il nous faut donc accepter de nous couler dans un moule similaire, mais qui ne se confond pas parfaitement avec nos catégories (et évite notamment le ridicule, qu'on lui prête parfois, de certains calculs avec l'infini).

3. Le pari mathématique

Une seule chose est certaine, la mise, car il est admis – du moins au départ de la démonstration – qu'en pariant pour Dieu l'homme abandonne toutes les satisfactions que pourrait lui procurer l'existence : il faut donc considérer, si l'on accepte cette logique du jeu, que la mise de l'homme est sa vie, la centaine d'années au maximum qu'il lui est donné d'utiliser à son gré.

Un paramètre d'importance est totalement inconnu : la probabilité de l'existence de Dieu, ou – pour conserver les termes pascaliens – les hasards de gain et de perte. Il est faux de dire que Pascal s'en tient à l'hypothèse de départ (« il y a pareil hasard de gain et de perte »). C'est certainement celle qui lui paraît la plus plausible (il la présente par la conjonction « puisque ») mais la rigueur de la démonstration lui impose de l'abandonner et de considérer des possibilités moins favorables :

1. « Quand il y aurait une infinité de hasards dont un seul serait pour vous ».
2. « Il y a ici [...] un hasard de gain contre un nombre fini de hasards de perte »[1].

Si l'on ignore la probabilité précise, on en connaît cependant une caractéristique qui permet d'éliminer la première des deux hypothèses précédentes : les chances que Dieu n'existe pas ne sont pas infinies car cela équivaudrait à dire que l'on possède une quasi-certitude de sa non-existence, ce qui a déjà été exclu. Nous avons convenu que nous sommes dépourvus de toute certitude quant à l'existence de Dieu. La pire éventualité à envisager pour celui qui a parié que Dieu existait, serait donc qu'il n'ait qu'une chance de gagner contre un très grand nombre de possibilités de perdre, mais un nombre fini.

Le dernier élément enfin à prendre en compte est l'enjeu – nous donnons au mot son sens actuel –, ce que le joueur obtient s'il a parié juste. Cette question ne semble pas laisser place au doute car la religion pour laquelle on parie définit elle-même sa promesse : une infinité de vie infiniment heureuse. Mais là encore Pascal étudie plusieurs cas, refusant de considérer d'emblée le gain de la vie éternelle. Cela tient au mode de raisonnement « par étages » qu'il a choisi. Le premier temps de la démonstration repose sur des données trop simples mais par voie de conséquence faciles à concevoir : c'est la définition d'un équilibre et d'un déséquilibre, tels qu'ils pourraient se présenter à de banals joueurs. L'introduction dans ce premier temps de l'infini, qui dépasse les capacités d'imagination de l'homme – tout le début du

1. Il est donc impossible d'accepter l'objection de J. LACHELIER dans ses célèbres « Notes sur le pari de Pascal » (*Revue philosophique*, juin 1901) :

« De ce que nous ne sommes pas plus autorisés à nier l'existence d'une chose qu'à l'affirmer, il ne faut pas conclure, comme semble avoir fait Pascal, qu'il y a une chance sur deux pour que cette chose existe. Il n'est pas admissible qu'une entière ignorance à l'égard de la réalité constitue par elle-même un renseignement précis sur la réalité » (p. 633).

Pascal a justement pris garde de ne pas confondre l'incertitude et la probabilité 1/2. Il s'oblige à envisager toutes les probabilités supposables. Au point que J. Lachelier, l'esprit prévenu par sa propre objection, ne repère pas la forme de raisonnement *a fortiori*, et ne comprend pas la formule « un hasard de gain contre un nombre fini de hasards de perte » :

« Je ne sais pourquoi Pascal se sert ici d'expressions que l'on croirait destinées à affaiblir sa thèse ».

Nous reviendrons ultérieurement sur cette question essentielle du raisonnement *a fortiori*.

fragment 418 roule sur ce point – ôterait au raisonnement son caractère d'évidence première.

Pascal, qui tout au long de sa démonstration utilise la notion d'espérance mathématique, n'a pas jugé bon d'en donner une formulation générale. Sa démarche est encore intuitive, mais parfaitement rigoureuse. Pour la suivre en en respectant le mouvement, renonçons temporairement aux méthodes qui nous sont habituelles et considérons un tableau à quatre termes :

paramètres négatifs	paramètres positifs
valeur de la mise chances de perdre	valeur de l'enjeu chances de gagner

La colonne de gauche rassemble les paramètres négatifs, c'est-à-dire ceux qui dissuadent de parier : plus la mise est importante et plus les chances de perdre sont nombreuses, moins il est raisonnable de prendre le pari. Au contraire nous qualifions de positifs les paramètres de l'autre colonne puisque leur poids engage à parier.

La mise, nous l'avons dit, est un paramètre fixe, l'homme n'ayant en l'occurrence qu'un seul bien à risquer, sa vie terrestre. Cela ne varie à aucun moment du raisonnement mathématique.

Pascal commence par définir un point d'équilibre, pour lequel il est également juste de parier ou non.

mise = 1 vie chances de perdre = 1	enjeu = 2 vies chances de gagner = 1	A

C'est la situation du parti, que nous avons vu précédemment le mathématicien s'efforcer de réaliser dans les jeux de hasard. Celui qui participe à un tel jeu peut choisir de l'interrompre et de récupérer sa mise : il rentre alors dans une propriété parfaitement équivalente au gain incertain que le jeu aurait pu lui dispenser.

Si on fait varier en même temps et de façon exactement symétrique les deux côtés du tableau A, la structure d'équilibre est maintenue. On peut ainsi augmenter simultanément et dans la même proportion les chances de perdre et la valeur de l'enjeu, en laissant inchangés les deux autres paramètres :

mise = 1 vie chances de perdre = ∞	enjeu = 2 vies ∞ chances de gagner = 1	A'

Si au contraire on augmente unilatéralement les paramètres positifs, sans modifier les éléments de la colonne de gauche, l'équilibre est détruit : le jeu devient avantageux. Reprenons ainsi le tableau A pour en majorer un seul terme, l'enjeu.

mise = 1 vie chances de perdre = 1	enjeu = 3 vies chances de gagner = 1	B

Alors que dans le premier tableau le rapport de 1 à 2 entre la mise et l'enjeu donnait la situation élémentaire d'équilibre, le nouveau rapport de 1 à 3 définit la situation élémentaire de déséquilibre. Les raisons de parier ici l'emportent sur celles de s'abstenir.

Toutes les opérations qui maintiennent les valeurs relative du tableau B maintiennent la validité du pari. C'est le cas si on introduit l'infini de chaque côté de la balance.

mise = 1 vie chances de perdre = ∞	enjeu = 3 vies ∞ chances de gagner = 1	B'

Ces manipulations avec l'infini sont évidemment très théoriques. Quelle différence peut-il y avoir pour un homme entre 2 vies infinies et 3 vies infinies ? La possibilité de faire correspondre une représentation concrète à chacune des valeurs mathématiques qui apparaissent dans le raisonnement a en fait ici totalement disparu. C'est sans doute la principale faiblesse de la démonstration et la raison pour laquelle on a souvent accusé d'incohérence la phrase où Pascal expose le « passage à l'infini » :

> Mais il y a une éternité de vie de bonheur. Et cela étant quand il y aurait une infinité de hasards dont un seul serait pour vous, vous auriez encore raison de gager un pour avoir deux [1], et vous agirez de mauvais sens, en étant obligé à jouer, de refuser de jouer une vie contre trois à un jeu où d'une infinité de hasards il y en a un pour vous [2], s'il y avait une infinité de vie infiniment heureuse à gagner.

A première vue cette étape du raisonnement multiplie de façon aberrante les enjeux envisagés : Pascal semble prendre comme nouvelle hypothèse la perspective de la vie éternelle (le début et la fin de la phrase l'énoncent clairement) ; que signifient dans ces conditions les expressions « gager un pour avoir deux » et « jouer une vie contre

1. C'est le cas du tableau A'.
2. C'est le cas du tableau B'.

trois»[1]? Le passage s'explique si l'on accepte la logique de l'ensemble où il s'insère.

Pascal raisonne sur un schéma de base qu'il a défini quand il calculait le parti des jeux, la situation concrète de justice où mise, gain et hasards sont dans un rapport d'équilibre. Il se contente ici de transformer mécaniquement ce modèle en donnant aux termes symétriques la dimension de l'infini. Seule la nature des éléments est modifiée : l'unité de gain n'est plus la vie mais l'éternité de vie et les chances de perdre deviennent une infinité de hasards négatifs. Le rapport entre les éléments reste le même. La démonstration est rigoureuse sur le plan de la théorie, même si la transformation aboutit à des résultats extravagants. Ce n'est pas grave puisqu'il ne s'agit que d'une étape et que dans la formulation définitive du problème auront disparu les données insensées (la double ou la triple vie éternelle). La raison de ce deuxième temps est simplement de montrer que des structures valides quand elles organisent des quantités finies, ne sont pas moins valides si les quantités concernées sont infinies. Le raisonnement progresse ici selon sa logique propre, sa recherche de rigueur : est mise provisoirement entre parenthèses sa capacité «allégorique» d'exprimer mathématiquement des questions métaphysiques.

Considérons à nouveau le schéma d'équilibre présenté par le tableau A. Si au lieu de multiplier les deux côtés par l'infini, on en multiplie un par un nombre fini et seul l'autre par l'infini, le côté affecté par l'infini devient prépondérant. C'est le troisième temps du

1. H. GOUHIER analyse avec finesse les problèmes de cohérence posés par cette phrase. Pour les dissiper il suggère d'interpréter la formule «cela étant» d'une autre façon qu'on ne le ferait spontanément :

«Si l'on comprend : 'Cela étant qu'il y a une éternité de vie et de bonheur', la phrase est inintelligible, car elle commence par envisager des cas où il y a non pas la vie éternelle mais 2 ou 3 vies à gagner. Nous traduisons : Cela étant, à savoir les conclusions que j'ai tirées dans la situation où il y a 1 chance sur 2, je vais maintenant considérer une autre situation, celle où il y aurait une chance de gagner contre un nombre infini de chances de perdre» (*op. cit.* p. 260).

Cette interprétation, outre qu'elle offre des difficultés syntaxiques que le commentateur lève péniblement, amène à considérer qu'il serait valide de jouer une vie pour en gagner trois, quand bien même les risques de la perdre seraient infinis. H. Gouhier s'étonne le premier de cette conclusion évidemment intenable, qu'il attribue à Pascal :

«On eût aimé quelques explications. Une infinité de chances pour perdre la vie que je risque, c'est impressionnant : à la rigueur, on comprend le risque si l'infinité se retrouve dans la vie à gagner : mais dans les deux premiers cas?» (*op. cit.* p. 261).

Il faut donc bien accepter l'hypothèse telle que Pascal la présente («cela étant») et comprendre, aussi étrange que cela puisse paraître, que les deux ou trois vies à gagner sont des vies affectées du caractère infini.

raisonnement pascalien et l'aboutissement de la démonstration. L'enjeu croît infiniment par rapport au modèle initial et les chances de perdre augmentent tout en restant un nombre *n*, assez élevé peut-être, mais fini.

mise = 1 vie chances de perdre = n [n >1]	enjeu = vie ∞ chances de gagner = 1	C

Les nouvelles conditions définies par ce tableau sont celles du pari pour Dieu, formulées dans les termes qui lui sont le moins favorables puisque rien ne permet en fait d'affirmer que les chances de perdre soient plus nombreuses que celles de gagner. Mais le raisonnement prend de la sorte une valeur *a fortiori* : si quand les chances que Dieu existe sont infimes, on doit néanmoins parier pour cette éventualité, à plus forte raison si la probabilité de la victoire était plus favorable.

Le fragment « Infini rien » s'achève d'ailleurs sur une ultime définition des termes du pari, tels qu'ils se présentent rétrospectivement au croyant :

> Je vous dis que vous y gagnerez en cette vie et que à chaque pas que vous ferez dans ce chemin, vous verrez tant de certitude de gain et tant de néant de ce que vous hasardez, que vous connaîtrez à la fin que vous avez parié pour une chose certaine, infinie, pour laquelle vous n'avez rien donné.

mise = 0 chances de perdre = 0	enjeu = ∞ chances de gagner = 1

Il n'y a évidemment plus lieu ici de parler de pari puisque les deux conditions essentielles du jeu de hasard ont disparu : il n'y a plus de mise et il n'y a plus de hasard. L'enjeu n'étant plus acheté, il est gratuit et, les risques étant nuls, il équivaut à un don que l'on serait sûr d'obtenir. Un don gratuit de Dieu : c'est là la définition de la foi.

Cette ultime formulation qui congédie la notion même de pari ne s'adresse pas à un incroyant, lequel par définition ne possède aucune certitude. Il faut donc bien lui accorder que les chances de perdre sont réelles, voire très importantes. Elles ne sont pas de toute façon déterminantes, puisque en fait tout tient à la présence asymétrique de l'infini dans le tableau C :

> Il y a ici une infinité de vie infiniment heureuse à gagner, un hasard de gain contre un nombre fini de hasards de perte et ce

que vous jouez est fini. Cela ôte tout parti partout où est l'infini et où il n'y a pas infinité de hasards de perte contre celui de gain.

La construction géométrique et sa rigoureuse progression sont finalement assez factices, les calculs ne manquent pas de complaisance. Quelle que soit la méthode qu'on choisisse pour poser la question du pari en termes mathématiques, le raisonnement aboutit nécessairement à simplifier toutes les opérations effectuées sur l'infini pour ne garder que l'infini lui-même[1]. Sa présence rend négligeable toute quantité finie, et on en revient donc au titre du fragment : « Infini rien ». Si l'on accorde que la vie éternelle représente une valeur infinie et que les chances que Dieu n'existe pas ne sont pas infinies, c'est-à-dire si l'on accepte que l'infini apparaisse dans un seul paramètre, cela équivaut d'emblée à ne reconnaître de valeur qu'à ce seul paramètre et à négliger sans autre forme de procès la mise, les chances de perdre et celles de gagner. La question est résolue dès qu'elle est posée.

Le parallélisme que nous avions observé entre le fragment « Infini rien » et la conclusion de la *Logique* de Port-Royal, se retrouve ici dans la structure même de l'argumentation. Les deux textes partent de l'idée qu'il y a une proportion entre des données apparemment hétérogènes (le certain et l'incertain), pour montrer en conclusion qu'il reste un domaine où la disproportion est irrémédiable, celui de Dieu. Dans les deux cas la notion de probabilité est introduite comme un outil essentiel mais se trouve congédiée à l'arrivée : il n'est plus utile de considérer la probabilité quand l'infini est en cause.

> Il n'y a que les choses infinies, comme l'éternité et le salut, qui ne peuvent être égalées par aucun avantage temporel : et ainsi on ne les doit jamais mettre en balance avec aucune des choses du monde. C'est pourquoi le moindre degré de facilité pour se sauver vaut mieux que tous les biens du monde joints ensemble[2].

1. D'où l'inutilité radicale de reformulations mathématiques comme celle de Th. HARRINGTON :

« Si l'on accorde la valeur ∞ à l'infinité de vie, -1 à la perte des plaisirs terrestres, et 0 au néant, on calcule la valeur d'attente de ce jeu [le pari] ainsi :

$\frac{1}{2}(\infty - 1) + \frac{1}{2}(-1+0) = \frac{1}{2}\infty - 1 = \infty$ » (*op. cit.* p. 226).

Le commentateur peut bien compliquer à loisir le calcul de l'espérance mathématique, en donner une présentation plus stricte en apparence, si l'infini apparaît une fois (et une fois seulement) dans l'opération, le résultat est nécessairement l'infini. Le calcul est vain.

2. *Logique* de Port-Royal, p. 430.

Les auteurs de la *Logique* reprochaient à certaines personnes de ne s'arrêter qu'à la valeur des enjeux; ils s'étaient jusque là employés à les convaincre qu'« il ne faut pas seulement considérer le bien et le mal en soi, mais aussi la probabilité qu'il arrive ou n'arrive pas »[1]. La conclusion aboutit à justifier, quand il s'agit de Dieu, le comportement primaire que tout le chapitre s'était donné pour tâche de réprouver : le bien de la vie éternelle est si important qu'il autorise qu'on joue tout pour lui, sans considérer les chances de gagner (dès lors, bien sûr, qu'elles ne sont pas nulles).

De la même façon, le raisonnement du fragment « Infini rien » suit un double mouvement contradictoire :

1. Pascal établit la règle des partis comme le moyen pertinent de prendre une décision dans les cas d'incertitude. Elle fixe le juste équilibre entre risque et enjeu. C'est par son autorité qu'un joueur « hasarde certainement le fini pour gagner incertainement le fini, sans pécher contre la raison ».
2. Il présente un pari où se révèle inaccessible le modèle théorique. L'analyse des conditions spécifiques du jeu impose une conclusion : « cela ôte tout parti ».

Cette formule est la clef de l'argumentation. Elle ne peut se comprendre que par référence à l'usage originel du terme dans les travaux mathématiques de Pascal. Le *parti* y est défini comme « la juste distribution », et nous avons vu que trouver le parti d'un jeu c'est compenser les hasards en déterminant une juste somme : soit, si l'analyse se déroule avant le jeu, celle qu'il faudrait miser; soit celle qu'il faudrait récupérer, si l'on est dans le cas d'un jeu interrompu. Quand le parti est réalisé, le jeu n'offre plus ni avantages ni désavantages à personne : c'est le goût de chacun, son caractère, qui le poussera à s'y livrer ou non. Mais avec le pari, Pascal veut présenter un jeu très différent, qu'il faudrait être fou pour refuser :

> Il faut renoncer à la raison pour garder la vie plutôt que de la hasarder pour le gain infini aussi prêt à arriver que la perte du néant[2].

1. *Ibid.*, p. 428.

2. Nous nous interrogeons sur la signification précise de l'expression « la perte du néant ». Une première interprétation possible est qu'en perdant le pari, on a perdu sa vie humaine, mais qui ne représente rien : on a perdu en réalité le néant. Ce serait là une anticipation de l'analyse finale où le croyant s'aperçoit qu'il n'a rien misé.

Il nous semble que comprise de la sorte, cette conclusion contredit le raisonnement qui la précède : la mise n'y est pas considérée comme une quantité négligeable, il s'agit au contraire de juger si elle n'est pas trop importante (« je gage

Aucun mathématicien ne pourrait définir de parti dans ce nouveau jeu puisque rien ne vient contrebalancer l'infinité de l'enjeu. Il n'y a pas de mise assez forte, on ne saurait imaginer de probabilité assez défavorable pour que l'enjeu se trouve équilibré avec le risque. Les conditions du pari font donc qu'il sera toujours plus avantageux de s'y risquer et si un joueur décidait d'interrompre le jeu (comme dans le problème de Méré), il recevrait en contrepartie un bien réel dérisoire en comparaison du bien incertain que le jeu lui aurait peut-être attribué. Pascal apologiste poursuit ainsi le but inverse de Pascal mathématicien : s'il veut convaincre l'incroyant de parier, on comprend aisément que sa stratégie doive aboutir à ôter tout parti. Quand il existe un « parti » le choix est toujours permis : pour que le pari s'impose il est donc nécessaire qu'on ne puisse trouver aucun parti.

4. Valeur pratique du calcul des probabilités[1]

Il devrait être clair après ces analyses mathématiques que le pari pour Dieu est avantageux et qu'en aucune façon on ne gage trop en risquant sa vie pour le tenir. Mais Pascal a-t-il le droit de nous imposer un jeu sous prétexte qu'il est très avantageux ? Ne pourrions-nous pas répondre : « Soit, le pari pour Dieu est une bonne affaire, mais je n'aime pas jouer et d'ailleurs ma vie me suffit » ? Si l'on a une chance sur deux de multiplier sa mise par trois, les conditions sont évidemment favorables, mais Pascal ne se contente pas là de définir un avantage, il conclut à une obligation : « Il faudrait jouer » : et il renverse complètement les perspectives habituelles en qualifiant

peut-être trop »). Le croyant d'ailleurs à la fin même du fragment ne dévalorise pas la vie humaine mais il se rend compte qu'il ne la perd pas en pariant pour Dieu et qu'il n'a donc « rien donné ».

La « perte du néant », à notre avis, est simplement une périphrase qui désigne le cas où le pari pour Dieu échoue. Elle reprend la formule antérieure : « si vous perdez, vous ne perdez rien ». Si Dieu n'existe pas, il n'y a que le néant et le parieur n'aurait rien eu à gagner en misant juste d'emblée. L'expression « la perte du néant » ne fait pas allusion à la mise (qui, elle, a bien été perdue, selon la logique humaine) mais à l'autre résultat possible (la non-existence de Dieu). En se trompant dans son pari, le joueur manque à prévoir une issue qui ne lui aurait rapporté que le néant.

1. Nous empruntons ce titre à un article de vulgarisation d'Emile BOREL, qui a le mérite de poser en termes très clairs et concrets la question essentielle : dans quelle mesure le calcul des probabilités peut-il dicter une conduite à suivre ?

E. BOREL, « La valeur pratique du calcul des probabilités », *La Revue du mois*, t. 1, 10 avril 1906, pp. 424-437 (cet article est cité d'après sa réédition dans le recueil, *Emile Borel, philosophe et homme d'action*, pages choisies et présentées par Maurice FRÉCHET, Paris : Gauthier-Villars, 1967, p. 204 sq.).

d'imprudence le comportement qui communément passe pour le plus sage : « Vous seriez imprudent [...] de ne pas hasarder votre vie... »[1].

Ces conclusions excessives ou paradoxales trouvent une justification dans une donnée essentielle du problème, dont nous n'avons pas encore considéré la portée mathématique. Avant que n'intervienne la géométrie, l'apologiste avait déjà insisté sur le caractère contraignant du pari : « Il faut parier. Cela n'est pas volontaire, vous êtes embarqués ». Or l'argument réapparaît à quatre reprises, rompt le fil du raisonnement mathématique pour redonner la même information :

> Il faudrait parier (*puisque vous êtes dans la nécessité* de jouer)...
> ... vous seriez imprudent *lorsque vous êtes forcé à jouer* de...
> ... vous agirez de mauvais sens, *en étant obligé à jouer*, de...
> Et ainsi *quand on est forcé à jouer* il faut...

Ce point, à première vue, est sans rapport avec le propos mathématique du passage. Il ne saurait modifier la logique de la démonstration. Pascal néanmoins en fait clairement la condition de validité de son analyse. Il juge bon de la répéter à chaque nouvelle étape. Faut-il en déduire que, si l'homme avait la possibilité de ne pas prendre part au jeu, il serait fondé à ignorer les calculs pascaliens? Certes l'espérance mathématique du pari tend vers l'infini mais si l'on était libre d'agir, serait-il raisonnable de faire confiance à un tel critère?

L'un des plus grands mérites de Pascal à notre avis est d'avoir pressenti dans ce fragment 418 les limites d'un modèle mathématique dont il ne faisait encore qu'un usage intuitif. Il faut attendre le XVIIIe siècle pour que soient formulées en termes explicites les objections que suscite la notion d'espérance mathématique. Vers I730, Daniel Bernoulli énonce le « Paradoxe de Saint-Pétersbourg », qui passionnera longtemps le monde mathématique : il présente un jeu infiniment avantageux en théorie, mais tel qu'aucune personne raisonnable n'accepterait d'y miser une somme importante[2]. D'Alembert consacre

1. « La plus grande de toutes les imprudences est d'employer son temps et sa vie à autre chose qu'à ce qui peut servir à en acquérir une qui ne finira jamais... » (*Logique*, p. 430).

La *Logique* de Port-Royal conclut sur le même renversement de la notion de prudence ses considérations touchant l'avenir. Mais le propos ici est beaucoup moins paradoxal que celui de Pascal puisque les auteurs n'osent pas envisager l'hypothèse que Dieu n'existe pas. On sent clairement ce que le dernier chapitre de la *Logique* doit au pari de Pascal, dont il reprend l'argumentation générale et le type de rationalité mathématique, mais il en détruit toute l'efficacité en refusant de pousser à son terme la logique du doute.

2. Cf. l'article de Gilles-Gaston GRANGER, « Le paradoxe de Saint-Pétersbourg », *in* : *Le jeu au XVIIIe siècle*, Aix-en-Provence : Edisud, 1976, pp. 43-48.

de nombreux passages de ses *Opuscules Mathématiques* à développer ses critiques; Condorcet lui répond et fait le point sur la question dans un mémoire intitulé sans ambiguïté : « Réflexions sur la règle générale qui prescrit de prendre pour valeur d'un événement incertain, la probabilité de cet événement, multipliée par la valeur de l'événement en lui-même »[1].

La *Logique* de Port-Royal enjoignait de considérer la probabilité d'un événement pour corriger sa valeur apparente. D'Alembert pousse à l'extrême cette analyse en regrettant qu'on accorde encore à l'enjeu une place égale à celle du hasard. Il lui est facile de forger des cas limites où une probabilité infime de victoire est compensée par l'énormité du gain, alors que concrètement la défaite semble inéluctable. Son raisonnement aboutit en fait à détruire l'idée même de proportion entre l'importance d'un objet et le risque qu'il implique : pour juger d'un accident futur, il suffirait de connaître sa probabilité.

> La difficulté vient, si je ne me trompe, de ce que l'idée d'espérance enferme deux choses; la somme qu'on espère, et la probabilité qu'on gagnera cette somme. Or il me semble que c'est principalement la probabilité qui doit régler l'espérance; et que la somme espérée ne doit y entrer, si je puis parler de la sorte, que d'une manière subordonnée au degré de probabilité : cependant on les fait entrer également et de la même manière dans le calcul.
> Je ne sais (en conséquence de cette réflexion) si l'espérance est bien estimée en général, en multipliant la somme à espérer par la probabilité. Qu'on propose de choisir entre 100 combinaisons, dont 99 feront gagner 1000 écus et la centième 99 000 écus, quel sera l'homme assez insensé pour préférer celle qui donnera 99 000 écus? L'espérance dans les deux cas n'est donc pas réellement la même; quoiqu'elle soit la même suivant les règles des probabilités.
> Cela ne prouve-t-il pas que c'est principalement la probabilité, bien plus que la somme espérée, qui constitue l'espérance? Car quelle que soit la somme espérée, qu'est-ce que l'espérance si la probabilité est fort petite ?

1. D'ALEMBERT, *Opuscules mathématiques ou Mémoires sur différents sujets de Géométrie, de Mécanique, d'Optique, d'Astronomie, etc...*, 8 vol. [T. 2, Paris : David, 1761. Dixième Mémoire : Réflexions sur le calcul des probabilités, pp. 1-26. T. 4, Paris : Briasson, 1768. Vingt-troisième Mémoire : Sur différents sujets (paragraphe V, Sur le calcul des probabilités, p. 73 sq.; paragraphe VI, Sur l'analyse des jeux, p. 79 sq.)].

CONDORCET, « Mémoire sur le calcul des probabilités », *Histoire de l'Académie des Sciences* (année 1781), Paris, 1784, p. 707 sq.

> Dans l'analyse des hasards, on regarde la certitude comme 1, et la probabilité comme une fraction de la certitude ; cette supposition est-elle bien exacte à tous les égards ? Car mille probabilités ne feront jamais une certitude. D'ailleurs, s'il y a certitude qu'on gagnera 500 livres et probabilité 1/2 qu'on gagnera 1000 livres, dira-t-on que les deux cas sont les mêmes ? [1].

Si on retient ce type d'objection, toute la démonstration mathématique du pari est réduite à néant. La force de Pascal en effet est de justifier le pari même dans les cas les plus défavorables où la probabilité que Dieu existe serait très faible. Or pour d'Alembert, et toutes les critiques ultérieures, le recours au calcul de l'espérance mathématique perd sa validité quand on se rapproche de probabilités extrêmes, soit si proches de 1 qu'on peut les considérer comme des certitudes, soit si proches de 0 qu'elles équivalent dans la réalité à des impossibilités. Le problème, insoluble, devient alors celui des limites : à partir de quelle valeur faut-il tenir la probabilité d'un événement pour une certitude et négliger la possibilité infime qu'il ne se produise pas ? D'Alembert est amené à introduire une distinction bien peu satisfaisante scientifiquement, mais d'un bon sens incontestable, et qui prend acte du désaccord entre théorie et pratique :

> Il faut distinguer entre ce qui est *métaphysiquement* possible et ce qui est possible *physiquement*. Dans la première classe sont toutes les choses dont l'existence n'a rien d'absurde ; dans la seconde sont toutes celles dont l'existence non seulement n'a rien d'absurde, mais même rien de trop extraordinaire, et qui ne soit dans le cours journalier des événements. Il est *métaphysiquement* possible qu'on amène rafle de six avec 2 dés, cent fois de suite ; mais cela est impossible *physiquement,* parce que cela n'est jamais arrivé, et n'arrivera jamais. Dans le cours ordinaire de la nature, le même événement (quel qu'il soit) arrive assez rarement deux fois de suite, plus rarement trois et quatre fois, et jamais cent fois consécutives ; et il n'y a personne qui en toute sûreté ne puisse parier tout son bien, quelque grand qu'il soit, que rafle de six n'arrivera jamais cent fois de suite [2].

On croirait lire ici une critique directement adressée aux analyses pascaliennes. La possibilité de Dieu est métaphysique au sens habituel

1. D'ALEMBERT, *op. cit.* T. 4, pp. 82-83.

2. D'ALEMBERT, *op. cit.* T. 2, p. 10, paragraphe XII (c'est nous qui soulignons).Ce type de distinction a alimenté pendant plus d'un siècle les spéculations sur la théorie des probabilités. Au terme ambigu et polémique de *probabilité métaphysique,* Cournot préfère celui de *probabilité mathématique,* mais il s'agit toujours du même malaise.

du terme et à celui de d'Alembert. Puisqu'il est impossible de dire que Dieu n'existe pas, il est certainement possible que Dieu existe mais faut-il « physiquement », c'est-à-dire dans l'univers concret et quotidien, tenir compte de cette possibilité ? Cela revient somme toute à un problème de foi et le projet de Pascal échoue : l'incroyant n'est pas désavoué par la logique mathématique.

Assimiler l'impossible et l'improbable, quand celui-ci dépasse certaines limites, est une position théoriquement inacceptable ; elle met en cause la rigueur d'une science exacte et on comprend aisément qu'un long débat se soit développé sur ce point jusqu'à Cournot et même après. Mais il est naturel que le calcul des probabilités, quand il a l'ambition d'inspirer les décisions quotidiennes, doive se soumettre à un principe d'action. Cette vision pragmatique des probabilités nous est imposée par l'usage même que Pascal veut en faire. Il faut adapter les calculs à la réalité et voir que « dans tous les actes de la vie nous agissons comme si une probabilité très grande équivalait à une certitude »[1].

L'essentiel du problème vient de ce que l'espérance mathématique est une mesure théorique qui indique pour un jeu le gain moyen sur un grand nombre de tentatives. Si ce nombre était infini, le résultat du jeu serait exactement le bilan calculé en théorie. Il n'y aurait pas davantage de risque, dans ces conditions fictives, à mettre son espoir dans des probabilités très faibles. Mais dans la pratique un jeu est limité, soit parce que la règle en fixe arbitrairement les bornes (manches, parties, points à obtenir), soit parce que la fortune d'un joueur étant elle-même limitée, il viendra nécessairement un moment où il perdra la faculté de miser si le sort tarde trop à se montrer propice. Dans un jeu que l'on ne peut prolonger assez longtemps l'espérance mathématique devient un critère particulièrement dangereux. Or le pari de Pascal consiste en un seul coup : il suffit de perdre ce coup pour que la partie soit perdue. Et la défaite est presque assurée si l'on a une seule chance de gain contre un grand nombre de hasards de perte. Ce serait comme une loterie où l'on miserait en une fois toute sa fortune : même s'il y avait une chance sur dix de la retrouver centuplée, oserait-on affronter les neuf chances adverses sachant que l'on ne pourra plus jouer en cas de défaite ?

« Une fois introduit l'aléa, rien ne peut l'expulser. L'arbitre conseiller impose un choix au nom de la raison : mais qui lui obéit risque toujours d'être déçu »[2]. Le risque n'est pas supprimé par le juste maniement des probabilités. Il faut donc interpréter les analyses

1. E. BOREL, *op. cit.*, p. 214.
2. E. COUMET, « La théorie du hasard est-elle... », p. 585.

du mathématicien. Un jeu théoriquement favorable sera jugé dangereux dans certains cas particuliers ; la prudence conseillera de ne pas y prendre part : par exemple s'il n'autorise qu'un nombre insuffisant de tentatives compte tenu de la probabilité de gagner. Ainsi, ne tenter le sort qu'une fois à un jeu où l'on a seulement une chance sur mille d'être vainqueur, c'est aller au devant d'une défaite certaine, quelle que soit l'importance de l'enjeu. D'autre part la signification d'un jeu varie considérablement selon la valeur relative de la mise pour chaque joueur. De nombreuses personnes acceptent de participer à des loteries quoique dans ce type de jeu où l'on redistribue moins de lots que la somme des mises, l'espérance mathématique soit toujours négative. C'est simplement que chaque mise étant faible, elle peut être tenue pour quantité relativement négligeable et le parieur est satisfait d'obtenir à si bas prix l'espoir d'une véritable fortune, aussi hypothétique soit-elle.

Certains, pour affiner les calculs et les adapter à la multiplicité des cas concrets, ont ainsi proposé d'introduire un paramètre supplémentaire, la fortune du joueur. Cela permet d'évaluer le risque relatif que représente la mise et l'espérance relative constituée par le gain. Buffon utilise ce moyen dans son *Arithmétique Morale* pour prouver que l'on perd toujours plus à un jeu que l'on ne peut gagner[1]. Dans le cas du pari de Pascal, la valeur relative de la mise est énorme puisque c'est toute sa fortune que l'on demande à l'homme de gager : selon les critères de Buffon la perte qu'il peut subir prend une valeur infinie. « La perte du nécessaire est une perte qui se fait ressentir infiniment et lorsqu'on hasarde une partie considérable de ce nécessaire, le risque ne peut être compensé par aucune espérance, quelque grande qu'on la suppose »[2]. Pour mesurer l'importance du gain, Buffon préfère au calcul rigoureux de « l'espérance numérique » celui d'une « espérance morale », tenant compte du fait que « l'espérance souffre un déchet successif et proportionnel à la valeur morale de l'argent, toujours

1. BUFFON, *Essai d'arithmétique morale. Œuvres Complètes,* Paris : P. Duménil, 1836, t. 4.

« Prenons deux hommes de fortune égale, qui, par exemple, aient chacun cent mille livres de bien, et supposons que ces deux hommes jouent en un ou plusieurs coups de dés cinquante mille livres, c'est-à-dire la moitié de leur bien : il est certain que celui qui gagne n'augmente son bien que d'un tiers, et que celui qui perd diminue le sien de moitié ; car chacun d'eux avait cent mille livres avant le jeu mais, après l'événement du jeu, l'un aura cent cinquante mille livres, c'est-à-dire un tiers de plus qu'il n'avait, et l'autre n'a plus que cinquante mille livres, c'est-à-dire moitié moins qu'il n'avait : donc la perte est d'une sixième partie plus grande que le gain, car il y a cette différence entre le tiers et la moitié ; donc la convention est nuisible à tous deux, et par conséquent essentiellement vicieuse » (p. 267).

2. BUFFON, *op. cit.*, p. 268.

moindre que sa valeur numérique»[1]. Cette conscience que le sentiment du gain est un paramètre fort subjectif amène Th. Harrington, commentateur moderne du pari, à introduire dans le texte de Pascal (avec l'espoir d'en sauver le raisonnement mathématique) le concept d'utilité d'attente.

> L'utilité d'attente d'un événement est le produit de la probabilité de ce dernier et de l'utilité du niveau de fortune auquel il amène le joueur. L'utilité d'attente d'un jeu est la somme des utilités d'attente de ses résultats possibles[2].

Mais comment calculera-t-on l'utilité pour un joueur donné d'un niveau de fortune précis? Aucune règle n'est prévue. Derrière une façade de formalisation mathématique le subjectivisme continue à régner. Pascal certes qualifie l'éternité promise par le christianisme d'une «infinité de vie infiniment heureuse» mais il suffit à son interlocuteur de répondre que la vie qu'il possède représente pour lui le bien suprême; il peut même «exprimer ce refus mathématiquement en accordant une utilité infinie à sa vie terrestre ou une utilité finie à la vie éternelle»[3]. C'est bien la preuve qu'à la fixation arbitraire d'une utilité peut répondre la fixation arbitraire d'une autre utilité et que la conviction ne peut jamais être entraînée par ce critère. Le seul résultat de cette nouvelle analyse est d'exprimer dans un langage mathématique l'absence d'effet que l'argument du pari produit sur de nombreux lecteurs.

Faut-il renoncer à examiner l'espérance mathématique et réserver son usage, comme le fait Buffon, aux rhétoriques mensongères: «L'étalage de l'espérance est le leurre de tous les pipeurs d'argent»[4]?

Conscient de la justesse des objections développées depuis un demi-siècle, Condorcet ne se résout pas néanmoins à ce recul de la géométrie et s'emploie à «concilier la règle établie dans le calcul des probabilités avec le sentiment et la conduite des hommes raisonnables et prudents, dans la plupart des cas où cette règle paraissait au premier coup d'œil y être contraire»[5]. Il est remarquable que ses conclusions aboutissent à renforcer l'argumentation pascalienne et principalement à justifier les précautions théoriques de l'apologiste dans le fragment 418.

1. BUFFON, *op. cit.*, p. 274.
2. Th. HARRINGTON, *op. cit.*, p. 224.
3. *Ibid.*, p. 227.
4. BUFFON, *op.cit.*, p. 274.
5. CONDORCET, *op.cit.*, p. 720.

Condorcet commence par distinguer la valeur réelle et la valeur moyenne d'un avantage. « Si j'ai la probabilité 1/3 de gagner 2 contre mon adversaire et qu'il ait la probabilité 2/3 de gagner 1, on dit que nous jouons à jeu égal, et notre sort n'est cependant pas le même, puisque je puis gagner 2 contre lui, et qu'il ne peut gagner que 1 contre moi » [1]. Cet exemple simple prouve que l'espérance mathématique ne se fixe pas pour objectif de prévoir un résultat plus probable que d'autres : aucun joueur ici ne pourrait remporter effectivement la somme correspondant à son espérance théorique. C'est une monnaie de compte, une unité fictive qui permet de comparer des situations dissymétriques et de statuer sur leur équivalence. Le jeu ressemble à toute transaction commerciale, où on a besoin d'attribuer une valeur aux marchandises.

> Les choses qu'on échange ne sont pas rigoureusement égales entre elles, puisqu'il faut qu'il y ait pour chacun de ceux qui échangent un motif de préférence: cependant on ne peut pas regarder comme arbitraires les conditions de l'échange, parce qu'il existe entre les choses échangées une espèce d'égalité qui forme ce qu'on appelle le prix des choses [2].

Il en va de même quand on décide de se confronter au hasard : la règle de la valeur d'attente « qui prescrit de faire les avantages en raison inverse des probabilités » est la seule qui permette de donner un juste prix aux risques échangés. Deux cas sont alors à considérer. Si l'échange est libre, vous pourrez toujours estimer que la convention, quoique juste, ne mérite pas d'être formée ; que, par exemple, la somme que vous pourriez perdre a pour vous une utilité supérieure à la somme que vous pourriez gagner. Nous dirons, pour filer la comparaison amorcée, que l'objet est vendu à sa valeur mais que les raisons de l'acheter font défaut. Si au contraire l'échange est forcé, que ce n'est donc plus le seul motif de préférence qui le déterminera en dernier ressort, alors il est bien nécessaire pour l'évaluer d'appliquer l'unique loi équitable que l'on possède, mais dans ce second cas il n'est plus possible de la récuser. Pour Condorcet, l'espérance mathématique d'un jeu est un critère théorique, un outil destiné à l'analyse, qui n'a pas pour mission d'abolir la décision individuelle. Mais certaines circonstances imposent de l'utiliser comme critère pratique et de lui conférer une puissance absolue : chaque fois qu'un jeu échappe à la décision individuelle, qu'il est imposé, on ne peut qu'observer les

1. *Ibid.*, p. 708.
2. *Ibid.*, p. 709.

équilibres théoriques et agir aveuglément de la manière qu'ils légitiment.

Dans le problème de Méré, l'interruption du jeu pour des raisons extérieures, impérieuses, contraint les joueurs à accepter un règlement objectif. Le seul moyen de répartir les mises honnêtement est celui exposé par Pascal, qui tient compte mécaniquement des probabilités de victoire de chacun. Dans ce cas de force majeure, la juste proportion théorique se transforme *ipso facto* en juste distribution ; le prix qu'un joueur aurait pu choisir de payer s'il désirait entrer dans le jeu devient la part obligée de celui qui sort.

On voit ainsi que, derrière les apparences de symétrie, entrer dans un jeu avantageux et quitter ce même jeu sont deux opérations fort différentes, qui ne ressortissent pas à la même analyse. Dans le premier cas il s'agit d'une libre décision ; on ne saurait critiquer celui qui refuse de jouer, même avec une position avantageuse : il peut le faire par principe, ou par prudence, et se moquer de son avantage. Mais celui qui est déjà dans un jeu, qui s'est soumis à des règles, a perdu son indépendance critique à l'égard des lois du hasard : la règle des partis pour lui est péremptoire, elle lui offre l'unique possibilité d'agir conformément à ses intérêts. Les arguments du mathématicien sont insuffisants pour fonder la décision de jouer. Avantage et désavantage dans une vie humaine sont des notions trop complexes pour qu'on les enferme en une formule. Mais dès lors que le jeu est établi, le mathématicien retrouve son autorité. Les avantages qu'il indique prennent alors force de loi.

Le pari du fragment 418 est un jeu imposé. Si l'on était libre, il faudrait être fou pour s'y risquer, du moins sur la base de considérations mathématiques. Ce jeu est beaucoup trop dangereux et la prudence conseillerait de s'en écarter. L'espérance qu'il présente ne peut compenser pour un homme raisonnable le hasard qu'il fait courir. Mais il n'y a pas de liberté. « Il se joue un jeu [...] où il arrivera croix ou pile ». Personne n'a choisi d'y prendre part ; le jeu est déjà en train de se dérouler. La question qui se pose à l'homme n'est plus de décider s'il veut jouer mais d'adopter une stratégie à l'égard de ce jeu où il est pris. Faut-il continuer à jouer ou non ? Si je m'arrête et que j'abandonne ainsi l'espoir du gain suprême, je peux toucher immédiatement mon parti. Dans un jeu de dés, quand on dénonce le contrat, on repousse un risque que l'on avait accepté et pour lequel on avait offert une mise proportionnée. Mais le jeu de la vie est spécial : il n'a pas été formé de gré à gré et ne permet, nous l'avons vu, aucun parti équitable. Celui qui veut récupérer sa mise avant la fin du jeu est toujours perdant. En comparaison de l'enjeu abandonné, la part qui lui revient est dérisoire : c'est le temps terrestre qu'il lui reste à vivre, un petit nombre d'années, qu'il n'est même pas nécessaire de connaître avec exactitude et que Pascal, compte tenu des aléas, évalue à dix :

> Que me promettez-vous enfin? car dix ans est le parti, sinon dix ans d'amour-propre à bien essayer de plaire sans y réussir, outre les peines certaines? (fr. 153)

Le problème du pari et celui que Méré avait soumis à Pascal sont parfaitement comparables dans leurs données. L'obligation de jouer pour le premier correspond à la perte de liberté que subissent les joueurs ordinaires en ayant accepté les règles du jeu (« l'argent que les joueurs ont mis au jeu ne leur appartient plus, car ils en ont quitté la propriété »[1]). La seule nuance est que dans le cas du pari les règles n'ont jamais été acceptées, mais qu'« il se joue un jeu » dans lequel l'homme est engagé par force. Une fois posée cette servitude – volontaire ou non – le problème débattu est le même pour le moraliste du pari et pour le mathématicien des probabilités : que se passe-t-il si on interrompt le jeu? Car l'homme, soumis au jeu de Dieu par sa condition d'homme, peut se retirer du jeu, quoiqu'il n'ait pas choisi de s'y engager. Le parallèle est ici parfait.

On lit mal le fragment « Infini rien » si l'on pense que l'argument mathématique répond à la question « faut-il parier pour Dieu? ». Le problème se pose plutôt en ces termes : qui interrompra le jeu, Dieu ou l'homme? Attendra-t-on « l'extrémité de cette distance infinie, où il arrivera croix ou pile »? Ou préférera-t-on mettre soi-même un terme à ce jeu que l'on n'a pas voulu? Les objections que nous avons passées en revue n'ont plus aucune force. Elles dissuadaient de prendre part à un jeu d'après le seul critère de son espérance. Mais le jeu ici est imposé. Il n'est plus moyen d'éluder les conseils du géomètre. L'erreur que nous faisions dans un premier temps en analysant le pari sans tenir compte de son caractère contraignant, était de considérer la vie terrestre comme une mise, dont l'homme aurait la libre disposition, qu'il choisirait ou non de risquer. Or la mise échappe à l'homme. Quand il naît elle est déjà faite, les conditions du jeu sont arrêtées. La vie terrestre est en réalité le parti, l'avoir que peut récupérer l'homme s'il préfère arrêter le jeu.

On s'explique ainsi le ton catégorique de Pascal : « vous seriez imprudent lorsque vous êtes forcé à jouer de ne pas hasarder votre vie pour en gagner 3 à un jeu où il y a pareil hasard de perte et de gain ». Décider de ne pas hasarder alors même qu'on joue (puisqu'on est

1. PASCAL, *Traité du triangle arithmétique*. *O.C.* (éd. J. Mesnard), t. 2, p. 1308.

« forcé à jouer »), cela correspond à interrompre le jeu (et non pas à s'en abstenir). Ce jeu, favorable, met l'homme dans une situation qu'il n'a pas méritée (achetée) mais héritée de par sa condition d'homme. Refuser cette condition c'est accepter de régresser, échanger un privilège contre un statut misérable. Si le privilège était grand, c'est une imprudence ; s'il était infini, c'est une folie.

> Quand on est forcé à jouer, il faut renoncer à la raison, pour garder la vie plutôt que de la hasarder pour le gain infini...

II. *La religion est-elle un jeu ? Procès de l'allégorie.*

L'obligation de jouer justifie le recours à la démonstration mathématique et donne une valeur irrévocable au calcul de l'espérance sur lequel se fonde toute l'argumentation. Nous reconnaîtrons donc la solidité théorique du pari et accorderons à Pascal le droit d'assurer à ses conclusions l'appui de la géométrie : « Cela est démonstratif et si les hommes sont capables de quelque vérité celle-là l'est ». Mais au niveau d'abstraction où nous avons jusqu'ici borné nos critiques, le raisonnement du pari reste bien factice. Il est comme un apologue mathématique dont nous n'aurions examiné que la fable, négligeant son rapport à la réalité. Le modèle du pari est cohérent, mais pour qui et dans quelles limites est-il pertinent ? La foi en Dieu n'est pas un jeu de hasard ; les croyants ne sont-ils que des parieurs ? Le problème majeur que pose le texte est celui de son interprétation allégorique. Quelle importance faut-il accorder à la métaphore du jeu ? Est-elle fondée à représenter la question religieuse ?

Les divergences entre les lecteurs sont sur ce point radicales. Certains, comme Michel Le Guern, dénient presque tout rapport entre le grand projet d'apologie pascalienne et le pari, texte mineur et autonome dont l'efficacité se limiterait à quelques libertins sensibles à la thématique du jeu. Il serait alors vain d'attribuer aux arguments du fragment 418 une signification autre que rhétorique et de circonstance :

> Tout mène à penser que les quatre pages qui portent ce fragment constituent à elles seules une apologie complète et indépendante, destinée à un public de libertins joueurs que Pascal rencontrait parmi les familiers du duc de Roannez, et antérieure par la date de sa composition au projet même de la grande apologie. Cela

explique le caractère technique de l'argument du pari, et répond aux objections maintes fois soulevées contre lui : il n'est contraignant que pour un joueur, mais puisqu'il ne s'adresse qu'à des joueurs, on ne peut pas le lui reprocher[1].

Pour L.Goldmann au contraire le libertin n'est aucunement concerné par le propos du fragment 418, qui définit la façon la plus authentique d'être chrétien. La foi « ne saurait être ni certitude dogmatique, ni doute sceptique »[2] : elle trouve son expression rigoureuse dans l'acte du pari. Parier et croire sont deux termes parfaitement synonymes car « parier ce n'est pas avoir des doutes, c'est au contraire être certain ; mais d'une certitude pratique qui reste toujours consciente de l'existence d'une possibilité contraire »[3].

Ces deux analyses inconciliables, celle qui ramène toute la théologie de Pascal aux spéculations sur le hasard du pari, et celle qui ne veut voir dans le fragment « Infini rien » qu'un exercice marginal, nous paraissent également insatisfaisantes. Il est vrai que la comparaison des chances et des avantages est plus familière à un joueur, mais tout libertin ne peut-il pas concevoir la logique de la règle des partis ? Pascal, en achevant son œuvre, aurait peut-être su donner un tour moins technique à sa démonstration, la rendre plus accessible à l'honnête homme. Par ailleurs, quand bien même le pari s'adresserait initialement à tous, nous avons vu dans le texte même du fragment 418 que pour le croyant il se transforme rapidement en simulacre : « Vous connaîtrez à la fin que vous avez parié pour une chose certaine, infinie, pour laquelle vous n'avez rien donné ». La terminologie subsiste, mais vidée de toute signification, le verbe parier désigne un acte qui n'a plus rien à voir avec un pari.

1. De quel jeu s'agit-il ?

Les malentendus en fait sont nourris par l'imprécision où on laisse la notion concrète de pari. De nombreux lecteurs du fragment s'offusquent de voir la terminologie du jeu envahir un discours sur Dieu, mais ils s'en tiennent à une réaction d'ordre général. Ils

1. Pascal, *Pensées*, édition présentée, établie et annotée par Michel LE GUERN, Paris : Gallimard (coll. « Folio »), 1977 ; t. 2, notes sur le fragment 397, p. 274.

2. L. GOLDMANN, « Le pari est-il écrit pour le libertin ? », *in* : *Blaise Pascal, l'homme et l'œuvre*, Cahiers de Royaumont, Paris: Editions de Minuit, 1956, p. 118.

3. *Ibid.*, p. 130.

dénoncent l'incongruité du rapprochement sans voir que le pari est une forme de jeu spécifique, qui laisse certes place au hasard mais ne saurait se confondre avec un jeu de hasard. La portée véritable de la métaphore pascalienne apparaîtra si on accepte de l'observer un peu plus attentivement.

H.Gouhier est le seul commentateur à poser nettement le problème. Il formule un certain nombre d'objections, fondées sur une définition précise du jeu, pour montrer que le pari de Pascal n'appartient pas réellement à l'univers du jeu. Nous n'adhérons pas à cette conclusion mais la pertinence des objections est indéniable.

> Si je joue aux dés, le gain que je peux espérer suppose la présence d'un partenaire qui précisément le fournit : je risque mille francs avec l'espoir de ramasser ma mise plus la mise de l'autre. Si j'achète un billet de loterie, c'est avec la certitude qu'il y a une organisation assurant le financement des lots. Or, dans l'aventure où m'entraîne Pascal, je parie sur l'existence du partenaire ou de l'organisation qui, si je gagne, me versera mon dû. Le pari de Pascal porte sur la réalité de ce qui sera le gain puisqu'il porte sur l'existence de celui qui paiera. L'exemple du jeu de dés est donc mauvais et la comparaison avec une loterie devient absurde : qui prendrait un billet en sachant que l'hypothèse d'une entreprise frauduleuse ou d'une mystification n'est nullement exclue et que les lots promis sont peut-être des chèques sans provision ? [1]

L'analyse de H.Gouhier est juste. Elle conviendrait cependant à tout pari et non pas seulement à celui de Pascal. Ses objections ne doivent donc pas nous amener à isoler la « gageure » du fragment 418 comme un jeu aberrant, mais à y discerner les caractères précis d'un pari.

Un pari n'est pas un jeu de hasard (même s'il est pris au hasard) ni une loterie. Il implique certes un événement dont la réalité ou la teneur soit incertaine. Mais ce qui définit le pari, c'est de transformer une analyse incertaine en action. Si je suppose qu'il pleuvra demain, je ne fais qu'une supposition, puisque je reste dans le domaine de la spéculation intellectuelle ; la seule conclusion, sanction, de ma supposition sera : « j'ai eu raison » ou « j'ai eu tort ». Si par la même supposition, je choisis de ne pas arroser mon jardin, je fais un pari. J'ai donné à mon opinion une sanction matérielle. A la différence du jeu de hasard où la présence d'adversaires – comme le relève H.Gouhier – est

1. H. GOUHIER, *op.cit.*, p. 282.

constitutive, rien ne s'oppose à ce que le pari soit un jeu solitaire. Dans l'exemple précédent, je suis à moi-même mon propre adversaire et je parie contre un moi théorique qui aurait fait l'analyse inverse. Puisque l'analyse a donné lieu à une action, il y a une sanction objective (perte ou gain) : c'est là l'essence du pari. Le pari sous sa forme d'activité sociale auquel on pense d'emblée est en fait un cas particulier du pari avec soi-même. Je parie qu'il va pleuvoir, vous pariez que non, nous misons cent francs. Comme la vérification ou la non vérification de la supposition n'aurait aucune conséquence pratique (nous n'avons pas de jardin), nous inventons la mise financière comme succédané. Pour donner à notre opinion une dimension concrète (une application à la réalité), pour échapper au monde de la spéculation intellectuelle irresponsable, nous devons inventer cette affaire d'argent. Quand la sanction n'est pas impliquée par l'opinion, le pari en forge une, artificielle. C'est d'ailleurs, dans son usage commun, le moyen idéal par lequel on juge si l'engagement est réel de celui qui tient une opinion théorique : est-il suffisamment convaincu de ce qu'il dit pour parier ? Sinon c'est qu'il parlait pour ne rien dire.

Les défauts que l'on relève parfois dans l'argument pascalien proviennent essentiellement de ce que l'on n'a pas pris acte de la différence entre loterie et pari. Dans une loterie, il serait bien entendu absurde de miser sa fortune dans l'espoir d'obtenir un lot qui n'existe peut-être même pas. Dans le pari au contraire, il s'agit de choisir arbitrairement un critère d'action : l'existence ou la non existence de Dieu. Si Dieu existe, tous ceux qui ont parié juste peuvent être récompensés. Ce n'est pas un gros lot à remporter, comme dans les cas où le hasard partage de façon asymétrique une fortune constituée par les joueurs (un enjeu qui est la somme de tout ce qui a été mis en jeu) : c'est l'efficacité de l'action qui est en cause ; le profit obtenu est une conséquence directe de l'action et non une récompense extérieure et artificielle. S'il fallait donner un modèle plus familier (ou plus concret) du pari pascalien, nous repousserions donc l'exemple du pari d'argent, tel l'actuel P.M.U., où en effet il s'agit de repartager des mises déjà existantes. C'est, nous l'avons dit, un cas particulier où on cherche à compenser par un risque factice l'insignifiance réelle d'un événement. Le cas du pari nous semble bien mieux illustré par un agriculteur, un jour orageux, qui doit choisir d'irriguer ou non un champ de tabac. Il est clair que le hasard météorologique ne permet aucune assurance, mais le tabac est une culture qui craint autant le manque d'eau qu'un arrosage excessif. Tous les agriculteurs qui auront agi en fonction du temps (qu'ils ne pouvaient prévoir avec certitude), ont parié juste : si l'orage se déclare effectivement, ce sera ceux qui n'ont point irrigué. Il n'y a pas de limite au nombre des « vainqueurs ». Il se peut que tous aient choisi la bonne solution, sauvant ainsi leur récolte, mais chacun était forcé de miser et de faire courir un risque à ses propres champs. Dans cet exemple, comme dans le fragment 418, le pari est un acte qui exclut la neutralité. Il y a pari chaque fois qu'une décision doit être prise sans qu'on possède les informations suffisantes pour la prendre en toute sécurité, mais une décision telle qu'on ne puisse s'y soustraire et qu'elle amène des conséquences nettes de perte ou de gain.

Dans son souci de relativiser le caractère ludique du pari, H. Gouhier soulève un autre problème :

> Jeu et loterie impliquent l'attente d'un événement : le dé qui retombe, la pièce qui laisse voir pile ou face, le tirage de la tombola... ; le gain est donc lié, ici et là, à ce qui arrive, *evenit*, ou plutôt à ce qui arrivera. Or quand le gain est une vie éternellement heureuse, il se trouve hors du temps où il arrive quelque chose ; il ne dépend d'aucun événement [1].

Le pari de Pascal ressemblerait donc davantage à une devinette qu'à un jeu (qu'il soit de hasard ou non). L'existence de Dieu, si elle est avérée, n'est pas un événement mais la condition même et la raison de tout événement. On ne peut en faire, même métaphoriquement, le résultat d'un jeu. H.Gouhier conseille en conséquence de se méfier de l'expression *calcul des probabilités* « dans la mesure où elle risque d'introduire dans le pari de Pascal l'idée d'un gain *à venir* qui, comme tout ce qui survient, serait de l'ordre de l'événement » [2].

Pour tenter de répondre à cette nouvelle objection, définissons d'abord de façon générale le type d'événement qui suscite un pari. C'est un événement déjà décidé, dont les causes sont déjà en place et que l'on ne peut rien faire pour modifier. Je parierai qu'il va pleuvoir, ou que l'ami que j'attends portera une cravate : je n'ai à la fois aucune certitude sur l'événement et aucun pouvoir de l'infléchir. Le pari est une action d'un type très spécial, qui implique qu'aucune intervention directe sur les causes n'est possible. On ramènera de la sorte à trois les conditions nécessaires et suffisantes pour qu'un événement conduise à parier :

1. L'événement est douteux, impossible à prévoir avec certitude par la raison. Si l'événement était totalement certain – pour moi du

1. *Ibid.*
2. *Ibid.* (c'est H. Gouhier qui souligne).

moins – et si je pariais néanmoins, ce serait profitant de l'ignorance d'un autre : ce n'est plus pari mais escroquerie.
2. L'événement est définitif : son issue est imprévisible mais ses causes sont irréversiblement en place. Si je pouvais avoir prise sur ces causes, ce ne serait plus le moment de parier mais d'agir. Le parieur est situé dans une temporalité intermédiaire, à la fois trop tard et trop tôt ; trop tard car le résultat est déjà inéluctable (« il se joue un jeu »), trop tôt car il faut prendre une décision avant de le connaître (« il arrivera croix ou pile »).
3. L'événement est lourd de conséquences : il détermine une perte ou un profit. Un pari ne peut pas être gratuit, sous peine de se transformer en une simple distraction, un jeu de l'esprit. On parie toujours quelque chose sur quelque chose, le verbe ne saurait être intransitif. Le pari est effectif quand j'ai dit combien je pariais.

Nous avons jusqu'ici privilégié les exemples de paris occasionnés par l'incertitude de l'avenir : parce que manquent les moyens de prévoir, l'action prend la forme d'un pari. Mais si on s'en tient aux trois conditions définies précédemment, rien n'empêche de parier sur un événement passé ou présent, dès lors qu'on en ignore la teneur. Si le fait mis en cause s'est déjà produit il satisfait d'autant mieux à la condition d'irresponsabilité du joueur : un fait historique, achevé, est par définition impossible à modifier. De cet ordre sont tous les paris de salon provoqués par des débats d'érudition (la date d'une bataille, l'orthographe d'un mot, le nom d'un acteur, toutes les bribes de savoir sur lesquelles vient à rouler la conversation). Ce n'est pas le statut chronologique d'un événement qui fait le pari, mais son caractère d'incertitude, également suscité par un futur que l'on ne peut prévoir, par un passé que l'on ne sait retenir, ou par un présent qui nous reste mal connu. H.Gouhier a raison de signaler que le pari pascalien ne repose pas sur l'attente d'un événement incertain : il est amené par l'incertitude d'une situation présente. Seul le dévoilement appartient au futur, le moment où le parieur apprend enfin s'il a ou non choisi la bonne position.

Sont ainsi réunis dans la « gageure » de Pascal tous les éléments que nous avons jugés constitutifs d'un pari. L'homme, confronté à la question de son salut, ne peut agir en connaissance de cause : sa raison a été déclarée impuissante à statuer sur l'existence de Dieu. Or l'option qu'il prendra aura les conséquences les plus concrètes et importantes sur son bonheur. Il ne peut s'abstenir de choisir, sa vie étant nécessairement modifiée selon qu'il croira ou non en Dieu. Il ne peut pas davantage influer sur la situation où il se trouve : il n'a aucun pouvoir sur l'existence de Dieu. Il est donc contraint de prendre au hasard une décision capitale dont les éléments lui échappent. L'homme sans la grâce, ignorant de Dieu mais tenu de se prononcer sur lui, est bel et bien un parieur.

Il faut accorder à Pascal un seul postulat, un point qui n'est à aucun moment établi mais sans lequel la notion de pari perdrait toute pertinence. On admet que l'existence effective de Dieu implique la récompense de ceux qui ont agi comme s'il existait. Dieu pourrait ne pas se soucier que l'on ait ou non parié pour lui, il pourrait même s'offusquer de n'être l'objet que d'un pari et non d'une véritable foi. Si Dieu veut être connu, aimé, et non supposé, s'il repousse également ceux qui le rejettent et ceux qui le choisissent sans conviction, on est payé de la même monnaie en pariant pour lui ou contre lui. La métaphore du pari deviendrait alors absurde puisque les deux décisions que l'homme peut prendre (croire en Dieu, ne pas croire en Dieu) aboutissent nécessairement au même résultat.

Si on accepte de s'en tenir au cadre du pari, dont nous possédons maintenant une définition stricte, le problème se pose en ces termes : pourquoi parie-t-on dans un sens plutôt que dans un autre ? L'incertitude à laquelle est voué le parieur est une des conditions fondamentales qui transforme la prise d'une décision en pari. Est-ce à dire que le choix précis du joueur ne répond à aucun motif, qu'il pourrait aussi bien adopter une position que l'inverse ? La pratique réelle du pari montre que non. Si je choisis de ne pas arroser mon jardin, c'est que, malgré l'incertitude, je considère la pluie comme plus probable ; je ne suis évidemment pas sûr qu'il pleuvra (sinon ma décision ne serait pas de l'ordre au pari) mais j'en ai de fortes présomptions. Quand, au cours d'une conversation amicale, une information que j'avance est controversée, je parie précisément parce que je tiens à ce que je dis, et pour montrer que j'y tiens. Je n'en peux apporter la preuve et il est possible que je me trompe (incertitude nécessaire à la moralité et à la nature même du pari) mais, loin d'être pris au hasard, le pari ici est l'expression même de ma conviction.

La situation que Pascal présente à l'homme est beaucoup moins confortable car face à la question de Dieu le choix n'est guidé par aucune présomption. Le pari revêt sa forme radicale : la nécessité de s'engager est impérieuse et l'irrésolution totale sur le parti à prendre. Si on connaissait naturellement les chances que Dieu existe, on pourrait parier pour l'issue la plus probable, mais ce savoir fait défaut. Toute la finesse du raisonnement mathématique sera de définir une stratégie optimale qui s'accommode de l'ignorance des probabilités. Le fragment « Infini rien » en effet ne cherche ni à prouver que Dieu existe ni à fixer les probabilités de son existence.

Pascal, il est vrai, semble avoir d'abord bâti son argumentation sur l'idée qu'une incertitude absolue équivalait à l'égalité entre chances positives et négatives. Le pari sur Dieu serait comme le jeu de pile ou face, « il y a pareil hasard de gain et de perte ». Il conclut le raisonnement sur ce même principe en considérant que le gain infini est « *aussi prêt* à arriver que la perte du néant ». Mais nous avons vu que le mathématicien ne borne pas sa démonstration à l'examen d'une clause si favorable. Il avait de fait commencé par écrire : « Il y a ici une infinité de vie infiniment heureuse à gagner et *autant de hasards de gain que de perte* ». Mais il se ravise avant même d'achever sa phrase et raye la partie que nous avons soulignée ; il la remplace par la formule « un hasard de gain contre un nombre fini de hasards de perte » et rajoute la précision « ce que vous jouez est fini », donnant à son raisonnement la forme que nous lui connaissons. Le manuscrit atteste ainsi[1] que Pascal a pris conscience au cours même de sa rédaction du supplément de conviction qu'il pouvait obtenir : il renonce à se fonder sur une probabilité qu'on pourrait toujours contester et accorde à son interlocuteur les conditions les moins favorables au pari. En l'absence de présomptions il faudrait parier pour Dieu, mais même si les présomptions étaient que Dieu n'existe pas, s'il y avait un seul hasard de gain contre un nombre fini de hasards de perte, le pari resterait encore valide.

Nous pouvons maintenant énoncer avec précision la portée du raisonnement mathématique dans le fragment 418 et son ambition. L'homme doit opter pour ou contre Dieu. Mais il n'a aucun moyen de savoir si Dieu existe ; son choix prendra donc la forme d'un pari. A-t-il une intuition de l'issue la plus probable ? Non et il n'en saurait avoir. Le géomètre intervient alors non pas pour l'aider à prévoir mais pour le guider dans sa décision. Dans l'ignorance conjointe de la vérité et de la probabilité des hypothèses, le seul critère à prendre en compte est celui de l'intérêt du joueur. Le géomètre qui connaît les règles d'équilibre des risques et des enjeux sait comparer l'avantage respectif des jeux. Sa conclusion est péremptoire : quelles que soient les possibilités de se tromper, l'homme a toujours intérêt à parier que Dieu est.

L'argument du pari ne conduit à aucun savoir ni présomption de savoir. On y retrouve la préoccupation pratique de Pascal dans le

1. Pour toutes les questions relatives au manuscrit, nous nous appuyons sur les analyses de G. BRUNET, et sa transcription du recueil original. *Op. cit.*, pp. 11-26.

problème des partis. Alors même que l'on ne peut prévoir un événement il est possible de déterminer une règle d'action qui dicte les décisions les plus sages. L'apologétique traditionnelle justifiait la foi par une connaissance de Dieu et cherchait inlassablement les preuves de son existence. Pascal accepte de se passer des fondements et des premiers principes, de construire sur du vide. Les questions demeurent sans réponses et sont destinées à le rester. Le mathématicien du fragment 418 laisse entière l'ignorance sur Dieu mais il dit la seule façon raisonnable d'agir quand on doit désespérer de savoir.

2. Pari et liberté

Tout tient – nous l'avons vu – à l'obligation de jouer : la validité mathématique de l'argumentation et la nature même du problème qui se pose à l'homme. Cette condition essentielle n'entre pas en conflit avec l'image du pari. Les exemples concrets que nous avons rencontrés permettraient d'ailleurs d'introduire une distinction et de répartir les paris en deux grandes classes selon qu'ils sont librement entrepris ou non. Ceux qui inventent une mise artificielle, les paris d'argent en général, les paris « de salon », sont des activités contingentes : les parieurs se lient volontairement par un contrat soit pour se divertir, soit pour opposer plus fortement leurs opinions. S'ils l'avaient désiré, ils auraient pu en rester à leur incertitude sans l'exposer à une sanction et considérer, comme l'interlocuteur de l'apologiste dans le fragment 418, que quand on ne sait rien « le juste est de ne point parier ». Nous avons cependant analysé des paris d'un autre type, où le risque n'avait pas été consenti. Le planteur de tabac incertain de la météorologie doit prendre une décision, qu'il le veuille ou non ; s'abstenir d'arroser n'est pas rester dans l'expectative mais parier qu'il pleuvra. La situation est telle que tout comportement fait courir un risque à son bien, lequel se trouve objectivement transformé en mise.

Une conception néo-romantique refuse la qualité de jeu à une activité qui ne serait pas totalement libre. « Le jeu est l'expression pleine de l'être, libéré de toute contrainte », affirment avec lyrisme ceux qui ne voient pas que dans la réalité il se définit essentiellement par un système de contraintes. C'est une activité objective qui peut se produire sans même la reconnaissance de ceux qui la réalisent. Le gladiateur condamné à affronter la mort était pourtant bel et bien dans un jeu. Le duelliste contraint par la pression sociale ou l'invité qui n'ose se soustraire à une partie de cartes qui l'ennuie prennent part à des jeux. Si je suis forcé à jouer aux échecs, je n'empêche pas les échecs d'être un jeu. Le plaisir que l'on prend, la libre décision de se soumettre aux règles, ne sont certes pas des éléments négligeables, ils marquent la frontière entre l'amusement et la peine. Mais le jeu existe indépendamment d'eux. Le pari sur Dieu est à mettre au nombre des jeux amers qui sont imposés.

Un problème logique apparaît néanmoins dans le fragment 418 et une ambiguïté dans les termes qu'il nous faut réduire. Quand un joueur est par hypothèse contraint à jouer, comme le répète inlassablement l'apologiste à chaque stade de l'argumentation, quelle peut être la nature des conseils qu'on lui donne ? Le raisonnement du géomètre semble parfois déboucher sur une tautologie assez vaine. On attend qu'il nous expose la meilleure façon de jouer, or le principal aboutissement de son travail semble être le seul conseil de jouer. Si on écarte les variables de la démonstration, la conclusion, réduite à sa seule armature, paraît presque impertinente : « vous agirez de mauvais sens, en étant obligé à jouer, de refuser de jouer... ». Pascal veut-il convaincre l'incroyant de participer à un jeu auquel il est, de toute façon, forcé de participer ? Pratiquement le conseil est inutile. Peut-être se place-t-il sur un plan théorique et cherche-t-il à justifier la contrainte que subit le joueur, en lui prouvant qu'elle n'est pas désavantageuse. Le projet serait sans grand intérêt et surtout peu conforme à la préoccupation dont témoigne tout le discours, de définir une ligne d'action. Que signifie concrètement l'obligation de jouer et quelle latitude laisse-t-elle à l'homme ?

L'apparent illogisme vient de ce que le verbe jouer est pris dans deux acceptions différentes. Quand il est employé transitivement, comme dans l'expression « jouer une vie contre trois », il est synonyme de *gager* (« vous pourriez encore gager ») ou *hasarder* (« vous seriez imprudent [...] de ne pas hasarder votre vie »). Il désigne alors le choix précis de jeu qui consiste à parier *pour* l'existence de Dieu. Le choix inverse, c'est-à-dire le pari *contre* Dieu, n'est pas nommé spécifiquement, mais il se confond avec le refus du jeu. A partir du moment où le pari pour Dieu est jugé le seul comportement raisonnable (« gagez donc qu'il est sans hésiter ») l'unique question qui se pose est celle de la grandeur de la mise (« je gage peut-être trop ») et le verbe gager se réfère exclusivement à l'un des deux paris théoriquement possibles (« vous pourriez encore gager », « vous auriez encore raison de gager un pour avoir deux »). Pascal refuse d'envisager un pari contre Dieu, il s'abstient même d'une formulation tellement logique que les éditeurs de Port-Royal ne résisteront pas à l'ajouter : « ne parier point que Dieu est, c'est parier qu'il n'est pas »[1]. Nous devrons nous interroger sur l'absence de cette formule dans le texte pascalien. Observons seulement pour l'instant que Pascal s'en tient à une définition restreinte du jeu : seuls jouent finalement ceux qui ont parié pour Dieu, les autres sont considérés comme ayant arrêté de jouer.

On peut donc accepter le jeu ou le refuser. Qu'en est-il dans ces conditions de la nécessité de jouer que Pascal réaffirme constamment? C'est l'obligation de prendre position par rapport au jeu, de décider si on veut le poursuivre ou l'interrompre, sans qu'il soit possible de repousser le problème. Celui qui arrête le jeu, qui se met « hors jeu », n'empêche pas que le jeu continue à être, sans lui, et qu'il ait donc choisi un comportement en fonction du jeu. Il n'a pas diminué la réalité de la structure ludique et il reste un joueur : il continue toujours bon gré mal gré, à se déterminer par rapport au jeu. Le verbe jouer représente donc deux activités successives et différentes :

1. Jouer c'est prendre une décision sur l'activité même de jeu : en ce sens tout le monde est obligé de jouer. L'homme n'a pas choisi de jouer au départ et il s'est trouvé impliqué dans un jeu déjà établi : il n'est pas libre d'échapper à sa condition de joueur, comme le serait celui qui avant une partie annoncerait simplement qu'il n'en est pas, qu'il ne participera pas.
2. Jouer c'est prendre la décision de ne pas interrompre le jeu et de maintenir la mise que l'on n'a pas choisi de risquer mais que l'on pourrait essayer de sauver : en ce sens, le verbe jouer ne s'applique plus qu'à ceux qui restent dans le jeu et qui choisissent une stratégie de jeu spécifique : le pari pour Dieu.

On comprend mieux la bizarrerie apparente du texte du pari, qui dit à la fois que l'on est obligé de jouer et qu'il faut jouer (la première affirmation ne rend-elle pas la seconde inutile?). En réalité l'homme est pris dans un jeu qui se joue de toute façon, quelle que soit son attitude. Il n'a pas le pouvoir de faire que ce jeu ne soit pas, mais il peut s'en retirer, et c'est contre ce dessein que Pascal veut lutter. La référence concrète est bien le problème de jeu posé par Méré.

Les corrections de Pascal que révèle le manuscrit nous fournissent une fois encore des éléments intéressants. L'auteur avait ainsi écrit : « Vous seriez imprudent lorsque vous êtes forcé à jouer de ne pas jouer ce jeu ». Sensible sans doute à la confusion provoquée par la répétition du verbe jouer, il modifie la fin de la phrase : « vous seriez imprudent lorsque vous êtes forcé à jouer de ne pas hasarder votre vie ». Cela

1. Edition des *Pensées* dite de Port-Royal (1670), p. 55.

montre clairement l'ambivalence initiale du verbe jouer dans le texte du pari.

Un autre repentir de Pascal dénote le mouvement de sa pensée. « Il faut renoncer à la raison pour *choisir* la vie plutôt que de la hasarder... », concluait-il dans un premier temps. L'auteur remplace le verbe choisir par le verbe *garder* (« garder la vie plutôt que de la hasarder ») qui éclaire d'une tout autre façon l'attitude de l'incroyant endurci : ce n'est pas quelqu'un qui agit positivement, qui exerce une faculté de choix, mais comme nous l'avons vu, un joueur qui refuse le jeu, qui préfère garder. L'inconséquence de cette position (être joueur et ne pas jouer) est le fondement de l'imprudence que dénonce Pascal.

3. Réticences

Pascal convie l'incroyant à un jeu, ou plutôt il le force à représenter son incroyance en termes de jeu. La métaphore est inattendue : elle a gêné les amis de l'apologiste, elle a choqué ses ennemis. Pour les éditeurs de Port-Royal, c'était là une simple concession rhétorique, justifiée par la nature des interlocuteurs de Pascal, gens qui n'entendent que la loi de l'intérêt. Un avis préliminaire inséré avant le chapitre du pari (chap VII) prévient le lecteur de la spécificité du propos : « Ce chapitre ne regarde que certaines sortes de personnes [...] L'auteur prétend seulement leur montrer par leurs propres principes et par les simples lumières de la raison qu'ils doivent juger qu'il leur est avantageux de croire »[1]. Malgré cette précaution les éditeurs se sentent encore obligés de « moraliser » le texte en réduisant le nombre d'allusions au jeu et en remplaçant dans la mesure du possible les expressions de Pascal trop marquées. « Voir le dessous du jeu » devient « voir un peu plus clair », « ceux qui parient maintenant tout leur bien » se transforment en « ceux qui n'ont présentement aucun doute »...

Si l'utilisation du jeu à des fins apologétiques provoquait un malaise chez les admirateurs de Pascal, on comprendra aisément que pour ses adversaires la cause sera vite entendue. Le premier auteur à tenter une réfutation systématique des *Pensées*, l'abbé de Villars, prend naturellement les armes contre l'argument du pari. Il condamne avec une spéciale virulence le choix de la métaphore :

> Je perds patience de vous entendre traiter la plus haute de toutes les matières, et appuyer la plus importante vérité du monde, et le

1. *Ibid.*, p. 52.

> principe de toutes les vérités, par une idée si basse et si puérile, par une comparaison du jeu de croix et pile plus capable de faire rire que de persuader[1].

Le propos de Pascal paraît d'autant plus insupportable à l'abbé de Villars que l'apologiste s'était rangé dans le camp des Jansénistes, c'est-à-dire des adversaires de tout relâchement moral. Confondre le jeu et la théologie est donc en plus d'une extravagance une navrante inconséquence pour un homme de Port-Royal. La critique se conclut sur une insinuation ironique :

> Mais j'avais ouï dire que vous étiez si grand ennemi des Casuistes relâchés : d'où vient que non seulement vous ne condamnez pas le jeu, mais que vous faites dépendre la Religion et la Divinité du jeu de croix et pile[2].

Si on passait en revue la longue série de réactions hostiles[4] provoquées depuis le *Traité de la délicatesse* par le fragment 418, on verrait rapidement qu'elle s'articule sur un double caractère du jeu, sa vanité et son matérialisme. Le jeu est une activité futile, dans laquelle l'engagement est minime : il est mal venu de représenter la plus grave tâche de l'homme, la quête de Dieu, par une de ses occupations les plus dérisoires ; c'est somme toute rabaisser la religion au rang de divertissement, lui donner un caractère de contingence. D'autre part, le jeu d'argent est dominé par le souci sordide de l'intérêt matériel : n'est-il pas triste de ramener l'amour de l'homme pour Dieu à un avare calcul d'intérêts ? Exemplaire est sur ce point la réaction de Mgr Charles Journet devant le parieur : « Ou il renonce à son petit bien présent dans l'espoir d'une grande somme future, ou il renonce à une grande somme future de peur de risquer son petit bien présent. Dans les deux cas il apparaît âpre au gain, vil, sans magnanimité »[3].

Toutes ces réactions de gêne ou de répulsion à l'égard de la « gageure » pascalienne sont respectables, mais elles perdent leur raison d'être, à notre avis, si on conçoit correctement la valeur de la métaphore. Tout d'abord le modèle du pari est limité strictement aux incroyants. Dès que la foi fait son apparition les données du problème sont bouleversées : l'incertitude disparaît et avec elle toute la

1. Abbé de VILLARS, *Traité de la délicatesse,* 1671, p. 354 sq. Une réédition du 5e dialogue (consacré à la critique de Pascal), introduite et annotée, a été réalisée par D. DESCOTES : *La première critique des Pensées,* Lyon : Editions du C.N.R.S., 1980.

2. *Ibid.*

3. Ch. JOURNET, *Vérité de Pascal...*, p. 47., cité par H. GOUHIER, *op. cit.*, p. 281.

4. Voir la typologie *a priori* des objections proposée par Per Lønning : *Cet effrayant pari* (1978), p.137-138.

géométrie de l'incertain. Le pari ne représente pas la relation définitive de l'homme à Dieu mais l'approche de Dieu par un incroyant. Les éditeurs de Port-Royal ont ainsi raison d'insister sur la portée limitée de l'argument mais ils ont tort de redouter les allusions au jeu. Nous avons vu que le pari n'est pas un jeu de hasard quelconque mais qu'il possède des caractéristiques propres. La loterie est une forme de jeu qui permet la neutralité, le pari non. L'engagement est tellement constitutif du pari que c'est précisément l'impossibilité de se désengager qui met le joueur dans la condition de parieur. Il nous semble finalement que le fragment 418 a pour but essentiel non de convaincre l'homme qu'il faut parier pour Dieu mais de lui faire accepter la pertinence de la métaphore du pari. Ceci apparaîtra si l'on détermine plus nettement l'efficacité réelle de l'argument et sa situation dans l'édifice complet de l'apologie.

III. *Le Pari dans l'apologie*

1. Le scénario intégral

La célébrité du fragment 418 s'est établie au prix d'une mutilation. En intitulant ce texte le « pari », les lecteurs se sont fixés sur une étape seulement du discours pascalien. Or celui-ci ne s'achève pas sur le C.Q.F.D. qui ponctue la partie mathématique (« Cela est démonstratif... »). L'incroyant qui avait provoqué cette longue analyse par sa précédente objection (« je gage peut-être trop ») n'est toujours pas prêt à rejoindre l'apologiste sur le chemin de la foi. Il présente deux nouvelles objections, remet en cause les deux fondements du pari : l'impossibilité de savoir et l'obligation de jouer.

« N'y a-t-il point moyen de voir le dessous du jeu ? » demande le libertin, alors même qu'on vient de lui démontrer qu'il faut parier pour Dieu quelles que soient les cartes. Voir le dessous du jeu, ce serait prendre un pari en connaissance de cause, découvrir par tricherie la teneur du jeu théoriquement caché et affecter ensuite de risquer une hypothèse sur l'issue de la partie. Le libertin voudrait échapper ainsi à la cruauté de ce pari qu'on lui impose et dans lequel il faut tout risquer tandis que l'on ne sait rien. La réponse de l'apologiste est bien entendu insatisfaisante puisque le dessous du jeu (« l'Ecriture et le reste ») n'est une réalité que pour celui qui a déjà parié. Nous sommes au rouet : pour parier sans risque il faudrait un savoir dont on ne bénéficie qu'après avoir parié. H. Gouhier a-t-il raison d'interpréter comme il le fait la métaphore «le dessous du jeu»? Elle désigne selon lui «les atouts que l'on cache à l'adversaire et que l'on se réserve d'utiliser au bon moment» c'est-à-dire les raisons profondes qu'a l'apologiste de croire en Dieu et qu'il n'expose pas quand il parle selon les lumières naturelles[1]. Le problème du libertin est bien plus simple que cela : il se sait maintenant contraint de participer au pari mais il aimerait que ce pari n'en soit pas vraiment un. Or par les lumières naturelles nous ne pouvons savoir de Dieu «ni ce qu'il est, ni si il est». Les cartes restent donc désespérément aveugles, le pari que l'on doit prendre sur elles n'est assoupli par aucune intuition ou savoir dérobé.

L'incroyant s'insurge alors contre la notion même de pari et la contrainte insupportable qu'elle représente : «J'ai les mains liées et la bouche muette, on me force à parier, et je ne suis pas en liberté, on ne me relâche pas et je suis fait d'une telle sorte que je ne puis croire. Que voulez-vous donc que je fasse?» Il n'y a plus là aucun argument mais la conscience douloureuse d'une distorsion : le raisonnement est solide puisque je ne peux l'entamer et pourtant il reste inefficace, il m'est impossible concrètement d'agir comme il l'impose. Dans cette dernière réplique de l'incroyant coexistent le désarroi et la colère : désarroi de ce que le débat n'ait rien changé à la question initiale et que la justification de la foi ne puisse se traduire par la croyance effective en Dieu; colère en même temps car est-il honnête de forcer à agir quelqu'un qui n'est pas libre et qui sent que le ressort de ses actes échappe à sa volonté?

Tout le fragment 418 procède des «oui mais» de l'incroyant, qui repousse perpétuellement son adhésion et qui finalement, quand l'apologiste a dissipé les dernières difficultés, refuse purement et simplement de se laisser convaincre : «je suis fait d'une telle sorte que je ne puis croire». Le Sganarelle de Molière, dans la position symétrique, agit de la même façon. A bout d'arguments contre son libertin de maître Don Juan, il avoue sa défaite rhétorique mais conserve sa croyance première : «je ne sais que dire car vous tournez les choses d'une manière, qu'il semble que vous avez raison; et cependant il est vrai que vous ne l'avez pas»[2]. La réponse paraît sommaire, mais Pascal lui-même, par ses propres principes, devait admettre une telle dérobade. Dans ses réflexions sur l'art de persuader, il a pris acte des inconséquences humaines («tout ce qu'il y a d'hommes sont presque toujours emportés à croire non par la preuve, mais par l'agrément») et il en a déduit avec honnêteté que «l'art de persuader consiste autant

1. H. GOUHIER, *op. cit.*, p. 271.
2. MOLIERE, *Dom Juan*, Acte I, scène 2.

en celui d'agréer qu'en celui de convaincre»[1]. De fait, l'apologiste du fragment 418 ne s'étonne aucunement que ses patients efforts de géomètre et toute sa démonstration restent lettre morte, que ne trouvant plus rien à leur objecter le libertin ne soit cependant pas persuadé. Il accepte sans discuter l'échec de sa rhétorique, accorde explicitement à son interlocuteur le droit de résister encore. «Il est vrai», reconnaît-il. Est-ce à dire que tout le discours antérieur aura été inutile? Non, car si l'argument se révèle inefficace concrètement, on peut tirer une leçon de cet échec. «Il est vrai», admet l'apologiste, «mais apprenez au moins que...». Toute la signification stratégique du fragment 418 réside à notre sens dans ce «au moins» où s'articulent l'humilité et l'ambition du raisonnement pascalien.

On cherche souvent à évaluer l'argument du pari comme s'il était autonome et qu'il s'agisse d'une des nombreuses preuves de l'existence de Dieu proposées aux incroyants. Pour comprendre la signification du pari, il faut garder à l'esprit qu'il intervient comme moment d'un scénario beaucoup plus ample et que sa portée réelle ne peut se percevoir qu'à l'intérieur du scénario. Or il est clairement mis en scène par Pascal comme un argument malheureux, impuissant à atteindre le but qui lui semblait assigné. L'oubli de cette donnée fondamentale du fragment 418 est à la racine des malentendus qu'il a suscités.

2. Les malheurs de la raison

Une question, à première vue déplacée, convoque en fait tous les éléments du problème : le pari est-il un argument rationaliste? Sur la foi des résumés qui sont faits, de ce texte et de sa logique, qui donc oserait répondre autrement que par l'affirmative? La tradition – superficielle en cela, ou peut-être trahie – a retenu le fragment «Infini rien» comme un des grands essais de la raison pour approcher Dieu. Cela explique en partie la fixation sur ce texte et les nombreuses prises de position sur un faux problème : les uns insistent sur la rigueur de la démonstration, sa validité que personne n'a vraiment réussi à réfuter; les autres se soucient bien peu de la réfuter et consacrent leurs critiques à l'approche géométrique, se choquant que l'on veuille confondre la foi avec un raisonnement mathématique. Ceux qui n'oublient pas que Pascal croyait en la grâce efficace et que les *Pensées* abondent en textes

1. PASCAL, «De l'esprit géométrique et de l'art de persuader», *Œuvres Complètes,* Le Seuil (coll. «L'intégrale»), pp. 355-356.

qui remettent à Dieu seul le pouvoir de convertir, extraient le pari pour en faire une « apologie autonome destinée à un public de joueurs »[1]; Pascal aurait ici mis entre parenthèses ses convictions fondamentales sur la grâce efficace et empoigné les armes de la raison, prenant en compte le caractère particulier de quelques interlocuteurs.

Le contresens est total. Premièrement le pari ne cherche à aucun moment à convaincre de l'existence de Dieu, c'est précisément là sa spécificité en tant que pari : « s'il était possible de prouver, il n'y aurait pas à parier », répète fort justement H.Gouhier tout au long de son analyse[2]. Mais surtout le pari ne convainc de rien, et s'il amène à une conclusion c'est en méditant sur sa propre inefficacité. Le fragment « Infini rien », il est vrai, laisse une grande place à la raison, et sous sa forme même la plus épurée (la mathématique), mais le seul résultat qu'obtient la raison dans ce texte est de se reconnaître ridicule et de se congédier elle-même. Le lecteur des *Pensées* sait d'ailleurs qu'« il n'y a rien de si conforme à la raison que ce désaveu de la raison » (fr. 182). Le mouvement du fragment 418 consiste ainsi en un recul progressif de la raison et de ses ambitions dont on marquera clairement les étapes.

Au début du discours, Pascal donne de la connaissance une définition générale. On connaît véritablement un objet quand on peut exposer sa nature (donner ses caractéristiques) et déterminer s'il existe ou non. C'est ce que fait l'homme en face des quantités finies : « nous connaissons l'existence et la nature du fini parce que nous sommes finis et étendus comme lui ». Mais Pascal envisage aussi un moindre degré de la connaissance, qui est de connaître l'existence de quelque chose dont on ignore la nature; la notion d'infini fournit un bon exemple de ce demi-savoir dont il faut malgré tout créditer la raison humaine. La connaissance de Dieu que procure la foi est de cette deuxième sorte : la foi en effet permet de dire que Dieu existe mais laisse dans l'ignorance quant à sa nature véritable. Seuls les élus auront le privilège d'une connaissance pleine de Dieu : « par la foi nous connaissons son existence, par la gloire nous connaîtrons sa nature ». Mais la raison humaine ne peut même pas atteindre cette connaissance imparfaite de Dieu. "S'il y a un Dieu, il est infiniment incompréhensible, puisque n'ayant ni parties ni bornes, il n'a nul rapport à nous. Nous sommes donc incapables de connaître ni ce qu'il est ni si il est".

1. Cf. *supra*, note de Michel LE GUERN sur le fragment 397 de son édition (Folio).

2. H. GOUHIER, *op.cit.*, p. 280.

Le raisonnement ultérieur repose sur cette idée première que la raison humaine est de nul secours dans une approche spéculative de Dieu. Cette thèse réduit à néant tous les efforts en la matière de la scolastique et de l'apologétique traditionnelle. On s'explique ainsi aisément la gêne, voire la colère, qu'elle a provoquées. Quand l'apologiste du fragment 418 demande « De quel côté pencherons-nous ? » et qu'il affirme « la raison n'y peut rien déterminer », il donne à son analyse une portée absolument générale. Embarrassés, les éditeurs de Port-Royal rajoutent une incise (« la raison, *dites-vous*, n'y peut rien déterminer ») comme s'il ne s'agissait là que de l'opinion individuelle d'un homme particulièrement réfractaire. Rien dans le texte de Pascal n'autorise ces adoucissements. Nous constatons au contraire que la première personne du pluriel utilisée dans tout le début du texte applique clairement à l'apologiste le discours qu'il tient : « Nous ne connaissons ni l'existence ni la nature de Dieu » ; « Qui osera entreprendre de résoudre cette question ? Ce n'est pas nous ».

Les adversaires de Pascal, désireux de trouver des armes contre l'auteur des *Pensées*, ont souvent mieux vu cet aspect fondamental. L'abbé de Villars par exemple s'inquiète d'une telle concession aux philosophies matérialistes :

> Vous avez fait d'abord une avance qu'un homme sage ne devrait pas faire et je ne sais pas avec quelle conscience vous pouvez dire à un libertin que par raison on ne peut assurer que Dieu est. Je connais bien des gens qui se scandaliseraient étrangement de vous entendre tenir ce terrible langage ; et qui ne voudraient pas parier pour la théologie du directeur qui vous souffre ces façons de parler[1].

L'abbé de Villars ne comprend pas la stratégie de Pascal et comment l'abandon des armes de la raison peut aller de pair avec la mission d'une apologie, mais il perçoit avec justesse la teneur de l'argument. Pierre Bayle au contraire vole au secours de Pascal en commettant le contresens que lui suggère l'édition de Port-Royal. Il reproche à l'abbé de Villars d'avoir pris pour une analyse réelle et durable ce qui n'était que rhétorique momentanée. L'abbé de Villars, s'insurge-t-il,

> regarde comme une avance scandaleuse, contraire à la sagesse et à la conscience, et digne des foudres d'un bon directeur, ces paroles de M. Pascal, *par raison vous ne pouvez dire que Dieu est*.. Il suppose que c'est avouer à un libertin que *par raison on ne*

1. Abbé de VILLARS, *op. cit.*, pp. 355-356.

peut assurer que Dieu est.. L'explication est très fausse. M. Pascal ne lui avoue point une telle proposition ; il veut seulement ne la point combattre, et s'en prévaloir pour engager les Athées à sortir de leur état. Il est clair comme le jour que les paroles de M. Pascal adressées au libertin sont équivalentes à celles-ci, *vous soutenez que par raison vous ne pouvez dire que Dieu est*[1].

Pascal certes ne soutient pas que l'usage de la raison doive être banni de la foi religieuse. Loin de là, il définit la superstition comme l'excès qui consiste à accepter sans intelligence les vérités de la religion. « La piété est différente de la superstition. Soutenir la piété jusqu'à la superstition c'est la détruire » (fr. 181). S'il revient souvent au Chrétien de soumettre sa raison – comme par exemple quand il s'agit du mystère de l'eucharistie (« Que je hais ces sottises de ne pas croire l'eucharistie... » fr. 168) – il est aussi de son devoir d'en faire parfois usage. « Soumission et usage de la raison en quoi consiste le vrai Christianisme », s'intitule la treizième liasse, qui se consacre à délimiter aux côtés de la foi la place exacte de la raison. Mais abandonnée à ses propres forces, privée du savoir de la foi – comme c'est nécessairement le cas pour l'incroyant – la raison devient infirme, incapable de rien dire sur Dieu, puisque Pascal lui refuse même, dans le fragment 418, l'intuition de ce dieu théorique des philosophes. Elle doit définitivement renoncer à résoudre la question de Dieu. « Dieu est ou il n'est pas [...] La raison [ne] peut rien déterminer ».

Son rôle est-il donc achevé ? Non, car ne pouvant savoir ce qui est, elle est néanmoins capable de calculer ce qu'il faut faire ; exclue du champ du rationnel, il lui reste celui du raisonnable dans lequel elle règne par la règle des partis. Le retournement est audacieux et neuf et Pascal ne l'opère pas sans le justifier. Le choix que l'homme doit faire pour ou contre Dieu engage sa connaissance et sa béatitude ; il doit craindre à la fois de ne pas trouver la vérité et de ne pas assurer son bonheur (« votre nature [a] deux choses à fuir : l'erreur et la misère »). L'impuissance constitutive de sa raison lui fait perdre tout

1. P. BAYLE, *Dictionnaire historique et critique*, 5e éd., Amsterdam, 1734. Article « Pascal », note (I).

Appuyant son interprétation sur les pronoms personnels, Bayle expose fort justement l'écart qu'il y a entre une proposition présentée comme générale (« *on* ne peut assurer ») et limitée à celui qui la profère (« *vous* ne pouvez dire »). Malheureusement les indices textuels qu'il considère avec subtilité ont tous été rajoutés par les éditeurs de Port-Royal, qui affectent systématiquement au seul libertin les analyses que Pascal prend à son propre compte. On discerne ici encore la gravité et la finesse du travail de Port-Royal pour modifier le texte pascalien en l'éditant.

espoir d'atteindre le vrai. Il est donc parfaitement justifié de ne plus agir qu'en fonction de la quête du bien. Ne pouvant pas opter pour le plus sûr ni même pour le plus probable, nous n'avons que la solution de parier pour le plus avantageux. Les éditeurs de Port-Royal n'ont pas jugé utile de conserver ce développement précautionneux par lequel Pascal légitime le passage d'une décision fondée sur la recherche de la vérité à une décision fondée uniquement sur la définition de l'intérêt. Les objections de Voltaire et le contresens qu'il commet sur la signification du pari donnent raison *a posteriori* à Pascal d'avancer avec tant de prudence ce qui fait l'originalité même de son argumentation. Il ne s'agira pas de prendre ses désirs pour des réalités mais de formuler des désirs en l'absence de réalité. Ou comme l'exprime somme toute excellemment le titre donné au discours par les éditeurs de Port-Royal, de voir « qu'il est plus avantageux de croire que de ne pas croire ce qu'enseigne la religion chrétienne ».

Dans sa nouvelle fonction subalterne où elle s'est faite servante de la volonté, la raison devrait donc retrouver son efficace. Elle détermine en effet avec rigueur l'intérêt de l'homme et lui fixe une ligne de conduite, lui enseigne comment parier en dépit de son insurmontable ignorance. Mais, nous l'avons vu, elle reste finalement sans prise sur l'action de l'homme qu'elle ne réussit pas à convaincre.

Que retirer de ce double échec de la raison humaine, en quoi consiste véritablement la signification du pari ? S'il était légitime de résister à la raison sous sa forme spéculative puisqu'elle était inadaptée à son dessein, comment se fait-il que l'on ne se plie pas à la raison pratique dont les démonstrations sont incontestables ? Car il faut bien accepter la réalité et admettre la réaction du libertin quand il rejette les arguments qu'il n'a pas su réfuter. La conclusion s'impose : si les hommes croient ou refusent de croire, ce n'est pas comme l'affirment certains croyants parfois, la plupart des incroyants en tout cas, parce que leur raison justifierait la position qu'ils ont adoptée. La croyance en Dieu ne dépend pas de preuves rationnelles quelles qu'elles soient.

> Apprenez au moins que votre impuissance à croire vient de vos passions. Puisque la raison vous y porte et que néanmoins vous ne le pouvez, travaillez donc non pas à vous convaincre par l'augmentation des preuves de Dieu, mais par la diminution de vos passions.

Tel est l'aboutissement du fragment « Infini rien » et la découverte ultime que réservaient les malheurs de la raison. Il ne s'agissait pas pour l'apologiste de convertir par un raisonnement mais de montrer qu'un raisonnement (et un raisonnement par excellence : « Cela est démonstratif et si les hommes sont capables de quelque vérité, celle-là l'est») est impropre a convertir. L'apologie se bâtira sur les ruines du pari.

3. L'impossibilité de parier

Dire que l'enseignement principal du pari réside dans son invalidité en tant qu'argument, c'est trouver dans le texte même ce que son histoire a dès l'origine suffisamment illustré. Pourquoi cet argument correct, que nul n'a somme toute encore réfuté, est-il inapte à convertir un incroyant ? Seuls des Chrétiens déjà convaincus ont bien voulu y voir une machine rhétorique efficace contre l'athéisme, sans se rendre compte que Pascal lui-même a mis en scène son argumentation d'une tout autre façon. Il y a chez l'incroyant, si on se place d'un point de vue chrétien, c'est-à-dire celui de Pascal, une confusion de valeurs qui est à la fois la cause et la conséquence de son matérialisme. Par là même que dire à celui qui considère que sa vie a plus de valeur que les plus grands bonheurs imaginables ? C'est pour le libertin une position irrationnelle et viscérale, qui n'est pas le fruit d'une analyse ni d'une décision, dont l'éviction ne peut pas en conséquence ressortir au raisonnement. Au moins peut-on lui faire avouer que c'est ce parti pris, difficile à soutenir théoriquement, qui gouverne sa vie. Que s'il voulait agir de façon raisonnable, c'est contre ce parti pris qu'il lui faudrait lutter.

Le pari, soutenons-nous, est un argument inefficace. Il faut s'entendre sur ce point. A aucun moment l'apologiste du fragment 418 ne cherche à fournir des preuves de l'existence de Dieu (il se fonde même sur l'impossibilité de ce travail) ; ce n'est donc pas bien sûr inefficacité de sa part de n'en point obtenir. En revanche, il se fixe bien pour tâche de définir une stratégie, une façon d'agir, qui soit, compte tenu de l'ignorance nécessaire de l'homme, la meilleure possible et qu'il est donc logique d'adopter si le projet est accompli. En ce sens l'argument est inefficace puisqu'il ne suffit pas à faire parier l'incroyant pour Dieu, qu'il n'atteint pas l'objectif déclaré. Cela signifie pas néanmoins que la démonstration ait été inutile ni même que sa rigueur ne lui ait rapporté aucun bénéfice.

Dans la section « Miracles », c'est-à-dire parmi les textes qui sont à l'origine même de son projet d'apologie, Pascal s'interroge ouvertement sur la nécessité de preuves et d'arguments que la grâce divine, seule péremptoire, voue *a priori* à l'inefficacité. Si Dieu est celui qui convertit et le seul qui puisse convertir, quel est l'enjeu d'une apologie humaine comme celle qu'entreprend Pascal ? Cette contradiction fondamentale des *Pensées*, sur laquelle achoppe la critique, est par excellence celle du fragment 418. Elle entache les efforts du géomètre ; elle est le sujet véritable de cette scène où se déploie en vain la rhétorique d'un Chrétien, où se révèle inutile l'attention d'un incroyant.

> Les prophéties, les miracles mêmes et les preuves de notre religion ne sont pas de telle nature qu'on puisse dire qu'ils sont absolument convaincants, mais ils le sont aussi de telle sorte qu'on ne peut dire que ce soit être sans raison que de les croire (fr. 835, début).

Le pari donne l'exemple d'une de ces preuves insuffisantes qui n'amènent pas un incroyant à la religion mais qui donnent aux croyants le pouvoir de fonder en raison leur croyance.

> Ainsi, poursuit Pascal, il y a de l'évidence et de l'obscurité pour éclairer les uns et obscurcir les autres, mais l'évidence est telle qu'elle surpasse ou égale pour le moins l'évidence du contraire, de sorte que ce n'est pas la raison qui puisse déterminer à ne la pas suivre, et ainsi ce ne peut être que la concupiscence et la malice du cœur» (*ibid.*).

L'évidence est la possibilité de voir par soi-même, de se convaincre, sans le secours de la grâce, au prix d'une recherche plus ou moins difficile mais accomplie grâce aux seules forces humaines. La religion chrétienne possède ce caractère d'évidence, elle le possède même à un degré tel qu'il est au moins aussi raisonnable de croire que de ne pas croire. Etrange statut de la raison et étrange appui qu'elle offre à la religion : assez puissante pour justifier, elle ne l'est pas assez pour entraîner. Les raisons de croire équilibrent les raisons de ne pas croire, elles les dépassent peut-être même, et néanmoins il reste et il restera des incroyants. La conclusion est la même que celle du pari : si la raison ne peut conduire à croire alors même qu'elle est victorieuse, c'est que la raison non plus ne sous-tendait pas la position des incroyants, malgré leur dire. Pascal ne veut pas en tant qu'apologiste mettre la raison de son côté, il veut en priver ses adversaires et s'en priver lui-même simultanément, opposer suffisamment de preuves en faveur de la religion pour qu'elles fassent pendant aux raisons de ne pas croire. Une fois cet équilibre établi, le problème est déplacé, il faut chercher ailleurs les causes profondes de la foi et de l'incroyance. On voit combien il est à la fois nécessaire que le raisonnement du fragment 418 soit solide, et inéluctable qu'il échoue dans ses efforts pour convaincre.

> Il y a assez d'évidence pour condamner, et non assez pour convaincre, afin qu'il paraisse qu'en ceux qui la suivent [i.e. qui suivent l'évidence qui mène à croire] c'est la grâce et non la raison qui fait suivre, et qu'en ceux qui la fuient c'est la concupiscence et non la raison qui fait fuir (fr. 835 - fin).

La concupiscence, fruit de la chute, est la vraie cause de l'incroyance, et la grâce divine, le seul remède efficace, la seule aide par laquelle l'homme puisse effectivement suivre la voie que lui désignait l'évidence (sa raison humaine) mais toujours vainement.

Ainsi l'inefficacité première des arguments rationnels n'est pas inutile. Il n'est pas vain d'élaborer un discours de raison qui mène à Dieu. Sur un plan eschatologique d'abord, parce qu'en ne se laissant pas convertir par des motifs convaincants, l'homme devient responsable de son incroyance ; si la foi n'était pas humainement accessible, l'homme ne serait pas condamnable de l'ignorer. La conclusion du fragment 835 le dit sans ménagement : ce qui ne suffit pas à convaincre sert au moins à condamner. L'apologétique se transforme alors en redoutable machine a créer la culpabilité, ou pour le moins en la plaidoirie d'un procureur général qui en augmentant les raisons de croire ne travaille qu'à aggraver la faute de l'incroyance. En l'absence d'efficacité propre, l'apologie ne conserve que ce pouvoir terrible de rendre le crime manifeste [1].

Il n'est pas question heureusement d'en rester là car tant le fragment 835 que l'argument du pari débouchent sur une prise de conscience qui donne finalement à agir. Mettre le libertin en situation de se convaincre intellectuellement et de ne pas se convertir c'est, nous l'avons vu, l'obliger à reconsidérer l'origine de sa volonté et s'ouvrir à un tout autre discours, le « discours de la Machine ».

> Ordre. Après la lettre qu'on doit chercher Dieu, faire la lettre d'ôter les obstacles qui est le discours de la Machine, de préparer la Machine, de chercher par raison (fr.11).

Il ne fait pour nous aucun doute que l'hypothèse de Philippe Sellier est juste, quand il veut voir dans le texte que nous intitulons le « pari » l'ébauche déjà développée de ce discours de la Machine.

La machine est tout ce qui dans l'homme ressortit au mécanique, qui le pousse irrésistiblement à agir sans qu'interviennent sa conscience et sa volonté. Instance tyrannique, au sens pascalien du terme, puisqu'elle empiète sur un domaine qui devrait lui échapper, elle offre finalement au libertin le seul moyen de lutter contre une autre tyrannie, celle des passions. L'expérience de la raison inefficace

1. Voir les remarques de J.-L. Marion sur le rôle de l'apologétique, qui vise paradoxalement à « renforcer la difficulté, en la situant à son authentique dignité… » (*Prolégomènes à la charité* [1986]), p. 80.

a en effet amené une certitude : les passions sont le véritable obstacle, la force qui détermine réellement la volonté. D'où la conclusion pratique : « Travaillez non pas à vous convaincre par l'augmentation des preuves de Dieu, mais par la diminution de vos passions ». Si le libertin a réellement le désir de se convertir, il lui faut donc inverser sa stratégie, et puisque les facultés nobles de l'homme, sa raison, ne le gouvernent qu'en apparence, il agira sur le moteur réel de ses actes, il s'abêtira. L'abêtissement est la ruse qui consiste à utiliser l'inertie du corps pour faire pièce à la tyrannie des passions, plier son corps, sa « machine », à un respect extérieur des préceptes de la religion, à une affectation de conversion; faire « comme si » jusqu'à ce que la coutume, véritable maîtresse de nos actions, ait retourné la prévention initiale qui paralysait notre raison. « Cela diminue les passions qui sont vos grands obstacles ».

Le fragment 418 remplit donc sur deux points le programme formulé dans la liasse « ordre ». Il montre tout d'abord « que la religion n'est point contraire à la raison » (fr.12) et il constitue cette « lettre d'ôter les obstacles qui est le discours de la Machine » (fr.11). Les deux temps sont étroitement solidaires; c'est la puissance du premier (l'exposé rationnel) alliée à son insuffisance (son inefficacité immédiate) qui permet d'accepter le scandale du second, l'abaissement qu'il représente. Pascal énonce cette solidarité dans une autre formule de la liasse « ordre », lapidaire et quelque peu obscure, mais qui à la lumière de notre analyse définit clairement le fragment du pari : « Lettre qui marque l'utilité des preuves. Par la Machine » (fr.7).

Ainsi se reconstitue l'amorce de l'apologie, telle que la laissent entrevoir les notations de la liasse « ordre ». Une première lettre est désignée comme « lettre d'exhortation à un ami pour le porter à chercher » (fr.5) ou plus simplement « lettre qu'on doit chercher Dieu » (fr.11). C'est sans doute le développement que recouvrent les séries III et IV de l'édition Lafuma. Dans cette « lettre » ou dialogue – la forme reste encore imprécise – l'apologiste se contente de capter la bienveillance de son interlocuteur et de lui faire accepter de se poser la question de Dieu. La tâche est ardue car elle implique de lutter contre un « enchantement incompréhensible », « un assoupissement surnaturel » (fr.427) qui écarte l'homme de l'interrogation religieuse. Une fois qu'il a accordé son attention, sa bienveillance peut-être, l'incroyant est prêt à sonder les preuves qu'on va lui présenter et à examiner des démonstrations qu'il aurait auparavant révoquées sans même les entendre. Le pari et son fondement mathématique sont alors produits comme preuve par excellence, parangon de vérité démontrable. Le pouvoir de conviction du pari se révélant insuffisant, c'est ainsi le recours aux preuves qui se trouve mis en cause. Il faut prendre une autre voie pour s'approcher de Dieu, ou plus exactement renoncer à faire davantage qu'à se mettre en l'attente de Dieu, c'est-à-dire ôter les obstacles que lui opposent les passions, préparer la Machine.

4. Persistance du pari

Le pari n'aura donc été qu'une étape malheureuse, justifiée en dernier recours par la leçon qui se dégage de son échec. Ou pour tout résumer en une formule cinglante, le pari c'est la preuve que les preuves ne valent pas. Un autre argument aurait pu en théorie tenir sa place, se montrer également inopérant et amener à la même conclusion morale : qu'il ne faut plus travailler à se « convaincre par l'augmentation des preuves de Dieu ». La nature particulière de ce raisonnement géométrique et ludique ne reste cependant pas sans importance même une fois sa défaite consommée. Son aspect arithmétique et délibérément utilitariste lui confère une valeur d'objectivité qu'un argument plus édifiant, plus adapté à son objet, n'aurait certainement pas revêtue. La bassesse d'inspiration du pari prend vraiment le libertin avant la conversion, ne présuppose en lui aucune hauteur morale ni préoccupation sublime. L'échec d'un tel discours est d'autant plus significatif qu'il parle le langage même de celui qu'il veut convaincre.

Mais surtout, la métaphore du jeu n'est pas neutre. Elle impose insidieusement de modifier la représentation de l'incroyance et force le non-chrétien à tenir son rôle d'une tout autre façon. Initialement il pouvait se présenter, soit sans détours comme un homme à qui ne se pose pas la question religieuse, soit avec plus de précaution comme quelqu'un qui n'a jamais jugé bon d'embrasser la foi chrétienne faute de preuves ou de motifs assez déterminants, qui a donc laissé l'affaire en suspens en attendant de pouvoir prendre position. Or la forme du pari interdit précisément de se situer en dehors ou dans l'expectative. C'est une structure étroitement binaire. Les exemples simples que nous avons invoqués nous ont bien permis de le dégager : les conditions d'un pari sont réunies quand un choix s'impose entre deux comportements également légitimes et qu'un refus de s'engager, une manœuvre dilatoire ramèneraient inéluctablement à s'être décidé dans un sens. Si on le tire des salons et des bars où il ne subsiste qu'à l'état affadi de passe-temps et qu'on lui rende sa signification pleine, le pari est par excellence l'activité de l'engagement, la pure obligation de s'exposer, le moment où, aucun argument ne pouvant soulager la décision, elle apparaît dans sa plénitude de risque.

Transposée dans le domaine religieux, la situation est bien plus tragique qu'il ne semble au premier abord. Car si le libertin accepte de raisonner de sa foi en termes de pari, dire comme il le fait en conclusion qu'il ne peut parier pour Dieu, c'est admettre formellement qu'il parie contre – décision qu'il n'a jamais prise et qui n'est pas pour lui plus confortable, plus facile à assumer que la précédente. La démonstration du géomètre ne suffit pas à modifier l'engagement de l'incroyant certes, mais elle l'oblige à s'avouer engagé. Il s'imaginait dans une honnête expectative, prêt à se rendre à une raison suffisante, Pascal lui renvoie l'image d'un homme pris dans un processus irrationnel analogue à un jeu de hasard et dans lequel il a depuis longtemps tranché. Sa responsabilité est encore plus écrasante si l'on suit rigoureusement, comme nous l'avons fait, la logique de la métaphore et la situation que suggère la notion de parti. L'incroyant en effet a choisi de mettre fin au jeu auquel il participait sans le savoir et d'échanger contre un bénéfice dérisoire un privilège tel qu'il n'aurait jamais pu l'acheter lui-même. Inconscient et dilapidateur, tels sont les deux qualificatifs que lui mérite son imprudence.

Celui qui joue en se croyant hors jeu et qui, sans en avoir conscience, exerce toutes ses prérogatives de joueur (interrompre le jeu en est une), fait preuve d'une duplicité ou d'un aveuglement que Pascal se plaît à mettre en relief. Les fondements de notre connaissance par exemple sont l'objet d'un pari : espace, temps, mouvement, nombre – tous ces termes essentiels que l'on ne sait définir, on les suppose reçus également par tous. L'hypothèse n'est pas absurde (il y a «bien à *parier* pour l'affirmative», «les académiciens auraient *gagé*» fr. 109) mais enfin ce n'est jamais là qu'une hypothèse adoptée sans garantie, quelle que soit la rapidité avec laquelle on oublie la fragilité de son établissement.

Dans le domaine moral le procédé devient autrement grave. En marge du discours «Infini rien», Pascal dénonce ainsi un autre pari, non moins inconscient mais bien plus contestable.

> Je dis que le cœur aime l'être universel naturellement et soi-même naturellement, selon qu'il s'y adonne, et il se durcit contre l'un ou l'autre à son choix. Vous avez rejeté l'un et conservé l'autre ; est-ce par raison que vous vous aimez ? (fr.423).

La nature n'est pas concernée, elle cautionne rétrospectivement le choix opéré. Et ce choix n'est pas le résultat d'une analyse mûrie, mais simple spontanéité, hasard presque, coup de force opéré sans raison.

L'homme croit suivre une pente naturelle en s'aimant soi-même. Il a parié en réalité que la nature du cœur humain était de s'aimer avant tout. De ce que le pari est resté inconscient il ne faudrait pas conclure qu'il ne s'est pas produit. Entre deux possibilités exclusives l'homme devait en choisir une : aimer Dieu, s'aimer soi-même, les deux choix sont aussi peu raisonnables ; on ne peut trancher qu'en pariant. L'idée de nature ne sert en fin de compte qu'à masquer la réalité du pari.

Que gagne Pascal à imposer ainsi à l'homme cette étiquette de parieur ? Essentiellement de le convaincre d'arbitraire tout en engageant sa responsabilité. On croit volontiers que l'amour-propre représente une situation normale, antérieure à toute prise de position. Certains optent pour une vie d'ascétisme et d'abnégation : c'est un choix exprès. Les autres, qui n'envisagent pas une telle extrémité, s'imaginent, dans l'expectative, qu'ils respectent le *statu quo*. Or il n'y a pas de *statu quo*, mais deux engagements symétriques, qui représentent également l'exercice d'un arbitraire. Celui qui se croyait encore innocent parce qu'il remettait indéfiniment les problèmes à plus tard, aurait à la rigueur compris qu'on l'accuse de nonchalance : il se trouve brutalement désigné comme un homme qui a déjà résolu les problèmes.

Ce qui caractérise l'engagement du pari (et qui lui confère sa dimension tragique) c'est qu'il s'accompagne tout naturellement de l'inconscience. Le pari ramène en effet tous les comportements, et au premier chef l'inaction, à l'une des résolutions auxquelles il borne le possible. Rien alors de plus banal que de parier sans le savoir et, en ignorant superbement un problème, d'exercer néanmoins son pouvoir de choix. L'effet psychologique de cette révélation n'est pas négligeable : on peut reconnaître avec une certaine tranquillité l'indécision où l'on se complaît ; on ne se trouble pas bien entendu de la décision que l'on ignore avoir prise ; mais la découverte que l'on s'est objectivement engagé, à son insu, provoque une inquiétude pénible et l'angoisse de la responsabilité. Pascal joue précisément sur ce ressort psychologique, et c'est en cela que la métaphore même du pari a une importance capitale dans l'amorce de l'apologie.

L'efficacité rhétorique du thème et l'utilisation qu'en fait Pascal pour entamer la résistance du libertin, apparaissent clairement dans la « Lettre pour porter à rechercher Dieu », c'est-à-dire si nos hypothèses sont exactes, dans le texte qui aurait ouvert l'apologie. Pascal fait le tableau des « hommes qui vivent dans l'indifférence » :

> Ils ne savent pas s'il y a vérité ou fausseté dans la chose [i.e. l'éternité de misère], ni s'il y a force ou faiblesse dans les preuves.

> Ils les ont devant les yeux; ils refusent d'y regarder, et, dans cette ignorance, ils prennent le *parti* de faire tout ce qu'il faut pour tomber dans ce malheur *au cas* qu'il soit... (fr.428, nous soulignons).

Prendre un parti dans l'ignorance en misant sur une hypothèse, c'est bien une fois encore de parier qu'il s'agit. Les indifférents sont dupes de leur indifférence : ils ont pris un parti en réalité, et choisi un camp. Le pari est resté tacite, d'où la force de la révélation qui consiste à en énoncer clairement les termes. Il ne suffit pas d'ignorer et de se maintenir dans l'ignorance pour être exempté d'agir; le pari se prend par la propre logique de la réalité, qu'on en ait ou non conscience, et les incroyants comme les croyants en ont pris un : l'agnosticisme n'existe pas davantage que l'indifférence.

Le but de l'argument du pari n'est pas de faire parier l'incroyant pour Dieu; nous avons vu que malgré l'appui de la géométrie, il échouait dans cette entreprise qui dépasse de trop son pouvoir de simple argument rationnel. Un des effets essentiels du pari finalement est de donner à l'incroyant le sentiment qu'en ne pariant pas pour Dieu il a déjà parié contre Dieu. Ce à quoi l'invite donc le discours de la Machine, c'est à prendre les moyens de *re-parier* différemment. Dans la métaphore même du jeu réside la force profonde du texte et son pouvoir mobilisateur.

La phrase que rajoute sur ce point l'édition de Port-Royal est parfaitement conforme à la teneur de l'argument : « Ne parier point que Dieu est, c'est parier qu'il n'est pas » [1]. Or Pascal n'a pas jugé bon de formuler aussi explicitement l'alternative sur laquelle repose son discours. Tout mène le lecteur à tirer lui-même cette conclusion (« il faut parier », « vous êtes embarqués », « il faut choisir ») et c'est bien la signification profonde de l'image du pari. Mais l'énoncer clairement serait attirer l'attention sur une fragilité du texte, montrer qu'une partie de sa puissance réside dans un postulat : la pertinence de la métaphore du pari. Dès qu'il l'accepte, l'incroyant est pris dans la logique terroriste du pari, mais Voltaire en lisant la phrase de Port-Royal prend ses distances :

> Il est évidemment faux de dire : *Ne point parier que Dieu est, c'est parier qu'il n'est pas*; car celui qui doute et demande à s'éclairer ne parie assurément ni pour ni contre [2].

1. Edition des *Pensées* dite de Port-Royal (1670), p. 55.
2. VOLTAIRE, *loc.cit.*

L'objection consiste à refuser que la question de la foi soit représentée par la métaphore du pari. Si on admet la possibilité d'une position neutre (le doute, l'agnosticisme), on sort en effet totalement de la perspective pascalienne dans le fragment 418. Voltaire ne réfute donc aucunement l'argumentation de Pascal, il la refuse, montrant nettement de la sorte que le meilleur moyen de résister au pari est de contester dès l'abord sa dimension allégorique.

5. Travail psychologique du pari : l'impuissance et le désir

Le fragment « Infini rien » est un texte trompeur. Sous ses apparences démonstratives il ne cherche pas tant à prouver qu'à ébranler, à bouleverser. Son effet psychologique se révèle en conclusion sa force principale. Il travaille son lecteur, le met dans une situation paradoxale telle que toute retraite pour lui devienne impossible, que disparaisse avec l'espoir d'une position cohérente le désir même de résister aux arguments futurs de l'apologiste. A la fin du texte, l'incroyant, dégoûté de son incroyance mais incapable de la foi, s'en va grossir le nombre des hommes « malheureux et raisonnables » (fr.160) qui cherchent Dieu sans l'avoir trouvé.

La confrontation au « pari » est pour le libertin une expérience traumatisante. Pascal lui ôte le recours à la raison pour connaître la vérité au moment même où il lui interdit de s'en désintéresser. Ignorance et contrainte sont les composantes nécessaires d'un pari. L'incroyant apprend conjointement que sur Dieu on ne peut que parier (la raison n'est d'aucune aide) et que sur Dieu on ne peut pas ne pas parier (on est embarqué, aucune place n'est laissée au doute). La situation est inconfortable, elle devient proprement intenable à l'issue de la démonstration. Le libertin alors a accepté la nécessité de parier, il a pris conscience qu'il avait déjà spontanément parié contre Dieu et il s'est laissé convaincre que seul le pari pour Dieu était avantageux. Or tout cela vient buter contre l'absence de la grâce, l'impossibilité essentielle de se convertir. Il ne peut toujours pas croire en Dieu mais il ne peut plus ne pas croire en lui. Il n'y a pas de lieu possible où se réconcilieraient son existence inchangée et son désir nouveau. L'un et l'autre lui échappent. Ou plutôt il sent qu'il s'échappe à lui-même. Dans la présentation qu'il fait de son égarement, on peut entrevoir l'horreur d'une désappropriation, comme si sa volonté devenait étrangère et se mettait à contredire son désir. « J'ai les mains liées et la bouche muette ». On ne peut qu'être frappé par la passivité de la formule. L'incroyant semble nous signifier que les mots refusent de passer par sa bouche, qu'il voudrait prononcer des paroles de foi mais que sa bouche est telle qu'elle ne lui obéit pas. Constatation horrifiée de celui qui vient à peine de découvrir sa responsabilité, qu'il n'a pas les moyens de l'exercer : s'il ne fait rien il parie contre Dieu, et il ne peut pas agir, il a « les mains liées ». Sa nature, dit-il, le trahit, il en est la victime : « Je suis fait d'une telle sorte que... ».

On retrouve à un autre endroit des *Pensées* une situation comparable bien que la question soit apparemment moins tragique. Il s'agit encore une fois d'un pari, celui que doivent prendre les hommes entre les positions sceptiques et le dogmatisme.

> Voilà la guerre ouverte entre les hommes, où il faut que chacun prenne parti, et se range nécessairement ou au dogmatisme ou au pyrrhonisme. Car qui pensera demeurer neutre sera pyrrhonien par excellence [...] Qui n'est pas contre eux est excellemment pour eux (fr.131).

Il n'y a que deux places possibles et on ne saurait rester en dehors du conflit. Comme dans le fragment 418 ceux qui veulent échapper à l'engagement se sont malgré eux nettement prononcés. Seulement il n'y a pas de lieu occupable dans cette alternative ; chaque secte à sa manière contredit gravement un sentiment indéfectible de l'homme. « Vous ne pouvez fuir une de ces sectes ni subsister dans aucune ». Contraint de choisir exclusivement entre deux positions également impossibles, l'homme ne peut que se déchirer tout en concluant à son propre paradoxe.

> Connaissez donc, superbe, quel paradoxe vous êtes à vous-même. Humiliez-vous, raison impuissante ! Taisez-vous nature imbécile, apprenez que l'homme passe infiniment l'homme (fr.131).

Dans un texte sans doute antérieur[1], l'écrit *Sur la Conversion du pécheur,* Pascal exposait avec les mêmes accents la situation littéralement intenable de l'incroyant atteint par l'idée de Dieu :

> D'une part la présence des objets visibles touche [son âme] plus que l'espérance des invisibles, et de l'autre la solidité des invisibles la touche plus que la vanité des visibles. Et ainsi la présence des uns et la solidité des autres disputent son affection ; et la vanité des uns et l'absence des autres excitent son aversion ; de sorte qu'il naît dans elle un désordre et une confusion...[2]

1. Sa datation précoce est cependant discutée par J. Mesnard (*O.C.* IV, p.35-39).
2. PASCAL, « Sur la conversion du pécheur », *Œuvres Complètes,* Le Seuil (coll. « L'intégrale »), p. 290.

La nouvelle règle des partis certes permet de mesurer et de comparer avec précision la valeur de l'objet absent et la petitesse de l'objet présent, de conclure rationnellement que le premier est le plus désirable. Mais l'impuissance du libertin à traduire l'analyse dans les faits le remet dans cette position de « désordre » et de « confusion ». Dans l'opuscule comme dans le fragment 418, l'émergence d'un infini, même encore incertain, réduit à néant toutes les valeurs établies. L'âme du pécheur « considère les choses périssables comme périssantes et même déjà péries », « comme un néant tout ce qui doit retourner dans le néant »[1]. Dans les deux textes revient l'image d'une personne « ayant perdu le chemin et connaissant son égarement »[2].

« Que voulez-vous que je fasse ? » demande l'incroyant dans un cri de détresse qui est le sommet tragique du fragment 418. Il n'y a, à strictement parler, rien à faire. L'« abêtissement » n'est pas un acte déterminant mais une certaine façon d'attendre. Rien n'assure que cette stratégie mécanique, la seule possible, portera ses fruits. Le texte ne se conclut cependant pas sur la tragédie de la conversion nécessaire et impossible, sur cette distorsion de la réalité et du désir, mais sur l'espoir que constitue la naissance du nouveau désir. « O ce discours me transporte, me ravit ».

L'ultime renversement est parfaitement conforme au projet pascalien. Dans un premier temps le désespoir du libertin correspond a la définition que donne Pascal de la mauvaise crainte dans la section « Miracles », la crainte qui vient de « ce qu'on doute si [Dieu] est ou non » et qu'on appréhende de trouver « un Dieu auquel on n'a point eu foi » (fr.908). Un des buts que Pascal a fixés à son apologie est de transformer cette crainte en un désir inverse. C'est une faiblesse essentielle de l'homme de ne recevoir dans son âme que les opinions qui lui agréent et non celles dont il a eu la preuve. « Cette voie est basse, indigne et étrangère : aussi tout le monde la désavoue. Chacun fait profession de ne croire et même de n'aimer que s'il sait le mériter »[3]. Mais malgré les dénégations de principe, il serait vain de vouloir convaincre un homme d'une opinion qui lui déplaît. L'apologiste, qui de toute façon n'a pas les moyens de convertir, cherchera donc au moins à agir sur le désir de l'incroyant.

> Les hommes ont mépris pour la religion. Ils en ont haine et peur qu'elle soit vraie. Pour guérir cela il faut commencer par montrer

1. *Ibid.*
2. *Ibid.*
3. PASCAL, « De l'esprit géométrique et de l'art de persuader », *Œuvres Complètes*, Le Seuil (coll. « L'intégrale »), pp. 355-356.

> que la religion n'est point contraire à la raison. Vénérable, en donner respect. La rendre ensuite aimable, faire souhaiter aux bons qu'elle fût vraie et puis montrer qu'elle est vraie (fr.12).

Le désir de trouver est insuffisant, il est même terrible compte tenu de l'impossibilité essentielle de trouver, mais c'est un progrès par rapport à la crainte initiale de trouver. On ne se convertit pas sans la grâce divine mais le désir est au moins une disponibilité, une ouverture à la grâce, une certaine forme de prière. En prouvant que le pari pour Dieu est avantageux, le fragment 418 montre d'une certaine façon que la religion est raisonnable ; il transforme surtout la crainte première en désir. Qu'on observe sur ce point l'évolution des réactions que Pascal prête au libertin. Celui-ci après la démonstration mathématique commence par souhaiter des preuves plus solides. En demandant à « voir le dessous du jeu », il essaye certes de détruire le risque inhérent au pari mais pour la première fois il exprime l'envie d'être convaincu. La nature du pari interdit formellement de satisfaire son désir. Ce dernier reste cependant manifeste dans toute la fin du dialogue : « vous *voulez* aller à la foi », « vous *voulez* vous guérir de l'infidélité », des « gens qui savent ce chemin que vous *voudriez* suivre et guérir d'un mal dont vous *voulez* guérir ». Plus qu'une solution miracle qui viendrait dissiper l'impossibilité fondamentale, l'appel à la Machine apparaît alors un moyen temporaire pour alimenter ce nouveau désir de Dieu, empêcher qu'il ne dépérisse.

> [L'ami] répondrait qu'il serait heureux de trouver quelque lumière. Mais que selon cette religion même quand il croirait ainsi cela ne lui servirait de rien. Et qu'ainsi il aime autant ne point chercher. Et à cela lui répondre : La Machine (fr.5).

A quoi sert le pari ? A qui s'adresse-t-il ? Le texte annonce explicitement l'incompatibilité de la métaphore avec la foi véritable. Les croyants par la foi connaissent l'existence de Dieu (quoiqu'ils doivent encore attendre pour connaître sa nature) ; ne peut être invité à parier sur Dieu que celui qui ignore tout de Dieu, c'est-à-dire celui qui a pour seul instrument de connaissance sa raison. Personne finalement ne parie. Pour celui qui est privé de la grâce divine et qui n'a pas la foi, le pari est au-dessus des forces humaines. Le libertin du fragment « Infini rien » accède au désir mais reste incapable de parier. Pour celui qui a la foi au contraire la question du pari ne se pose plus : la certitude intime de la présence divine a remplacé les notions de risque et d'ignorance. « Vous connaîtrez à la fin que vous avez parié pour une chose certaine, infinie, pour laquelle vous n'avez rien donné. » En d'autres termes : vous apprendrez en trouvant la foi que vous n'avez pas parié. Le pari n'existe donc que comme simple désir dans l'âme de celui qui n'a pas les moyens de croire, conviction que s'engager pour Dieu est le comportement le plus souhaitable et néanmoins irréalisable – espoir et tragédie selon l'aspect auquel on s'attache.

Il y a deux façons symétriques de fausser, voire de détruire l'apologie pascalienne. La première, celle de Goldmann, est d'accorder la première place au pari, ne voyant pas que la valeur de ce texte n'est que temporaire, qu'il ne saurait donner aucune image définitive de la foi, qu'il ne concerne en rien les croyants. L'autre façon, la plus fréquente, est de repousser le pari dans les marges de l'apologie et d'ignorer sa valeur temporaire, qu'il constitue un soubassement indispensable sur lequel s'appuieront toutes les analyses ultérieures.

En limitant le fragment « Infini rien » à l'examen du pari, c'est-à-dire en ne prenant pas en compte l'ensemble de l'argument (son malheur, sa raison ultime), on perd à la fois le sentiment de son efficacité rhétorique et de son véritable enjeu théorique. Le fragment 418 est un discours de commencement pour capter l'écoute. Cette fonction est tenue essentiellement par l'idée de jeu : convaincre l'incroyant qu'il participe à un jeu, que dans ce jeu il a déjà pris parti ; lui donner enfin le désir de jouer différemment tout en lui faisant éprouver que ce désir est inopérant. Pascal transforme ainsi une indifférence initiale en frustration. L'important alors est que la demande ait changé d'origine. Ce n'est plus l'apologiste qui propose. Le libertin égaré et conscient de son égarement, privé dorénavant de tout lieu où il puisse se reposer, supplie ceux qui savent le chemin de bien vouloir le lui enseigner. Le pari intenable reste comme sa mauvaise conscience, le sentiment simultané de sa responsabilité et de son impuissance.

Le profit est aussi théorique : l'impossibilité de parier que dénonce le libertin par son propre exemple a une signification plus générale. Il est devenu manifeste que la raison humaine ne tenait aucun rôle moteur dans l'événement de la conversion ; qu'une fois encore, comme les *Pensées* le montrent constamment, la raison ne sert qu'à enregistrer les désirs et à s'y substituer en apparence pour les rendre avouables. Est fondé ici le principe d'une apologie doublement réaliste : d'abord parce qu'elle respecte l'incohérence effective de l'homme, ensuite parce qu'elle accepte – au risque de perdre toute justification – que Dieu seul soit celui qui donne la foi.

CHAPITRE VIII

LE PLAN DIVIN

L'argument du pari nous installe dans l'hypothèse unique du jeu de hasard : un monde sans cohérence, rebelle à tout effort de mise en ordre, un « chaos infini » (fr.418). Le seul moment qui échappe au règne de l'aléatoire est celui de la conclusion, inéluctable. Dans ces conditions, il ne reste plus qu'une possibilité d'agir, qui est d'anticiper la conclusion, mais sans espérer aucun secours de la raison : elle « ne peut rien déterminer » (*ibid.*). La part laissée au hasard est cependant trop belle. Il ne serait pas honnête d'achever cette étude sans remettre en cause l'absolutisme du hasard que nous avons jusqu'ici admis. La perspective du pari est juste, mais conjoncturelle. Pour l'incroyant, elle reste la seule possible, parce qu'il est par définition insensible à une rationalité que révélerait la foi. Mais la logique du jeu, que nous avons explorée, n'est pas la logique ultime du monde : elle est démentie, aux yeux du chrétien, par une série de convergences qui attestent l'existence d'une volonté organisatrice, d'un plan en œuvre derrière le chaos apparent. La nouvelle lumière que donne la foi réduit la contingence à une illusion, vidant par là même de toute signification la stratégie du pari.

> Vous connaîtrez à la fin que vous avez parié pour une chose certaine... (fr.418).

1. *L'illusion du hasard*

À l'occasion de la mort de son père, Pascal envoie à Gilberte et Florin Périer une lettre en forme de méditation, qui débute par le refus solennel de reconnaître la moindre place au hasard en cette circonstance, et par la proclamation symétrique d'un ordre voulu par Dieu. La mort d'Étienne Pascal est regardée par son fils, non pas comme un effet du *hasard*, non pas comme une fatalité de la nature, non pas comme le jouet des éléments et des parties qui composent l'homme (car Dieu n'a pas abandonné ses élus au caprice et au *hasard*), mais comme une suite indispensable, inévitable, juste, sainte, utile au bien de l'Église et à l'exaltation du nom et de la grandeur de Dieu, d'un arrêt de sa Providence conçu de toute éternité pour être exécuté dans la plénitude de son temps, en telle année, en tel jour, en telle heure, en tel lieu, en telle manière ; et enfin que tout ce qui est arrivé a été de tout temps présu et préordonné en Dieu [1].

L'intervention de Dieu dans l'histoire des hommes n'est pas limitée à la catastrophe de la mort, dont nous avons dit qu'elle imposait un terme à la pensée du hasard, pour l'incroyant comme pour le croyant. Dans une autre lettre, adressée à Mlle de Roannez, Pascal étend à tous les événements ce caractère de nécessité quasi religieuse. Une formule résume sa confiance absolue en l'intelligence finale d'un ordre au premier abord problématique :

J'ai appris que tout ce qui est arrivé a quelque chose d'admirable, puisque la volonté de Dieu y est marquée [2].

Dans un monde en proie au hasard, il est inévitable que les phénomènes signifiants soient comme noyés, confondus dans la générale contingence. L'incarnation de Jésus-Christ dans l'histoire humaine en donnera un exemple extrême. C'est pour le chrétien l'événement suprême tant désiré ; la considération du Christ permet enfin d'échapper à l'incohérence :

Jésus-Christ est l'objet de tout et le centre où tout tend. Qui le connaît connaît la raison de toutes choses (fr.449).

Mais la rédemption se déroule selon l'enchaînement aléatoire de toutes les actions humaines. Pascal en fait la remarque à propos d'un épisode de la passion du Christ, qu'il analyse précisément.

Le mot de "Galilée" que la foule des Juifs prononça comme *par hasard* en accusant Jésus-Christ devant Pilate donne sujet à Pilate d'envoyer Jésus-Christ à Hérode. En quoi fut accompli le mystère qu'il devait être jugé par les Juifs et les Gentils. Le *hasard* en

1. « Lettre de M. Pascal à M. Périer, son beau-frère ; au sujet de la mort de M. Pascal, son père » (17 oct. 1651). PASCAL, *Œuvres Complètes*, édition J. Mesnard, t. II, p. 852 (nous soulignons).

2. Lettres aux Roannez : lettre III, de septembre ou octobre 1656. PASCAL, *Œuvres Complètes*, « l'Intégrale », p. 266.

apparence fut la cause de l'accomplissement du mystère» (fr.550, nous soulignons).

Il ressort de l'Évangile de Luc que les Juifs ne désiraient pas particulièrement faire état, devant Pilate, de l'origine galiléenne de Jésus. Ils insistent sur son activité séditieuse et c'est au détour d'une phrase, par inadvertance[1], qu'ils mentionnent ce dernier détail, perdu dans des précisions géographiques.

> Pilate dit alors aux grands prêtres et à la foule : «Je ne trouve rien de coupable en cet homme». Mais eux d'insister : «Il soulève le peuple, enseignant par toute la Judée, depuis la Galilée, où il a commencé, jusqu'ici». À ces mots, Pilate demanda si l'homme était Galiléen... (Luc 23, 4-6).

L'allusion à la Galilée, superflue dans le réquisitoire des Juifs, semble parfaitement contingente, du moins si l'on s'en tient à la logique apparente des faits. Car elle revêt en définitive une importance primordiale, puisque, en suscitant la comparution de Jésus devant Hérode, elle accomplit la prédiction du Psaume 2, que les divers pouvoirs s'uniraient contre l'envoyé de Dieu[2]. Quant à la réconciliation d'Hérode et de Pilate, issue de cet épisode, Pascal en donne une interprétation qui montre aussi sa nécessité, dans l'ordre de la révélation.

> Hérode et Pilate devinrent amis : la *raison temporelle* en est que l'un et l'autre s'étaient rendu une déférence civile en cette occasion, mais la *raison mystique* est que Jésus devant réconcilier en sa personne les deux peuples Juif et Gentil en détruisant les inimitiés en sa personne par sa croix, voulut pour marque de cette paix réconcilier dans l'occasion de sa passion ces deux pour amis[3].

1. Ou bien peut-être, «pour colorer leur accusation de quelque circonstance vraisemblable», si l'on prend la justification plus psychologique que propose Pascal dans *l'Abrégé de la vie de Jésus-Christ* («l'Intégrale», p. 306).

2. «Les rois de la terre se lèvent, les princes conspirent contre Yahvé et son Oint» (Psaume 2, v.2).

Le rapprochement entre le deuxième psaume et le passage de l'Évangile de Luc est opéré dans les *Actes des Apôtres* : «C'est une ligue en vérité qu'Hérode et Ponce Pilate avec les nations païennes et les peuples d'Israël ont formée dans cette ville contre ton saint serviteur Jésus, que tu as oint; ils n'ont fait ainsi qu'accomplir tout ce que, dans ta puissance et ta sagesse, tu avais déterminé par avance» (*Actes* : IV, 27-28).

3. *Abrégé de la vie de Jésus-Christ, loc. cit.* (nous soulignons).

De tels exemples pourraient être multipliés. Les Évangiles comme les épîtres ne manquent jamais de mettre en relief la coïncidence entre la vie du Christ et les textes de l'Écriture. La tradition chrétienne a recherché systématiquement dans le Nouveau Testament les signes d'un accomplissement de l'Ancien. Il s'ensuit que deux analyses entrent en concurrence devant la même réalité. Pour l'observateur qui s'en tient à l'apparence des faits, la logique de leur enchaînement est purement locale, et ne masque pas longtemps le hasard premier. La réconciliation d'Hérode et de Pilate n'a certes pas eu lieu sans raison, une « raison temporelle » – pour reprendre les termes de Pascal –, en l'occurrence l'hommage public rendu par le représentant de Rome aux prérogatives du tétrarque de Galilée. Mais si l'on remonte de quelques degrés dans l'exploration des causes, qu'on observe par exemple comment Pilate a appris que Jésus relevait de la juridiction d'Hérode, on est rapidement confronté au seul hasard. Les Juifs pouvaient fort bien accuser le Christ de sédition sans faire mention de la Galilée. Pilate n'aurait eu alors aucune raison de le déférer devant Hérode, et la réconciliation entre les deux hommes ne se serait pas produite. Elle n'a donc tenu, en dernier recours, qu'à une rencontre de hasards, à laquelle on pourrait d'ailleurs ajouter la présence même d'Hérode à Jérusalem ces jours-là[1]. En apparence, celui qui examine cet épisode de la Passion du Christ a tout lieu de conclure au seul fait du hasard. Mais le chrétien lit l'histoire de façon inverse et reçoit comme causalité véritable une « raison mystique »[2], qui n'est autre que la cause finale de l'événement, définie par rapport au dessein de Dieu. Il fallait, pour que la rédemption s'accomplisse dans toute sa plénitude de sens, qu'Hérode et Pilate se réconcilient et qu'ensemble ils envoient Jésus à la mort. Dans cette optique, les causes efficientes sont secondaires. La coïncidence des conditions nécessaires (dans notre exemple : l'allusion des Juifs à la Galilée, l'embarras de Pilate, la présence d'Hérode) ne témoigne plus du hasard, mais de la volonté divine qui organise minutieusement la réalité humaine pour mettre en œuvre son plan. Le concept de « hasard » désigne alors l'aspect que revêt la nécessité divine pour l'incroyant, qui n'a pas connaissance des causes finales. « Dieu n'a pas abandonné ses élus au caprice et au hasard », affirmait Pascal à propos de la mort de son père. Mais la formule admet

1. L'Évangile de Luc, en effet, ne suggère aucune raison particulière à la présence d'Hérode (la proximité de la Pâque juive aurait pu constituer une explication) mais livre le fait sèchement, comme une simple coïncidence : « Il le renvoya à Hérode qui, ces jours-là, se trouvait, lui aussi, à Jérusalem » (Luc : XXIII, 7).

2. C'est la notion que Pascal oppose à la « raison temporelle ». Cf. *supra*, la citation de l'*Abrégé de la vie de Jésus-Christ*..

immédiatement un corollaire : tout est hasard pour celui qui n'est pas du nombre des élus de Dieu.

Tel que nous l'avons présenté, le débat semble insoluble. Les uns examinent l'enchaînement des causes jusqu'aux conséquences et constatent combien ces dernières sont fragiles et n'ont dépendu que d'une succession de hasards. Les autres remontent des conséquences – qu'ils considèrent comme premières – aux causes, et sont persuadés que ces causes ont été disposées par Dieu pour entraîner les conséquences que l'on observe. Les deux positions relèvent de convictions *a priori*, et ne sauraient donc normalement évoluer à l'épreuve des faits. L'affaire serait en effet entendue, chacun pourrait sans objections à craindre camper sur ses positions, si Dieu n'avait donné à l'homme, dans certains cas, le moyen objectif de vérifier l'existence d'un plan préétabli. Sur le hasard général tranchent parfois, mais de façon incontestable, quelques événements. Ce sera pour Pascal le rôle des prophéties, dont est parsemée l'histoire du Salut, d'écarter nettement des manifestations divines le soupçon du hasard.

> Afin qu'on ne prenne point l'avènement pour un effet du hasard, il fallait que cela fût prédit (fr.385).

Précédées de nombreuses annonces, la venue du Christ, sa vie terrestre échappent à la logique de la contingence et s'imposent comme l'aboutissement d'un projet. Les événements prédits changent de cause. On ne peut plus à leur sujet considérer comme déterminant l'enchaînement des hasards concrets, qui semblait les avoir suscités. Cette prodigieuse subversion de la temporalité qu'est la prophétie montre des événements dont la cause véritable est de se conformer à un dessein antérieur. Dans le désordre du monde, émergent ainsi par intermittence des indices d'ordre. Cela suffit à entamer le règne du hasard et contraint à modifier radicalement l'image précédente d'une réalité tout aléatoire :

> ... après les prédictions si admirables de l'ordre du monde que je vois accomplies, je vois que cela est divin... (fr.329).

Si l'on en croit sa sœur Gilberte, Pascal conçut d'abord son projet d'apologie à partir d'une réflexion sur les miracles[1]. Nous avons vu cependant combien, selon ses propres analyses, l'interprétation des miracles était délicate, et tributaire de règles qui, pour ainsi dire,

1. Sur les indications de Gilberte Périer à ce sujet, et sur les conclusions qu'on en peut tirer, cf. SHIOKAWA, *Pascal et les miracles*, chap. IV : « Pascal devant les miracles ».

présupposaient la foi. Les liasses classées s'achèvent d'ailleurs sur une mise en doute formelle de l'efficacité des miracles dans la recherche religieuse des incroyants.

> Si j'avais vu un miracle, disent-ils, je me convertirais... (fr.378).

Pascal ironise devant la fausse idée de la conversion que véhicule un tel désir et écarte finalement les miracles comme instruments apologétiques :

> Les miracles ne servent pas à convertir mais à condamner (fr.379)[1].

Les prophéties en revanche sont « un miracle subsistant depuis la naissance de l'Église jusques à la fin » (fr.335) ; non pas un prodige ponctuel, comme la guérison de Marguerite Périer, mais un coup de force permanent de Dieu contre le hasard ; elles bouleversent notre rapport à l'histoire et fondent véritablement l'idée de Providence.

> La plus grandes des preuves de Jésus-Christ sont les prophéties (fr.335).

Dès lors que l'analyse pascalienne prend en compte l'existence des prophéties, le statut du hasard change du tout au tout. Le hasard n'est plus cet horizon unique que l'habile seul osait reconnaître, aboutissement inéluctable d'une réflexion honnête sur l'homme et sur la cité. Bien au contraire, à la lumière nouvelle des prophéties, le hasard apparaît en dernier ressort comme une illusion, ou plutôt il caractérise une mauvaise foi. Il devient pour Pascal le prétexte derrière lequel l'homme dissimule son refus de percevoir le plan divin. Dans le cours aléatoire et incohérent de l'histoire humaine, les prophéties interviennent comme des marques explicites de sens. Elles désignent des événements d'une autre nature, qui échappent à la contingence générale. L'honnêteté sera donc d'admettre d'abord la dimension aléatoire de l'existence humaine, mais de constater dans un second temps que la rédemption, annoncée et accomplie, interrompt le hasard.

1. Cf. SHIOKAWA, *op. cit.*, pp. 166-176 (« Les résistances humaines aux miracles »). T. Shiokawa, en conclusion de son travail, ne juge pas que la question des miracles aurait pu tenir une place prépondérante dans l'apologie pascalienne :

« On ne voit pas très bien quel rôle les miracles auraient pu jouer dans le mouvement de l'*Apologie* qu'ébauche la partie classée de la *Copie* des *Pensées*. En tout cas, à lire les fragments qui s'y succèdent, on a l'impression qu'il n'y a pas là beaucoup de place pour les miracles. De là vient que les commentateurs prennent en général des attitudes très prudentes, pour ne pas dire négatives, quant au rôle éventuel de l'argumentation par les miracles dans l'*Apologie*, et nous ne pouvons qu'y souscrire » (*op. cit.*, p. 179).

> Et ce qui couronne tout cela est la prédiction, afin qu'on ne die point que c'est le hasard qui l'a fait (fr.326, début).

Les prophéties sont la manifestation péremptoire d'un ordre et la réplique de Dieu au hasard.

Fort de cette preuve de sens, l'homme peut-il continuer à considérer uniformément son histoire sous la dépendance du hasard ? Ce serait de toute évidence un signe de folie, une attitude dont le caractère déraisonnable apparaîtrait d'autant plus clairement à l'approche de la mort, quand s'impose l'urgence de prendre un parti.

> Quiconque n'ayant plus que huit jours à vivre ne trouvera pas que le parti est de croire que tout cela n'est pas un coup du hasard... (fr. 326, suite).

À première vue, l'exclamation de Pascal n'est qu'un mouvement d'indignation : peut-on être assez inconscient pour négliger les indices dont on dispose, au moment même où ils deviennent le plus précieux ? La phrase reste inachevée, comme si le comportement du moribond incroyant était proprement inqualifiable. Mais le terme de « parti », utilisé ici, n'est pas anodin ; il évoque bien davantage que la seule prise de décision. D'une façon implicite, il renvoie à la perspective du pari et à ses conséquences paradoxales. Le recours à la notion de *parti* suppose en effet la présence du hasard. Le terme a une fonction précise : autoriser une décision dans une situation aléatoire. Or le débat qu'il s'agit ici de trancher est justement de savoir si le hasard est concerné ou non, s'il faut persister malgré les prophéties à raisonner en termes de hasard. Conclure que « tout cela n'est pas un coup du hasard », c'est se mettre en contradiction avec les données initiales du problème : s'il n'y avait pas de hasard à l'œuvre, il ne pouvait être question de définir des partis. Le problème est donc absurde. De même que le pari s'avérait une forme impossible (ceux qui pariaient découvrant alors seulement qu'ils n'avaient rien risqué, que le résultat était sûr, qu'ils n'avaient donc pas parié[1]), le jeu de hasard n'est qu'une illusion dans le rapport à Dieu. Pascal affecte d'utiliser les instruments conceptuels qu'il a forgés pour traiter les cas de hasard, mais ils se révèlent toujours impertinents au bout du compte. Dans le pari, les conditions particulières du jeu excluent le calcul d'un parti (« cela ôte tout parti » fr.418) ; dans le fragment 326, l'existence des prophéties conduit à une contradiction interne :

1. Cf. *supra* : chapitre VII, « le pari », et notre conclusion : « Personne finalement ne parie ».

> ...le parti est de croire que tout cela n'est pas un coup du hasard...

Qu'en est-il donc du jeu, et pourquoi Pascal, en utilisant le terme de «parti», maintient-il ce modèle impertinent? En réalité, la conclusion de l'apologiste est une fois encore d'ordre psychologique; il veut faire ressortir l'incohérence d'une attitude habituelle devant la foi. Si un homme n'a «plus que huit jours à vivre», il ose les hasarder et comprend aussitôt qu'il ne les a pas en fait hasardés, que les prophéties le garantissent du hasard. Mais pourquoi ce qui apparaît à huit jours de la mort ne serait-il pas vrai en permanence? Ou faut-il, à d'autres époques, considérer la valeur de sa mise? Évidemment non. Si le risque, le hasard sont absents, l'idée de mise n'a jamais aucun sens.

> Si on doit donner huit jours de la vie on doit donner cent ans (fr.159).

Le paradoxe est le suivant. À l'approche de la mort, un homme lucide cesse de prendre sa vie pour une mise et la religion pour un jeu de hasard. Mais auparavant, les prophéties ne lui paraissent pas un argument déterminant, et il faut, pour le toucher, lui présenter la foi comme un pari. Tant qu'on s'en tenait à l'ordre humain, le modèle du jeu était légitime : il représente avec justesse l'assemblage de la contingence et du pragmatisme, il exprime parfaitement cette résignation active que l'homme est contraint d'adopter. Mais le cours de ce jeu est doublement interrompu. D'abord, comme nous l'avons vu, parce que la perspective de la mort, en réintroduisant une nouvelle logique – celle des partis –, interdit de s'installer dans l'incohérence; ensuite et surtout parce que la Rédemption, authentifiée par les prophéties, dément l'omnipotence du hasard. La quête de Dieu ne saurait donc se confondre pour l'homme avec la succession de jeux qui constitue son existence terrestre[1]. Si, malgré tout, le sentiment de jouer subsiste chez les incroyants, il faut voir là la manifestation spécifique de l'incroyance, et l'effet d'un aveuglement caractérisé. L'homme n'est pas si étroitement soumis au hasard qu'il ne puisse identifier les marques de Dieu dans son histoire. La véritable raison de son incertitude ne se trouvera donc pas dans l'objet lui-même.

1. La traduction pratique de cette analyse est la notion pascalienne de divertissement, qui assimile toutes les activités humaines à des formes de jeu, ne reconnaissant à l'homme qu'une possibilité de ne pas jouer : la recherche de Dieu : «Sans examiner toutes les occupations particulières, il suffit de les comprendre sous le divertissement» (fr.478).

> Dieu est caché. Mais il se laisse trouver à ceux qui le cherchent. Il y a toujours eu des marques visibles de lui dans tous les temps...[1].

Ce sont les passions de l'homme qui transforment la révélation divine en un jeu de hasard.

L'argumentation du pari débouchait sur cette conclusion pratique : «...travaillez donc [...] à vous convaincre [...] par la diminution de vos passions» (fr.418). Selon une même logique, le raisonnement du fragment 326, dont nous avons jusqu'ici seulement considéré les deux premières étapes, met finalement en évidence le rôle des passions. Reprenons maintenant l'argumentation pascalienne, dans son intégralité :

> Et ce qui couronne tout cela est la prédiction, afin qu'on ne die point que c'est le hasard qui l'a fait.
> Quiconque n'ayant plus que huit jours à vivre ne trouvera pas que le parti est de croire que tout cela n'est pas un coup du hasard...
> Or si les passions ne nous tenaient point, huit jours et cent ans sont une même chose (fr.326).

Comment les passions humaines interviennent-elles dans le débat entre hasard et prophéties ? Les passions sont diverses et contrastées, mais elles relèvent toutes pour Pascal d'un phénomène unique et essentiel, la « *fascinatio nugacitatis* » (fr.386), ainsi nommée par référence au Livre de la Sagesse[2]. Pascal désigne de la sorte la propriété aberrante qu'a l'âme humaine de se laisser fasciner par des événements inconsistants, par n'importe quelle futilité qui se présente à elle, au point que tout ce qui s'éloigne de l'instant est annulé, comme privé de réalité. La mort se trouve alors estompée, et le défi qu'elle jetait au hasard cesse de compter. L'interruption du hasard permettait la rationalité ; l'oubli de l'interruption amène la déraison. Le joueur ainsi ne se donne pas la peine de reconstituer un édifice logique, de rassem-

1. Blaise PASCAL, *Textes inédits*, découverts par J. MESNARD, Desclée de Brouwer, p. 33 (ou : Le Seuil, coll.« l'Intégrale », p. 640 ; pensée inédite n° XV).

À propos du terme de « marques », T. SHIOKAWA (*op. cit.*, p. 165) souligne sa fréquence dans les *Pensées*, et spécialement dans les grands fragments synthétiques : fr.149 (A.P.R.), fr.427 (Lettre pour porter à chercher Dieu).

2. *Sagesse* : IV, 12.

Philippe SELLIER indique dans son édition des *Pensées* (fr. 5 de sa numérotation) que ce verset était souvent cité à Port-Royal.

Une intéressante traduction en est donnée par LANCELOT, dans ses *Mémoires sur Saint-Cyran* : « Il savait qu'il y a dans l'âme de l'homme *une niaiserie qui l'ensorcèle, fascinatio nugacitatis*, comme dit l'Écriture » (nous soulignons).

bler les marques éparses mais cohérentes qui révèlent le Dieu caché. Il se contente du hasard.

> Peut-être que je pourrais trouver quelque éclaircissement dans mes doutes ; mais je ne veux pas prendre la peine, ni faire un pas pour chercher [ce qui doit m'arriver] [...] – je veux aller, sans prévoyance et sans crainte, tenter un si grand événement, et me laisser mollement conduire à la mort, dans l'incertitude de ma condition future[1].

Bien opiniâtre joueur, qui tient à « tenter » l'événement, mais « sans prévoyance ». « Doute », « prévoyance », « incertitude », sont d'ailleurs autant de notions que la « *fascinatio nugacitatis* » prive de signification. Dans l'instant, tout est hasard : aucune cohérence ne saurait émerger. L'idée de la mort empêche l'abandon au hasard, mais inversement, l'acceptation du hasard écarte la mort.

Puisque les passions nous tiennent – et nous fascinent – il faut bien concéder que « huit jours et cent ans » ne sont pas pour nous « une même chose ». Pour arracher l'incroyant à sa situation de joueur, il ne suffira pas de lui indiquer les marques visibles que Dieu a laissées de lui-même. C'est d'abord la fascination de l'instant qui, en effaçant la mort, entretient l'homme dans l'illusion du hasard. Le premier travail de l'apologiste sera donc de restituer l'image de la mort.

> *Fascinatio nugacitatis.*
> Afin que la passion ne nuise point faisons comme s'il n'y avait que huit jours de vie (fr.386).

Alors seulement le plan divin peut apparaître, dans son éloignement de tout hasard.

2. *Le jeu de Dieu*

En face de l'homme, pitoyable joueur, aussi peu capable d'assumer le hasard que de s'en dégager, le Dieu des *Pensées* donne souvent l'image symétrique d'un maître du jeu. Quand Pascal évoque les miracles ou les prophéties, l'efficacité de la grâce, le *Deus absconditus,* on ne peut manquer d'être frappé par son insistance sur la stratégie divine. La révélation, l'histoire du salut sont présentés comme le déroulement d'un plan subtil, dont l'apologiste nous détaille les dispositions les plus remarquables. Le dessein de Dieu se manifeste

1. Fr.427, paroles prêtées par Pascal à un incroyant.

sous la forme d'une stratégie imparable. Les hommes, les peuples même, y font en quelque manière figure de simples pions; leurs velléités de divergence sont toujours prévues et par avance déjouées. La théorie du peuple témoin, les considérations sur la loi figurative (liasse 19) et sur le double sens – spirituel et charnel – des Écritures, impressionnent désagréablement le lecteur moderne par leur caractère « machiavélique ». Le Dieu d'amour de la religion catholique semble céder la place à un dieu de calculs et de ruse, qui sait transformer à son propre profit les mouvements de cupidité, d'aveuglement, de haine. Mais le sentiment qui nourrit alors véritablement l'apologiste est davantage un sentiment d'admiration. L'efficacité du plan divin, sa cohérence enthousiasment Pascal, au fur et à mesure qu'il en reconstitue la logique. Dans cette victoire perpétuelle de Dieu sur les résistances humaines, cette manifestation catégorique et pourtant discrète de Sa volonté, l'apologiste entrevoit l'intelligence suprême. La perfection du jeu divin, telle qu'elle ressort d'une étude attentive des Écritures, devient alors une des marques les plus impressionnantes qui s'offrent au chrétien.

Le statut du peuple juif et de sa religion – question qui obsède Pascal[1] – fournira un premier exemple de ce que nous relevons comme une approche « stratégique » de la révélation. Le peuple élu, devenu par son déicide peuple maudit, oppose une troublante énigme au chrétien. Pourquoi le premier destinataire de la révélation s'est-il converti en un de ses plus farouches adversaires? Il y a là apparemment une incohérence dans un hypothétique plan divin, qui jette un doute sur tout l'Ancien Testament. Aussi Pascal prend-il à cœur de montrer que, loin de contrecarrer le dessein de Dieu, le refus des Juifs de reconnaître le Christ est une des pièces les plus admirables du dispositif divin. La condition actuelle des Juifs découle, comme mécaniquement, de leur responsabilité à l'égard des prophéties.

Les prophéties de l'Ancien Testament, accomplies par le Christ dans sa vie et dans sa Passion, sont une preuve persistante de la religion chrétienne. Mais si l'on raisonne d'une façon abstraite, oubliant pour quelques instants les données effectives de l'Histoire Sainte, on doit admettre que le bénéfice potentiel d'une prophétie est problématique.

1. Mentionnons, sans tenir compte des nombreuses pensées éparses sur le thème du peuple juif, presque toutes les dernières liasses classées, depuis « loi figurative » (liasse 19) jusqu'à « figures particulières » (liasse 25) et les séries VI à X de l'édition LAFUMA (fr.451-457), que Philippe SELLIER, dans son édition des *Pensées*, regroupe sous le titre « État des Juifs ».

Elle n'acquiert valeur de preuve que rétrospectivement[1], après que ce qu'elle annonçait s'est réalisé.

> On n'entend les prophéties que quand on voit les choses arrivées (fr.936).

Il est donc essentiel que le souvenir des prophéties soit conservé après leur accomplissement. Mais dès ce moment, il devient possible d'en forger de fictives ou, du moins, de retoucher celles qui existaient, pour qu'elles apparaissent plus conformes à l'événement effectif. Et bien sûr, la force de conviction des prophéties disparaît si l'on peut mettre en doute leur stricte authenticité.

> Il ne suffisait pas qu'il y eût des prophètes, il fallait qu'ils fussent conservés sans soupçon (fr.391).

Ceux qui ont intérêt à faire état des prophéties accomplies sont, par là même, ceux dont on est le plus naturellement en droit de soupçonner l'honnêteté. Quant aux autres, pourquoi entretiendraient-ils la mémoire de prodiges qui les désavouent ? Posé sur ce mode théorique, le problème des prophéties semble structurel et bel et bien insoluble. L'étrange statut du peuple juif est, pour Pascal, la prodigieuse combinaison imaginée par Dieu pour garantir cependant la valeur des prophéties.

Le peuple juif joue les deux rôles, apparemment incompatibles, de conserver les prophéties après leur accomplissement, afin que les preuves subsistent, et de s'opposer à leur signification chrétienne, pour que personne ne puisse accuser les témoins de complicité. L'attachement incomparable que portent les Juifs à l'histoire de la Révélation, leur « zèle extraordinaire et [connu] de toute la terre » (fr.502) pour les textes de l'Écriture Sainte est proprement miraculeux quand on considère que ces textes les condamnent. Un tel paradoxe dénonce, pour Pascal, l'intervention divine :

1. C'est, d'après Pascal, la raison pour laquelle le Christ, pendant sa vie terrestre, ne pouvait se prévaloir des prophéties dont il était pourtant l'accomplissement : il était nécessaire qu'il fît des miracles pour attester sa divinité, tandis que maintenant les prophéties nous tiennent lieu de miracles.

« Jésus-Christ a fait des miracles et les apôtres ensuite. Et les premiers saints en grand nombre, parce que les prophéties n'étant pas encore accomplies, et s'accomplissant par eux, rien ne témoignait que les miracles [...] Avant donc que [le Messie] ait été mort, ressuscité et converti les nations tout n'était pas accompli et ainsi il a fallu des miracles pendant tout ce temps. Maintenant il n'en faut plus contre les Juifs, car les prophéties accomplies sont un miracle subsistant » (fr.180).

> Cela est admirable d'*avoir rendu* les Juifs grands amateurs des choses prédites et grands ennemis de l'accomplissement (fr.273, nous soulignons).

Le comportement des Juifs est aberrant, selon une logique humaine. Il faut donc qu'une autre logique se soit surimposée. Instruments passifs d'une stratégie qui les transcende, les Juifs sont contraints de jouer le jeu de Dieu. Quelle que soit leur attitude, ils témoignent du Christ.

> Que pouvaient faire les Juifs, ses ennemis?
> S'ils le reçoivent ils le prouvent par leur réception, car les dépositaires de l'attente du Messie le recevaient, et s'ils le renoncent ils le prouvent par leur renonciation (fr.262).

Cette victoire infaillible de la cause divine, dans tous les cas de figures, suscite l'émerveillement de Pascal, comme un chef d'œuvre d'ingéniosité : «cela est admirable».

Un autre prodige confirme la maîtrise de Dieu sur l'histoire humaine et signale la marque qu'Il imprime au peuple juif. Pascal souligne le destin extraordinaire d'un peuple sans cesse persécuté, régulièrement condamné à l'errance, et qui pourtant se maintient comme communauté, dont le caractère résiste à tous les assauts.

> C'est une chose étonnante et digne d'une étrange attention de voir ce peuple juif subsister depuis tant d'années et de le voir toujours misérable, étant nécessaire pour la preuve de Jésus-Christ et qu'il subsiste pour le prouver et qu'il soit misérable, puisqu'ils l'ont crucifié. Et quoiqu'il soit contraire d'être misérable et de subsister il subsiste néanmoins toujours malgré sa misère (fr.311).

Là encore la logique humaine est mise à mal. On comprendrait que les Juifs surmontent les épreuves qui leur sont infligées et qu'ils prennent rang parmi les nations fortes. On comprendrait aussi que la violence des attaques ait raison de leur ténacité et qu'ils disparaissent peu à peu en tant que peuple. Mais comment expliquer la survie précaire et cependant durable de ce groupe d'hommes en butte à un acharnement toujours renouvelé? Cela n'a aucun équivalent dans l'histoire universelle. Ce phénomène paradoxal, cet «effet», ne trouve, aux yeux de Pascal, qu'une seule raison : la fonction dont les Juifs se trouvent investis, bien malgré eux, dans le déroulement du plan divin.

> Si les Juifs eussent été tous convertis par Jésus-Christ, nous n'aurions plus que des témoins suspects. Et s'ils avaient été exterminés, nous n'en n'aurions point du tout (fr.592).

En punissant l'infidélité mais en utilisant les infidèles, Dieu donne ainsi ce spectacle unique d'un peuple moribond et impérissable.

Travailler avec zèle contre ses intérêts, être à la fois solide et misérable, les incohérences du peuple juif sont une aubaine pour l'homme en quête de Dieu. De même que les contradictions apparentes des phénomènes permettaient à Pascal, en physique ou en morale, d'apercevoir la «raison des effets», les discordances de l'histoire humaine ou de l'Écriture Sainte amènent à découvrir la véritable rationalité, qui est cette fois la volonté même de Dieu. L'énigme du peuple juif se dissipe, tandis qu'apparaît la main de Dieu.

> C'est visiblement un peuple fait exprès pour servir de témoin au messie (fr.495).

La méthode de Pascal consiste à remonter d'effets aberrants jusqu'à une causalité qui les rende logiques. Parallèlement existe le postulat implicite, que Dieu a disposé toute chose dans le monde de la façon qui lui était le plus favorable. Si dans ces conditions l'apologiste démontre que des phénomènes discordants correspondent en fait à la meilleure stratégie que Dieu pouvait choisir, il n'hésite pas à les présenter effectivement comme le plan divin. Autrement dit, la suprématie stratégique devient dans les *Pensées* une modalité de la perfection divine. C'est dans cette optique que nous rapprochons le Dieu de Pascal d'un joueur, puisque une de ses qualités distinctives est d'élaborer des plans infaillibles, de faire échec quand Il le souhaite à toutes les combinaisons possibles des hommes.

Pascal réordonne les éléments de l'Écriture Sainte en un système suprêmement cohérent, dont la cohérence même prouve alors le caractère divin.

> Les miracles de la création et du déluge s'oubliant, Dieu envoya la loi et les miracles de Moïse, les prophètes qui prophétisent des choses particulières. Et pour préparer un miracle subsistant, il prépare des prophéties et l'accomplissement. Mais les prophéties pouvant être suspectes, il veut les rendre non suspectes etc. (fr.594).

Dieu prépare; Il fait prophétiser des événements insignifiants («les choses particulières») afin d'accréditer les prophètes et de mettre en place ensuite un «miracle subsistant» : les prophéties annonçant le Messie et la conversion des nations. Mais Il prévoit aussi les objections qui seront opposées et Il fait en sorte de les ruiner par avance en suscitant des témoins insoupçonnables. Comment espérer cependant que les Juifs transmettent avec respect un message qu'ils détestent ? La chose semble impossible, à moins d'un coup de force, que Dieu ne pourrait accomplir sans violer la liberté humaine. Le recours systématique aux figures dans l'Écriture offre une admirable solution à ce nouveau problème.

Nous ne voulons point présenter ici la théorie pascalienne des figuratifs et ses nombreuses applications dans les *Pensées*[1]. Ce principe de lecture de la Bible dépasse bien entendu très largement l'œuvre de Pascal et constitue au XVIIe siècle une approche privilégiée des textes saints[2]. Il est plus particulièrement intéressant, dans notre perspective, de constater que la coexistence des deux sens, littéral et figuratif, revêt chez Pascal une importance liée une fois encore à la stratégie divine. «Le vieux testament est un chiffre» (fr.276), répète l'apologiste. C'est-à-dire que les points essentiels de la Révélation peuvent n'être pas compris si l'on est inapte à les interpréter. Les Juifs charnels (comme d'ailleurs les chrétiens charnels) comprennent les promesses divines littéralement. Ils font là un contresens, dicté par leur matérialisme.

> Quand les biens sont promis en abondance, qui les empêchait d'entendre les véritables biens, sinon leur cupidité qui déterminait ce sens aux biens de la terre. Mais ceux qui n'avaient de bien qu'en Dieu, les rapportaient uniquement à Dieu (fr.502).

1. Sur la théorie des figuratifs, voir l'article de Jean MESNARD : «La théorie des figuratifs dans les *Pensées* de Pascal», *Revue d'histoire de la philosophie et d'histoire générale de la civilisation* (Lille), juill.-sept. 1943.

Voir aussi : H. GOUHIER, *Blaise Pascal : Commentaires*, chap. IV («Le Dieu qui se cache», pp. 187-243), et plus particulièrement le §3, «l'apologétique comme herméneutique» (p. 200 sq.) et le §4, «*Qui locutus est per Prophetas*» (p. 212 sq.).

Le récent ouvrage de P. FORCE (*Le problème herméneutique chez Pascal*, Vrin 1989) est entièrement consacré à cette question.

2. Cf. Jean MESNARD, «La théorie des figuratifs...». La première partie de l'article est consacrée à situer les analyses pascaliennes dans l'histoire de l'interprétation spirituelle de la Bible jusqu'au XVIIe siècle. L'auteur remarque en particulier que, d'une façon quelque peu inattendue, l'exégèse «mystique» témoigne encore, à l'époque de Pascal, d'une persistante vigueur.

« Au début du XVIe siècle, se trouvaient réunis tous les facteurs qui amèneront les exégètes à se préoccuper surtout du sens littéral. La Renaissance apportait le goût de l'étude philologique, historique et scientifique de la Bible ; la Réforme apportait le libre examen. La Bible tend à être considérée comme n'importe quel ouvrage. Mais toutes ces causes ne donneront leurs pleins résultats que vers la fin du XVIIe siècle. Jusque là l'exégèse spirituelle sera plus goûtée que jamais. Et le sens spirituel jouera toujours le même rôle dans l'apologétique» (*op. cit.* p. 226).

«... si nous voulons définir la tradition à l'époque de Pascal, nous dirons qu'autant elle se méfiait de l'allégorie, autant elle se montrait favorable à l'emploi de la figure» (*op. cit.* p. 227).

Il en va de même pour le terme d'« ennemi », si fréquent dans les Psaumes et dans tout l'Ancien Testament :

> Le mot d'ennemi dépendant de la dernière fin, les justes entendaient par là leurs passions et les charnels entendaient les Babyloniens, et ainsi ces termes n'étaient obscurs que pour les injustes (*ibid.*).

La juste interprétation de la parole divine dépend donc uniquement de la qualité spirituelle de l'interprète. Personne cependant ne peut se plaindre d'être abusé puisque, à de nombreuses reprises, les prophètes avertissent explicitement que le vrai sens de leurs paroles est caché.

> Leurs discours expriment très clairement la promesse des biens temporels et [...] ils disent néanmoins que leurs discours sont obscurs, et que leur sens ne sera point entendu. D'où il paraît que ce sens secret n'était point celui qu'ils exprimaient à découvert et que par conséquent ils entendaient parler d'autres sacrifices, d'un autre libérateur, etc. (fr.501).

Par ce stratagème du double sens et de la loi figurative, Dieu obtient plusieurs bénéfices. Les prophéties d'abord deviennent obscures aux méchants, leur sens est réservé aux élus. Plus rien, en conséquence, ne peut détourner les Juifs de remplir avec empressement leur mission de témoins, puisqu'ils ignoreront eux-mêmes la signification de leur témoignage.Ce peuple « porte des livres et les aime et ne les entend point. Et tout cela est prédit; que les jugements de Dieu leur sont confiés, mais comme un livre scellé » (fr.495). Dieu se manifeste ainsi aux hommes d'une façon assez évidente pour que le doute ne puisse subsister et que la Révélation soit sans équivoque, mais en même temps avec une telle douceur[1], que la liberté de l'homme n'est pas anéantie et qu'il garde la possibilité de ne pas comprendre. Cette évidence latente de Dieu – si l'on accepte une formule aussi paradoxale – est l'ultime conséquence de Sa stratégie. La vérité est pleinement annoncée aux hommes. Ils peuvent donc tous la recevoir. Et néanmoins elle reste inaccessible sans une grâce supplémentaire, car elle se laisse obscurcir par la corruption. Dieu se donne et se refuse à la fois.

> Il n'est pas vrai que tout découvre Dieu, et il n'est pas vrai que tout cache Dieu. Mais il est vrai tout ensemble qu'il se cache à ceux qui le tentent, et qu'il se découvre à ceux qui le cherchent... (fr.444).

1. Dans le fragment 482, catalogue des types de preuves que Pascal se propose d'utiliser pour une apologie du christianisme, la forme même de la Révélation apparaît comme le premier argument : « La religion chrétienne [...] par elle-même établie si fortement, *si doucement*, étant si contraire à la nature » (nous soulignons).

Les dispositions divines sont si subtiles qu'elles unissent à une parfaite efficacité une certaine impuissance, grâce à quoi la volonté humaine trouve à s'exercer. Nous avons déjà évoqué, à propos du «pari», les réflexions de Pascal sur l'ambiguïté fondamentale des preuves de la religion, toujours suffisantes et cependant jamais déterminantes [1]. La même logique s'applique aux prophéties et aux preuves historiques.

> Il y a de l'évidence et de l'obscurité pour éclairer les uns et obscurcir les autres, mais l'évidence est telle qu'elle surpasse ou égale pour le moins l'évidence du contraire, de sorte que ce n'est pas la raison qui puisse déterminer à ne la pas suivre, et ainsi ce ne peut être que la concupiscence et la malice du cœur (fr.835).

Que tant de nécessités contradictoires soient conciliées dans la réalisation d'un plan, exerce une fascination, ne serait-ce qu'intellectuelle. L'esprit systématique de Pascal s'incline avec satisfaction, semble-t-il, devant un modèle de prudence, de prévoyance et d'ordre. Dans un développement postérieur à 1658, le dossier «Loi figurative» [2], l'apologiste dresse un récapitulatif synthétique de ses diverses analyses, montrant comment les problèmes théoriques trouvent une solution concrète admirable, et comment tous les moyens mis en œuvre par Dieu se succèdent harmonieusement. Le fragment 502 («Raisons pourquoi figures») frappe le lecteur par son parti-pris démonstratif. Tout d'abord est défini l'objectif de la Révélation, dont découlent, de façon strictement logique, un certain nombre de choix fondamentaux.

> *Il fallait que*, pour donner foi au Messie, il y eût eu des prophéties précédentes et qu'elles fussent portées par des gens non suspects et d'une diligence et fidélité et d'un zèle extraordinaire et connu de toute la terre (fr.502 – début; nous soulignons).

L'action de Dieu se déduit ensuite progressivement de ces premiers principes. «Pour faire réussir tout cela Dieu a choisi... il a mis... Qu'a-t-il donc été fait?...» (*ibid.*). Les opérateurs logiques manifestent de façon régulière le caractère discursif du propos et soulignent les étapes du raisonnement.

1. Cf. *supra*, (chapitre consacré au pari : III, 3°), notre analyse plus détaillée du fragment 835, et la signification de « l'impossibilité de parier ».

2. Le dossier «Loi figurative» correspond à la série XIX de l'édition LAFUMA (fr.500-503); ce titre est donné par Philippe SELLIER, dans son édition des *Pensées*, établie d'après la deuxième copie.

Pour les questions de chronologie relative, nous adoptons les positions de Philippe SELLIER dans son édition (*op. cit.*, pp. 10-13, 15-18, note p. 352).

Et ainsi [le peuple juif] a eu une ardeur extraordinaire pour ses prophéties et a porté à la vue de tout le monde ces livres...
Et ainsi ils ont été ses plus cruels ennemis, *de sorte que* voilà le peuple du monde le moins suspect de nous favoriser...
C'est pour cela que les prophéties ont un sens caché...
Voilà pourquoi il était bon que le sens spirituel fût couvert...
mais d'un autre côté, si ce sens eût été tellement caché que... »[1]

Les éléments que nous trouvons effectivement dans l'Histoire sainte, les difficultés d'interprétation que présentent les Écritures, les contradictions elles-mêmes, apparaissent brusquement comme une conséquence naturelle; ce sont les seules solutions possibles au problème, tel qu'il est formulé abstraitement. Les prophéties sont nécessaires pour authentifier la Révélation, elles distinguent l'action de Dieu des rencontres du hasard. Mais la valeur probante des prophéties dépend largement de leur caractère indiscutable. D'où la fonction d'un peuple témoin, dont l'hostilité garantira l'honnêteté. Il faut cependant que le sens véritable du message reste caché au témoin, pour qu'il ne refuse point de témoigner. Cette nouvelle nécessité induit la forme même, contradictoire et figurative, des Écritures – laquelle à son tour, permet de respecter le libre arbitre des hommes. La cohérence du système est sans faille. Pascal peut alors annoncer avec une tranquille audace :

Voilà donc quelle a été la conduite de Dieu... (*ibid.*).

En dehors des preuves historiques de la religion chrétienne, la maîtrise stratégique de Dieu apparaît à Pascal quotidiennement, dans le spectacle même de l'incroyance. L'apologiste, au fur et à mesure de sa réflexion, découvre avec émerveillement que la foi reçoit une confirmation, aussi puissante que paradoxale, de la part de ses adversaires mêmes. L'indifférence à la question de Dieu ne peut s'expliquer humainement; elle témoigne d'un mépris de l'incroyant pour son propre intérêt qui est en contradiction avec tout le reste de son existence.

> C'est une chose monstrueuse de voir dans un même cœur et en même temps cette sensibilité pour les moindres choses et cette étrange insensibilité pour les plus grandes. C'est un enchantement incompréhensible et un assoupissement surnaturel, qui marque une force toute-puissante qui le cause (fr.427).

1. Dans ce fragment 502, le nombre de termes qui expriment les relations de conséquence (adverbes, locutions conjonctives,...) doit être souligné : « ainsi » (cinq fois), « de sorte que » (quatre fois), « voilà donc ».

Pour illustrer de façon frappante combien l'absence d'inquiétude métaphysique est un phénomène prodigieux, inaccessible à notre logique, Pascal prend l'exemple d'un prisonnier risquant d'être exécuté, qui négligerait les moyens de sauver sa vie :

> Un homme dans un cachot, ne sachant pas si son arrêt est donné, n'ayant plus qu'une heure pour l'apprendre, cette heure suffisant s'il sait qu'il est donné pour le faire révoquer. Il est contre nature qu'il emploie cette heure là, non à s'informer si l'arrêt est donné, mais à jouer au piquet.. (fr.163 – début).

Le jeu de cartes (le piquet) représente tout naturellement l'activité humaine privée des valeurs religieuses. Nous avons vu que l'organisation politique de la cité, les diverses règles permettant la vie en société, étaient appréhendées par Pascal selon le modèle du jeu. Mais que ce jeu de hasard, factice et humiliant, puisse satisfaire celui qui le pratique, au point qu'il renonce à connaître jamais des valeurs véritables, c'est là pour Pascal une monstruosité. Comme il est impensable que le condamné à mort passe sa dernière heure à jouer au piquet, l'insouciance de l'homme pour Dieu excède les possibilités de l'homme.

> Ainsi il est surnaturel que l'homme, etc. C'est un appesantissement de la main de Dieu.
> Ainsi non seulement le zèle de ceux qui le cherchent prouve Dieu, mais l'aveuglement de ceux qui ne le cherchent pas (fr.163 – fin).

Les Juifs refusent l'Évangile, mais Dieu fait de ce refus un des fondements essentiels de l'Évangile. De la même façon, Il utilise l'incroyance pour renforcer la foi des croyants. Pour Pascal, en définitive, l'indifférence religieuse ne peut avoir une origine que surnaturelle. Si, dans la vie quotidienne, les hommes manifestaient un détachement quant à leurs soucis étroits et à leurs intérêts, on pourrait à la rigueur prendre pour de la force d'âme leur tranquillité métaphysique. Mais il n'en est rien. Une fois encore l'incohérence apparente des phénomènes impose qu'on leur trouve une nouvelle logique. Il faut que Dieu lui-même se soit dérobé pour que certains hommes se montrent à son égard aussi indifférents. Leur éloignement de la foi devient donc une preuve paradoxale de « la présence d'un Dieu qui se cache » (fr.449). Selon des modalités diverses, tout aboutit pour Pascal à affermir la religion chrétienne :

> Reconnaissez donc la vérité de la religion dans l'obscurité même de la religion, dans le peu de lumière que nous en avons, dans l'indifférence que nous avons de la connaître (fr.439).

Notre référence systématique aux réalités du jeu, dans un domaine qui en est assurément fort éloigné, semblera peut-être abusive. Bien entendu, il n'est pas question de prendre autrement que pour une métaphore incongrue l'expression de «jeu de Dieu», dont Pascal eût peut-être été le premier choqué. Il n'en reste pas moins que, dans bon nombre de ses considérations apologétiques, Dieu est présenté en quelque sorte comme le Stratège Suprême : une intelligence souveraine qui prévient toutes les manœuvres de ses adversaires et qui parvient même à les retourner à son propre avantage. La providence divine se manifeste donc dans les *Pensées* sous un jour original, comme une systématique parfaite, que l'apologiste invite à contempler. Le contenu de la Révélation est certes plus important que sa stratégie, mais la qualité de cette dernière est déjà une marque de Dieu.

Le contraste est saisissant entre les jeux des hommes, ensemble de pratiques arbitraires grâce auxquelles ils s'accommodent du hasard, et le jeu de Dieu, qui plie tous les événements à un ordre unique et signifiant. Vouées à la contingence, les règles humaines n'ont aucune raison d'être, si ce n'est leur aptitude à régler : elles subsistent tant qu'elles sont fortes et qu'elles font preuve de réalisme[1]. Il s'ensuit qu'elles sont toujours sujettes à varier.

> Les états périraient si on ne faisait ployer souvent les lois à la nécessité... (fr.280).

En revanche les règles fondamentales de la religion chrétienne ont une légitimité essentielle. Elles peuvent donc mépriser avec audace la logique des hommes. Leur irréalisme montre clairement qu'elles sont d'un autre ordre.

> La seule religion contre la nature, contre le sens commun, contre nos plaisirs est la seule qui ait toujours été (fr.284).

Et tandis que les lois politiques, malgré leur souplesse, ne sont même pas assurées de durer, les règles de la religion se perpétuent sans efforts, car elles ne relèvent pas d'un même jeu.

> Il n'est pas étrange qu'on se conserve en ployant, et ce n'est pas proprement se maintenir et encore [les états] périssent-ils enfin entièrement. Il n'y en a point qui ait duré mille ans. Mais que cette religion se soit toujours maintenue et inflexible... Cela est divin (fr.280).

1. Cf. *supra*, chapitre IV («l'Esprit des règles»), la partie consacrée aux qualités d'une règle.

CONCLUSION

Concevoir, même obscurément, la vérité est pour Pascal une tâche redoutable. Proférer la vérité dépasse le plus souvent les forces humaines. Car la vérité est, dans les *Pensées*, un objet structurellement paradoxal : elle est le point mystérieux où convergent les contraires, où peuvent être tenus simultanément les jugements inconciliables. À strictement parler, la vérité échappe à la philosophie et ne relève pas du travail de la raison. La connaissance de la vérité est d'ordre religieux : elle est foi en une personne, le Christ, qui s'est défini lui-même comme la vérité (« Je suis le Chemin, la Vérité et la Vie » – Jean XIV, 6) :

> La foi embrasse plusieurs vérités qui semblent se contredire, temps de rire et de pleurer, etc. *responde ne respondeas*, etc.
> La source en est l'union des deux natures en Jésus-Christ.
> Et aussi les deux mondes. La création d'un nouveau ciel et nouvelle terre. Nouvelle vie, nouvelle mort.
> Toutes choses doublées et les mêmes noms demeurant.
> Et enfin les deux hommes qui sont dans les justes. Car ils sont les deux mondes, et un membre et image de Jésus-Christ. Et ainsi tous les noms leur conviennent de justes pécheurs, mort vivant, vivant mort, élu réprouvé, etc. (fr.733).

Toute vérité simple est partielle, et ne peut de la sorte prétendre au rang de vérité. Pascal met l'homme au défi de penser toujours à travers une contradiction interne.

> Les deux raisons contraires. Il faut commencer par là sans cela on n'entend rien, et tout est hérétique. Et même à la fin de chaque vérité il faut ajouter qu'on se souvient de la vérité opposée (fr.576).

Il ne s'agit en aucune façon de dépasser la contradiction, dans une réconfortante synthèse où les vérités initialement incompatibles cesseraient d'apparaître contraires. Notre esprit cependant reste prisonnier d'une logique de la non-contradiction, il est inapte à concevoir que deux vérités opposées coexistent. Une solution sera de passer si rapidement de l'une à l'autre que, par une sorte d'illusion mentale, les deux vérités sembleront réconciliées. Pour approcher une vérité authentique, le penseur ressemble au tison de feu, qui « n'est jamais en effet qu'en une position » (fr.681), mais qui, par un mouvement d'une extrême rapidité, donne en permanence l'impression d'un cercle de feu.

La notion de jeu a cette valeur essentielle d'imposer à l'esprit simultanément des vérités contraires. Ce n'est pas un concept philosophique, ni même une métaphore que Pascal appliquerait à l'existence humaine, mais bien un modèle, un prisme à travers lequel un certain nombre de réalités incompatibles apparaissent solidaires. Le monde en proie au jeu, que nous présentent les premières liasses classées, est un monde à la fois fondamentalement désordonné et admirablement réglé. Comme le mathématicien en scrutant le hasard décompose une force irrationnelle en une succession d'effets rigoureux, le moraliste constate qu'une société humaine issue de principes aberrants obéit à des lois cohérentes. Comment évoluer dans cette cité paradoxale ? D'une part l'inconsistance des causes, le hasard des conditions, l'arbitraire des lois entraînent le rire et poussent le moraliste à garder une attitude distante et moqueuse. D'autre part, si l'on est honnête, on ne peut que reconnaître avec admiration l'efficacité de l'ordre mis en place et s'y plier. Dérision et respect sont les deux composantes indissociables du jeu : dérision, parce que le jeu est une activité futile, détachée des nécessités véritables de l'existence ; respect, parce que le jeu repose sur l'obéissance aveugle aux règlent qui le constituent.

L'attitude de Pascal devant la cité des hommes suscite souvent la perplexité. On s'ingénie alors à distinguer des périodes dans la vie de l'écrivain, ponctuées par des « conversions », des engagements plus ou moins profonds dans la vie religieuse. Le jeune Pascal, génie scientifique, se serait laissé glisser au fil des ans dans une vie « mondaine », au contact de quelques beaux esprits comme le chevalier de Méré. Son travail scientifique, très fourni jusqu'en 1654, ne serait pas exempt du souci d'acquérir gloire mondaine et réputation. Mais il en prend progressivement conscience. Après la nuit du *Mémorial*, il découvre l'inanité de ces préoccupations et s'en détache, jusqu'à se consacrer exclusivement à la prière et à la conception d'une apologie du christianisme. En rédigeant la *Vie de Monsieur Pascal*, Gilberte, sa sœur, s'est employée à donner à la postérité cette image, rassurante et forte, d'une existence qui se conforme peu à peu à une signification unique. Mais comment comprendre, dans ce cadre, que Pascal continue à entretenir une correspondance scientifique à l'époque des *Provinciales*, qu'il lance un concours sur la cycloïde au moment même où il classe ses premiers dossiers en vue de l'*Apologie*? Plus troublant encore, comment expliquer son intérêt pour les transports en commun dans la capitale (les carrosses à cinq sols) l'année de sa mort? Et pourquoi de si nombreuses pensées s'interrogent-elles sur les relations sociales, la bienséance, l'organisation de la cité? Du début à la fin de sa vie, et dans toute son œuvre, Pascal fait preuve d'une remarquable attention à la réalité terrestre de l'existence humaine; il a le souci permanent d'en apercevoir la logique. Et pourtant il professe un mépris métaphysique pour tout ce qui n'est pas Dieu, un désintérêt radical pour tout ce qui ne conduit pas à Dieu. Il est prétentieux, et sans doute vain, de vouloir définir d'un mot une pensée. Si ce n'était le cas, nous substituerions volontiers à l'idée, popularisée par Goldmann, d'une perspective tragique, celle d'une perspective ludique de Pascal. Tout jeu est transitoire, et mérite son nom de jeu par référence à une réalité supérieure. De fait, celui que jouent les hommes sur la terre est, pour Pascal, une parenthèse d'insignifiance, privation temporaire et pénale des valeurs authentiques. Mais Pascal ne demande pas qu'avec les demi-habiles on refuse de se prêter à une telle comédie. Il s'y livre au contraire, entièrement et avec passion, mais de façon toujours ironique, et en gardant le sentiment que les règles qu'il respecte (ou qu'il aide à établir) sont des règles dérisoires.

L'activité de jeu représente un enfermement artificiel dans une fausse finalité. Le joueur se construit un but, qu'il fait ensuite semblant de chercher à atteindre, mais qui en tant que tel ne lui importe guère.

> On aime à voir les combats des animaux, non le vainqueur acharné sur le vaincu. Que voulait-on voir sinon la fin de la victoire et dès qu'elle est arrivée, on en est saoul. Ainsi dans le jeu, ainsi dans la recherche de la vérité. On aime à voir dans les disputes le combat des opinions, mais de contempler la vérité trouvée? point du tout [...] Nous ne cherchons jamais les choses, mais la recherche des choses (fr.773).

En obligeant l'homme à se regarder comme un joueur, Pascal jette le soupçon et le discrédit sur les objectifs ordinaires de l'existence.

Hors d'une quête de Dieu, seule finalité réelle, tout est jeu. Mais Pascal, répétons-le, ne demande aucunement de ne pas jouer, comme il n'envisage pas qu'on puisse s'abstenir du divertissement. Comment l'homme déchu échapperait-il à ce qui est la nature même de sa nouvelle condition? Le chrétien parfait joue, car c'est le lot de l'humanité, et il accepte le jeu, par esprit d'humilité. Il joue comme on se laisse entraîner par un fleuve, auquel il serait vain de chercher à résister.

> Il faut s'asseoir sur ces fleuves, non sous ou dedans, mais dessus, et non debout mais assis, pour être humble étant assis, et en sûreté étant dessus, mais nous serons debout dans les porches de Jérusalem (fr.918).

Rester sur le fleuve, c'est participer au mouvement, bien entendu, mais avec une sorte de réticence, d'absence, en prenant garde de n'être jamais immergé. De la même façon, le joueur agit, mais sans se donner : il reste toujours de quelque manière en dehors de son action.

Le jeu est en réalité double dans les *Pensées*. C'est d'abord le modèle de toutes les activités humaines, dans la mesure où elles sont dépourvues de finalité véritable et où elles reposent sur des règles artificielles. Mais avec cette première forme de jeu, entre en conflit un autre jeu, celui dans lequel Dieu implique les hommes. L'argument du pari, s'il ne conduit pas l'incroyant à la foi, l'installe de nouveau dans la situation d'un joueur. Mais les deux jeux sont incompatibles. Ne pas croire en Dieu, c'est interrompre un jeu où l'on pouvait gagner, pour rester dans le jeu où l'on est sûr de perdre. Quoi qu'il en pense, le libertin participe au jeu de Dieu. Seulement, oubliant la certitude de la mort et restant aveugle à la stratégie divine des prophéties, il préfère revenir, dans sa prison, à son triste jeu de piquet.

La position des hommes est inconfortable. Pascal leur interdit de considérer l'existence autrement que sous les espèces du jeu. Mais il n'accepte pas non plus qu'on s'abandonne à ce jeu temporaire, puisque la mort y met un terme et que la Rédemption lui promet un sens. L'« étrange et longue guerre » qui se poursuit sur cette terre entre la violence et la vérité (12e Lettre Provinciale) prend l'allure d'un ballet dérisoire : on s'y comporte d'une façon réglée, selon des règles impérieuses et vaines, des règles de convenance. Pour le chrétien cependant le hasard n'a pas le dernier mot. Il faut donc accepter humblement de jouer un temps, car la foi donne la certitude qu'un ordre authentique finira par s'instaurer.

> ... la violence n'a qu'un cours borné par l'ordre de Dieu, qui en conduit les effets à la gloire de la vérité qu'elle attaque, au lieu que la vérité subsiste éternellement et triomphe enfin de ses ennemis, parce qu'elle est éternelle et puissante comme Dieu même[1].

La mort de Pascal a transformé en «Pensées» ce qui devait être une *Apologie de la religion chrétienne*. Nous avons dit la place importante qu'y occupe le modèle du jeu. Mais par un détour inattendu, l'*Apologie* de Pascal a revêtu elle-même l'apparence d'un jeu. Certes l'auteur le premier ne répugne pas à rapprocher son travail d'écrivain, d'une partie de paume :

> Qu'on ne dise pas que je n'ai rien dit de nouveau, la disposition des matières est nouvelle. Quand on joue à la paume c'est une même balle dont on joue l'un et l'autre, mais l'un la place mieux (fr.696).

Pascal a conscience, d'autre part, que ses efforts d'apologiste peuvent n'être point exempts des plaisirs de la compétition, et il prévoit même que ses lecteurs chercheront à briller en interprétant ses écrits, dans une émulation toute ludique.

> La vanité est si ancrée dans le cœur de l'homme qu'un soldat, un goujat, un cuisinier, un crocheteur se vante et veut avoir ses admirateurs et les philosophes mêmes en veulent, et ceux qui écrivent contre veulent avoir la gloire d'avoir bien écrit, et ceux qui les lisent veulent avoir la gloire de les avoir lus, et moi qui écris ceci ai peut-être cette envie, et peut-être que ceux qui le liront... (fr.627).

Le jeu a cependant servi le texte des *Pensées* d'une manière que son auteur ne pouvait guère prévoir. Nous ne saurions nous défendre d'un certain étonnement, en constatant qu'une œuvre avortée, sur des thèmes souvent arides, une œuvre parfois tellement lacunaire que les développements tiennent à trois mots sans cohérence évidente, un brouillon suscite après plus de trois siècles l'intérêt de nouveaux lecteurs. L'interprète se trouve de fait devant les *Pensées* comme devant un puzzle. Les éléments restent épars, et depuis qu'en 1670, les amis jansénistes de Pascal ont élaboré une première disposition des fragments, érudits et honnêtes lecteurs rivalisent, dans l'espoir de donner à ce texte une sorte de cohérence. Les réflexions que Pascal

1. Conclusion de la 12e Lettre Provinciale, «l'Intégrale», p. 429.

avait jetées sur le papier à son seul usage, pour ne pas les omettre lors de la rédaction, sont restées après sa mort comme des énigmes à résoudre. Les fautes de style ou de langue que l'écrivain n'a pas eu le loisir de corriger, rajoutent encore aux problèmes du lecteur moderne, souvent réduit à deviner ce que Pascal eût aimé dire. De nombreuses personnes finalement, qui éprouvent un intérêt minime pour les arguments pascaliens, se laissent prendre au défi d'en restituer la logique. Étienne Périer, à cet égard, faisait preuve d'une remarquable clairvoyance, en pressentant, dans la préface qu'il écrivait pour la première édition des *Pensées*, que l'inconvénient de publier une œuvre en chantier serait compensé par le plaisir que trouveraient les lecteurs à la reconstituer. Le neveu de Pascal ainsi, après avoir expliqué un passage elliptique sur les « prophéties particulières », conclut finement :

> Voilà le sens de ce fragment étendu et développé. Mais il n'y a sans doute personne qui ne prît bien plus de plaisir de le découvrir soi-même dans ces paroles obscures que de le voir ainsi éclairci et expliqué[1].

L'*Apologie* trouve de la sorte un public qu'elle n'aurait jamais dû toucher. L'esprit de jeu ne tient certainement pas un faible rôle dans la fascination qu'exerce encore l'œuvre de Pascal.

Les *Pensées* acquièrent une efficacité apologétique dont eût été privée une œuvre achevée par son auteur. Que l'échec apparent d'une entreprise lui assure une réussite bien plus grande, Pascal y aurait sans nul doute vu la main de Dieu. Les *Pensées* sont une apologie que la Providence a transformée en jeu.

1. Préface de l'édition de Port-Royal (1670), « l'Intégrale », p. 499.

POSTFACE

Ôter tout parti…

Le fragment « Infini rien » forme le cœur de cette étude, comme la marque la plus évidente – une exhibition presque – de la présence du jeu dans les *Pensées*. En jetant un regard rétrospectif, vingt ans après, sur les analyses consacrées ici au pari, il me semble plus que jamais qu'une des clefs de l'argument réside dans cette étrange formule, clairement issue de la géométrie du hasard : « cela ôte tout parti ». Ce point a été abondamment développé dans les pages qui précèdent, mais peut-être ne sera-t-il pas inutile d'énoncer encore, avec plus de netteté, les données du problème, et les bénéfices d'une attention minutieuse à la terminologie.

Cela ôte tout parti. L'expression a d'emblée paru énigmatique. De toute évidence, elle n'appartenait pas au langage courant et sa teneur mathématique n'était pas aisément intelligible. Les copistes du XVIIe siècle, déroutés, n'ont pas retenu la leçon du manuscrit, très lisible pourtant et même réitérée, de la main de Pascal. Ils corrigent le texte : *cela est tout parti*. Comprenons : « la répartition se fait d'elle-même », « l'affaire est entendue… ». Quant aux éditeurs de Port-Royal, ils suppriment carrément le passage problématique et enchaînent directement sur la conclusion : *il n'y a point à balancer*. Il a fallu ainsi attendre la fin du XIXe siècle et l'édition Brunschvicg pour que soit enfin restituée la formule de Pascal. Conscient de contredire une longue tradition critique, le nouvel éditeur appuie alors son choix d'une note. « *Ôte* est deux fois dans le manuscrit. Nous nous croyons sûr de notre lecture, et nous la substituons à la leçon des Copies […] ».

Aujourd'hui le respect philologique prime, et toutes les éditions reproduisent le manuscrit, mais le problème demeure, sur lequel les annotateurs se gardent le plus souvent de se prononcer. Il est bien entendu que l'absence de parti correspond, dans la démonstration, à la disparition de toute hésitation. Lorsque le géomètre s'exclame : « cela ôte tout parti », son interlocuteur est censé échapper à l'embarras qui le paralyse depuis le début du dialogue. Le manuscrit nous révèle d'ailleurs que, dans un premier jet, Pascal concluait tout le passage en répétant une fois encore : « il n'y a point de parti ». L'auteur a raturé lui-même ces derniers mots et les a remplacés par le texte actuel : « il n'y a point à balancer ».

> Cela ôte tout parti : partout où est l'infini et où il n'y a pas infinité de hasards de perte contre celui de gain, il n'y a point à balancer, il faut tout donner.

Mais comment le terme de parti – qui, hors du champ mathématique, signifie éventuellement *décision* – peut-il prendre ici le sens diamétralement opposé d'*indécision*. Comment *ôter tout parti* a-t-il chez Pascal le sens de *forcer une décision ?* Il s'agit donc moins en l'occurrence de trouver le sens de la phrase que de comprendre comment l'expression utilisée par l'auteur lui donne le sens que l'on a deviné. Le problème semblera à certains d'une pointilleuse et vaine érudition philologique. À tort, car il concentre toute la logique de l'argumentation pascalienne.

Si l'on suit la métaphore des partis, celle que suggère le problème de Méré, on voit que le jeu qui sert implicitement de modèle à l'argumentation du fr. 418 est un jeu déjà entamé, un jeu qu'il s'agit éventuellement d'interrompre. La situation existentielle de l'homme correspondant aux termes des partis n'est donc pas exactement celle de quelqu'un qui hésite à parier ou non, mais de celui qui hésite à *interrompre* ou non un jeu en train de se dérouler, à « renoncer à l'attente du hasard et rentrer [...] en la propriété de quelque chose » (*Usage du triangle arithmétique*, O.C. II, p. 1308). Si le géomètre était capable ici, comme il l'a fait pour Méré, de calculer un parti, il mettrait son interlocuteur dans une situation de choix équitable, il le placerait devant une alternative dont il serait également raisonnable de suivre chaque branche. Mais précisément, il n'y a pas ici de parti ; la situation, telle qu'elle a été définie, « ôte tout parti ». Le géomètre ne peut calculer aucun équivalent dont la possession compenserait exactement l'abandon des espérances aléatoires. S'il n'y a pas de parti, au sens mathématique du terme, le joueur n'a pas d'autre comportement raisonnable que de continuer à jouer.

Deux conséquences majeures s'ensuivent : l'une d'ordre psychologique ; l'autre d'ordre théologique. Les caricatures trop fréquentes de l'argument pascalien en font une sorte de raisonnement mercantile, reposant sur une arithmétique des plaisirs ; le calcul d'un commerçant, qui risque un investissement, après en avoir considéré le bénéfice potentiel. La situation que suggère Pascal n'est pas exactement de cette nature. La mise, en effet, a déjà été faite. Elle porte en elle une certaine espérance. La question qui se pose à l'homme est alors de savoir s'il va donner suite ou non à cette espérance. Pour rester dans le domaine des jeux de hasard, on pourrait dire que la décision qu'il lui faut prendre n'est pas d'acheter un billet de loterie, mais d'attendre ou non le tirage correspondant à celui qu'il possède, de détruire immédiatement un coupon dont la valeur est encore inconnue. Ou, si l'on adopte le langage de la finance, il ne s'agit pas ici d'investir (l'investissement appartient au passé), mais de déterminer si l'on va désinvestir ou non. Celui qui retire la mise du jeu a renoncé à ce qu'elle puisse produire. Il a d'emblée exclu le gain. Et en échange de cet abandon, il n'a rien obtenu. C'est du moins ce que veut lui signifier Pascal, quand il conclut à l'absence de tout parti. Si le parti n'existe pas, la part qui revient au non joueur équivaut à rien ; il choisit proprement de ne *rien* avoir.

Cet argument du pari, qui recourt à ce qu'on appelle aujourd'hui l'espérance mathématique, est bien un argument d'*espérance*, au sens plein du terme. Sa fonction strictement démonstrative se révèle ainsi moindre que sa portée psychologique, ou même spirituelle – d'où la fascination d'ailleurs que ces quelques pages n'ont pas cessé de susciter. Elles installent le lecteur dans une redoutable tautologie, dont pourrait rendre compte poétiquement un vers de Verlaine, tiré du recueil *Sagesse* (XI). Dans un poème aux accents apologétiques, le converti répond à des interlocuteurs d'un rationalisme étroit (« Petits amis qui sûtes nous prouver/ Par A plus B que deux et deux font quatre... »), par une solennelle proclamation, au nom de toute sa nouvelle famille spirituelle :

> Nous [...] « qui justement n'avons de foi qu'en Dieu
> Et mettons notre espoir dans l'espérance ... »

La logique ici confine à la tautologie, mais cette tautologie a plus de sens qu'il ne semble. Si l'on n'espère pas dans l'espérance, en quoi peut-on mettre son espoir ? Choisir de ne plus espérer, abandonner une espérance aléatoire pour la remplacer d'emblée par le néant que l'on pouvait redouter, n'est-ce pas opter pour la perte ? Les notions de risque et de prudence ont, dans ce contexte, totalement changé de signification. Celui qui joue ne court pas un risque : il conserve une espérance. Il s'attache à définir cette espérance – sans qu'elle accède en aucune sorte pour lui au statut de réalité, sans qu'il advienne à la foi. Selon la définition de l'épître aux Hébreux, la Foi est « la garantie des biens que l'on espère » (XI-1). Le joueur pascalien n'obtient aucune garantie. Mais il a rempli la partie du programme qui lui incombe : savoir ce qu'il espère. On voit bien ici ce qui distingue radicalement de la foi le pari pascalien : celui-ci est acceptation d'une espérance ;

celle-là est garantie des biens que l'on espère. Entre les deux subsiste toute la différence entre espérance et propriété. Des deux composantes de la foi, selon l'épître aux Hébreux, il manque au pari la principale. Mais au moins, l'espérance n'a pas été tuée.

Il reste une donnée implicite et discrète, d'ordre théologique. Si, dans le cadre du fragment « Infini rien », le calcul des partis s'est révélé impossible (« cela ôte tout parti »), si le géomètre a dû renoncer à prêter son assistance, c'est que la mise latente de ce jeu bien particulier excédait toute tentative de rééquilibrage. Dans le jeu de Méré, le participant qui quitte la table obtient une somme, plus ou moins importante, mais proportionnée à celle qu'il avait initialement risquée. Ici, la situation est bouleversée, du fait que la mise a été faite par un Autre, et que cette mise, absolument gratuite, surpasse tout ce qu'un homme aurait pu par lui-même miser. Ce que l'argument du discours laisse entrevoir, derrière le rideau de fumée des développements mathématiques, c'est la présence de la Grâce. Contrairement aux apparences, et aux interprétations rapides, le fragment « Infini rien » ne pose pas la question d'un risque, mais celle d'une perte. Que suis-je prêt à faire de la grâce ?

Octobre 2010

BIBLIOGRAPHIE [1]

1. *Textes de Pascal*

Œuvres Complètes. Préface d'Henri GOUHIER, présentation et notes de Louis LAFUMA, Paris, Seuil (coll. « L'intégrale »), 1963.

Œuvres Complètes. Édition du Tricentenaire, texte établi, présenté et annoté par Jean MESNARD, Desclée de Brouwer, 4 vol. parus; t. 1 : 1964, t. 2 : 1970, t. 3 : 1991, t. 4 : 1992.

Entretien avec M. de Sacy. Original inédit présenté par Pascale MENGOTTI et Jean MESNARD, Desclée de Brouwer, 1994.

Original des Pensées. Fac-similé du manuscrit 9202 (fonds français) de la Bibliothèque Nationale. Texte imprimé en regard et notes par L. BRUNSCHVICG, Hachette, 1905, in-f°.

Pensées de M. Pascal sur la Religion et sur quelques autres sujets, fac-similé de l'édition de Port-Royal (1670) et de ses compléments (1678-1776), présentée par G. COUTON et J. JEHASSE, Saint-Étienne : Centre interuniversitaire d'éditions et de rééditions, 1971.

Pensées et Opuscules, publiés avec une introduction, des notices et des notes par Léon BRUNSCHVICG, Hachette (coll. « Classiques Hachette »), s.d.

Pensées. Éd. LAFUMA, Éd. du Luxembourg, 1951, 3 vol.

Pensées. Nouvelle édition établie pour la première fois d'après la copie de référence de Gilberte Pascal par Philippe SELLIER, Mercure de France, 1976 [rééd. Bordas, « classiques Garnier », 1991].

Pensées. Édition présentée, établie et annotée par Michel LE GUERN, Paris, Gallimard (coll. « Folio »), 2 vol., 1977.

Pensées. Présentation et notes par Gérard FERREYROLLES. Texte établi par Philippe Sellier, Le Livre de poche classique, 2000.

1. Sauf précision contraire, le lieu d'édition est Paris.

Les Provinciales [et écrits annexes]. Édition COGNET (avec corrections et compléments par Gérard FERREYROLLES), Paris, Bordas (« Classiques Garnier »), 1992.

Discours sur la religion et sur quelques autres sujets, restitués et publiés par Emmanuel MARTINEAU, Fayard-Armand Colin, 1992.

Textes inédits, recueillis et présentés par J. MESNARD, Desclée de Brouwer (« Bibliothèque Européenne »), 1962.

2. *Autres textes antérieurs à 1800*

D'ALEMBERT, *Opuscules Mathématiques*, 8 vol. (t. II, David, 1761 ; t. IV, Briasson, 1768).

ARNAULD (Antoine) et NICOLE (Pierre), *La Logique ou l'art de penser*. Édition P. Clair et F. Girbal, Paris, Vrin, 1981.

BARBEYRAC (Jean), *Traité du jeu, où l'on examine les principales questions de droit naturel et de morale qui ont du rapport à cette matière*. Amsterdam : P. Humbert, 1737, 3 vol.

BAYLE (Pierre), *Dictionnaire historique et critique*, 5ᵉ éd., Amsterdam, 1734.

BUFFON, *Essai d'arithmétique morale*, dans *Œuvres Complètes*, P. Duménil, 1836, t. IV.

CONDORCET, « Mémoire sur le calcul des probabilités », dans *Histoire de l'Académie des Sciences* (année 1681), 1784, p. 707 *sq*.

DANEAU (Lambert), *Brieve remonstrance sur les jeux de sort ou de hazard, et principalement de dés et de cartes*. S.l., impr. de P. Prunier, 1591.

DELAMARE (Nicolas), *Traité de la police*. J. et P. Cot (J.F. Hérissant), 1705-1738, 4 vol.

DUSAULX (Jean), *Lettre et réflexions sur la fureur du jeu*. Lacombe, 1775.

– *De la passion du jeu*, chez N.L. Moutard, 1779.

FRAIN DU TREMBLAY (Jean), *Conversations morales sur les jeux et les divertissemens*, André Pralard, 1685.

FURETIÈRE (Antoine), *Le Dictionnaire universel...*, réédition établie sous la direction d'Alain Rey [1ʳᵉ éd. 1690], Paris, SNL-Le Robert, 1978.

GATAKER (Thomas), *Of the nature and use of lots*, 2ᵉ éd. [1ʳᵉ éd., 1619], Londres, printed by J. Haviland, 1627.

HUYGENS (Christiaan), *Œuvres Complètes*, publiées par la Société Hollandaise des Sciences, La Haye, Nijhoff, 1888-1950, 22 vol. [t. XIV (1920) : Calcul des probabilités. Travaux de mathématiques pures, 1655-1666].

LA BRUYÈRE, *Les Caractères ou les Mœurs de ce siècle*, éd. R. Garapon, Paris, Garnier (coll. « Classiques Garnier »), 1962.

MÉRÉ (Chevalier de), *Œuvres Complètes*, texte établi et présenté par Charles-H. Boudhors, éditions Fernand Roches, 1930, 3 vol.

MONTAIGNE, *Les Essais*, éd. de Pierre Villey, rééditée sous la direction et avec une préface de V.-L. Saulnier (3ᵉ éd.), Paris, P.U.F., 1978, 2 vol.

MONTMORT (Pierre de Rémond, Marquis de), *Essai d'analyse sur les jeux de hasard*, 2e édition revue et augmentée de plusieurs lettres [1re éd. 1708], J. Quillau, 1713.

NICOLE (Pierre), *Essais de morale*, nouvelle édition, Guillaume Desprez, 1733-1741, 13 vol.

– *Essais de Morale,* Choix d'essais, introduits et annotés par L. Thirouin, Paris, P.U.F., 1999.

ORTIGUE DE VAUMORIERE (Pierre), *L'Art de plaire dans la conversation,* 4e éd. [1re éd., 1688], 1701.

PONTAS (Jean), *Dictionnaire des cas de conscience.* Pierre-Auguste Le Mercier..., 1715 (t. 1 et 2), 1718 (Suppl.).

SAINTE-BEUVE (Jacques de), *Résolutions de plusieurs cas de conscience touchant la morale et la discipline de l'Église*, 3e éd. [1re éd. 1689], Guillaume Desprez, 1705 (vol. 1 et 2); Guillaume Desprez et Jean Desessartz, 1715 (vol. 3).

SALES (saint François de), *Œuvres Complètes*, par les soins des religieuses de la visitation du 1er monastère d'Annecy, Annecy 1893... ; vol. III : *Introduction à la vie dévote*.

SAINT-ÉVREMOND (Charles de), *Œuvres meslées, contenant Pensées sur l'honnesteté...*, Claude Barbin, 1680, vol. 6.

THIERS (Jean-Baptiste), *Traité des jeux et des divertissements qui peuvent être permis ou qui doivent être défendus aux Chrétiens selon les règles de l'Église et le sentiment des Pères*, A. Dezallier, 1686.

THOMAS D'AQUIN (saint), *Somme théologique*, texte latin avec la traduction de la Revue des Jeunes, Paris-Tournai-Rome : Desclée, à partir de 1926.

VILLARS (Abbé de), *Traité de la délicatesse,* 1671, 5e dialogue réédité, introduit et annoté : DESCOTES (D.), *La première critique des Pensées,* Lyon, Éditions du CNRS, 1980.

VOLTAIRE, *Lettres Philosophiques ou Lettres Anglaises*, avec le texte complet des remarques sur Pascal, Paris, Garnier (coll. « Classiques Garnier »), 1964.

3. *Travaux sur l'œuvre de Pascal*

Blaise Pascal, l'homme et l'œuvre, Paris, Éditions de Minuit (« Cahiers de Royaumont » [philosophie, n°1]), 1956.

BLANCHET (Léon), « L'attitude religieuse des Jésuites et les sources du pari de Pascal », *Revue de Métaphysique et de Morale*, n°26, 1919, p. 477-516 et p. 617-647.

BRUNET (Georges), *Le Pari de Pascal*, préface de J. Mesnard, Desclée de Brouwer, 1956.

« La Correspondance de Blaise Pascal et de Pierre de Fermat (la Géométrie du Hasard ou le début du calcul des Probabilités) », [textes, accompagnés de notes et commentaires de] P. J. ABOUT et M. BOY, *Cahiers de Fontenay*, n°32, Sept. 1983.

CANTILLON (Alain), *Le* Pari-de-Pascal : *une série d'énonciations entre 1660 et 1850*, Thèse, EHESS, 2003.

CARRAUD (Vincent), « La généalogie de la politique, ou les illusions de la singularité », *Communio*, IX (3), mai-juin 1984, p. 26-37.

– *Pascal et la Philosophie*, Paris, P.U.F., 1992.

– *Pascal. Des connaissances naturelles à l'étude de l'homme*, Paris, Vrin, 2007.

CHEVALLEY (Catherine), *Pascal. Contingence et probabilités*, Paris, P.U.F. (coll. « Philosophies »), 1995.

COURCELLE (P.), *L'Entretien de Pascal et Sacy. Ses sources et ses énigmes*, Paris, Vrin, 1960.

CROQUETTE (Bernard), *Pascal et Montaigne. Étude des réminiscences des Essais dans l'œuvre de Pascal*, Genève, Droz (coll. « Histoire des idées et critique littéraire », vol. 142), 1974.

DAVIDSON (H.) et DUBÉ (P.), *A concordance to Pascal's Pensées*, Ithaca and London, Cornell University Press, 1975.

DESCOTES (Dominique), *L'argumentation chez Pascal*, Paris, P.U.F., 1993.

– « Quelques réflexions sur l'argument du pari », dans *Lacan et Pascal, La célibataire, Revue de psychanalyse*, 13, automne 2006, p. 25-38.

– « Les *Provinciales* et l'axiomatique des probabilités », *La campagne des* Provinciales, *Chroniques de Port-Royal*, 58, 2008, p. 189-197.

– « Constructions du triangle arithmétique de Pascal », dans D. DESCOTES et M. SERFATI (dir.), *Mathématiciens français du XVIIe siècle. Descartes, Fermat, Pascal*, Clermont-Ferrand, Presses Universitaires Blaise Pascal, 2008, p. 239-280.

Destins et enjeux du XVIIe siècle, préface de Jean Mesnard, Paris, P.U.F., 1985.

Deux grandes figures d'Auvergne : Gilberte et Jacqueline Pascal. Actes du colloque tenu à Clermont-Ferrand les 9-11 oct. 1981, *Chroniques de Port-Royal*, n°31, 1982.

ERNST (Pol), *Approches pascaliennes (l'unité et le mouvement, le sens et la fonction de chacune des vingt-sept liasses titrées)*, Gembloux, Duculot, 1970.

FERREYROLLES (Gérard), *Pascal et la raison du politique*, Paris, P.U.F. (coll. « Épiméthée »), 1984.

– *Les reines du monde. L'imagination et la coutume chez Pascal*, Paris, Champion, 1995.

FORCE (Pierre), *Le Problème herméneutique chez Pascal*, Paris, Vrin, 1989.

GILSON (Étienne), « Le sens du terme "abêtir" chez Blaise Pascal », dans *Les idées et les lettres*, Paris, Vrin, 1932, p. 263-274.

GOLDMANN (Lucien), *Le Dieu caché. Étude sur la vision tragique dans les Pensées de Pascal et dans le théâtre de Racine*, réimpr. [1re éd. 1959], Paris, Gallimard (coll. « TEL »), 1979.

GOUHIER (Henri), *Blaise Pascal, Commentaires*, 2e éd. mise à jour [1re éd. 1966], Paris, Vrin (« Bibliothèque d'histoire de la philosophie »), 1971.

– *Blaise Pascal, conversion et apologétique*, Paris, Vrin (« Bibliothèque d'histoire de la philosophie »), 1986.

– « La résistance au vrai et le problème cartésien d'une philosophie sans rhétorique », in *Retorica e barocco*, atti del III Congresso Internazionale di Studi Umanistici, Rome, Fratelli Bocca, 1955, p. 85-97.

GRUBBS (Henry A., Jr.), *Damien Mitton (1618-1690). Bourgeois honnête homme*, Princeton-Paris, Princeton University Press-P.U.F. (« Elliot Monographs », 29), 1932.

HARA (Kokiti), *L'Œuvre mathématique de Pascal,* Osaka, Osaka University Press (Memoirs of the Faculty of Letters, vol. XXI), 1981.

– « Pascal et l'induction mathématique », dans *L'Œuvre scientifique de Blaise Pascal*, Paris, P.U.F., 1964, chap. VII, p. 120-135.

HARRINGTON (Thomas More), *Pascal philosophe : une étude unitaire de la pensée de Pascal*, Paris, SEDES-CDU réunis, 1982.

HUMBERT (Pierre), *L'Œuvre scientifique de Blaise Pascal*, Paris, Albin Michel, 1947.

JAMES (David), « Play in Pascal's *Pensées* », actes de Lexington, *Papers on French 17th Century Literature* VIII (14-2), 1981.

JOUSLIN (Olivier), *« Rien ne nous plaît que le combat ». La campagne des* Provinciales *de Pascal. Etude d'un dialogue polémique*, Clermont-Ferrand, Presses Universitaires Blaise Pascal, 2007, 2 vol.

– « La loi comme question et comme enjeu durant la campagne des *Provinciales* (janvier 1656-octobre 1659) », *La campagne des* Provinciales, *Chroniques de Port-Royal*, 58, 2008, p. 293-306.

LACHELIER (Jules), « Notes sur le pari de Pascal », *Revue philosophique*, Juin 1901 ; réimpr. dans *Le Fondement de l'induction*, Paris, Alcan, 1902.

LAZZERI (Christian), *Force et justice dans la politique de Pascal*, Paris, P.U.F., 1993.

LE GUERN (Michel), « Pascal au travail. La composition du fragment sur le divertissement », *Revue de l'Université d'Ottawa*, Avril-juin 1966, p. 209-231.

LESAULNIER (Jean) et MCKENNA (Antony), *Dictionnaire de Port-Royal*, Paris, Champion, 2004.

LØNNING (Per), *Cet effrayant pari : une pensée pascalienne et ses critiques*, Paris, Vrin, 1980.

MCKENNA (Antony), *Entre Descartes et Gassendi. La première édition des* Pensées *de Pascal*, Paris-Oxford, Universitas-Voltaire Foundation, 1993.

– « Pascal et Gassendi : la philosophie du libertin dans les *Pensées* », *XVIIe siècle*, 233, octobre 2006, p. 635-647.

MESNARD (Jean), *Pascal et les Roannez*, thèse pour le Doctorat ès Lettres. Desclée de Brouwer, 1965.

– *Pascal*, 5e éd. [1re éd. 1951], Paris, Hatier, 1967.

– « De la "Diversion" au "Divertissement" », dans *Mémorial du premier congrès international des études montaignistes,* Bordeaux, Taffard, 1964, p. 123-128.

– « La Théorie des figuratifs dans les *Pensées* de Pascal », *Revue d'Histoire de la Philosophie et d'Histoire Générale de la Civilisation* (Université de Lille), n°35, juill.-sept. 1943, p. 219-253.

Méthodes chez Pascal, actes du colloque tenu à Clermont-Ferrand les 10-13 juin 1976, Paris, P.U.F., 1979.

MONOD (Albert), *De Pascal à Chateaubriand: les défenseurs français du Christianisme de 1670 à 1802*, Paris, Alcan, 1916.

PÉROUSE (Marie), *L'invention des Pensées de Pascal. Les éditions de Port-Royal (1670-1678)*, Paris, Champion, 2009.

SELLIER (Philippe), *Pascal et Saint Augustin*, Paris, A. Colin, 1970.

– « La Rochefoucauld, Pascal, Saint Augustin », *Revue d'histoire littéraire de la France*, mai-août 1969, p. 551-575.

– « Vous êtes embarqué : où prendrons-nous un port dans la morale ? », *Papers on French 17th Century Literature* VIII (14-2), 1981, p. 13-37.

– *Port-Royal et la littérature*, I, *Pascal*, Paris, Champion, 1999 ; II : *Le siècle de saint Augustin, La Rochefoucauld, Mme. de Lafayette, Sacy, Racine*, Paris, Champion, 2000.

– *Essais sur l'imaginaire classique. Pascal, Racine, Précieuses et moralistes, Fénelon*, Paris, Champion, 2003.

– « Le Saint Augustin de Pascal », *Rivista di storia e letteratura religiosa*, Florence, L. S. Olschki, 2009, p. 359-371.

SHIOKAWA (Tetsuya), *Pascal et les miracles*. Nizet, 1977.

– « La connaissance par l'autorité selon Pascal », *Études de langue et littérature françaises (Tokyo)*, n°30, Mars 1977, p. 1-14.

THIROUIN (Laurent), « Raison des effets, essai d'explication d'un concept pascalien », *XVIIe siècle*, n°134, janv./mars 1982, p. 31-50.

– « Les premières liasses des *Pensées* : architecture et signification », *XVIIe Siècle*, n° 177, oct.-déc. 1992, n° 4, p. 451-467.

– « Propositions sur le "Pari" de Pascal », *Courrier du Centre International Blaise Pascal*, 16, 1994, p. 25-30.

– « Le réalisme de Pascal », dans *Justice et force. Politiques au temps de Pascal. Actes du colloque de Clermont-Ferrand, 20-23 septembre 1990*, Paris, Klincksieck, 1996, p. 347-363.

– « Le cycle du divertissement », dans B. PAPASOGLI (dir.), Le *Pensées* di Pascal : dal disegno all'edizione, *Studi francesi*, n°143, Torino, Rosenberg et Sellier, mai-août 2004, p. 260-272.

– « Le moi haïssable, une formule équivoque », dans R. BEHRENS, A. GIPPER, V. MELLINGHOFF-BOURGERIE (dir.), *Croisements d'anthropologies. Pascals* Pensées *im Geflecht der Anthropologien*, Universitätsverlag, Heidelberg, 2005, p. 217-247.

– « Se divertir, se convertir », dans D. DESCOTES (dir.), *Pascal auteur spirituel*, Paris, Champion, 2006, p. 299-322.

– « La vanité (pour rire) », dans *Lacan et Pascal, La célibataire, Revue de psychanalyse*, 13, automne 2006, p. 53-65.

« Tricentenaire de la mort de Pascal », *La Table Ronde,* n° spécial 171, avril 1962.
VALENSIN (Auguste), *Balthasar: deux dialogues philosophiques suivis de commentaires sur Pascal*, Paris, Aubier, 1934.

4. *Autres études*

BOREL (Émile), « La valeur pratique du calcul des probabilités », *La Revue du Mois,* t. 1, 10 avril 1906, p. 424-437.
– *Émile Borel, philosophe et homme d'action*, pages choisies et présentées par Maurice Fréchet, Paris, Gauthier-Villars, 1967.
BOVE (Laurent), BRAS (Gérard) et MÉCHOULAN (Eric) (dir.), *Pascal et Spinoza. Pensées du contraste : de la géométrie du hasard à la nécessité de la liberté*, Éditions Amsterdam, 2007 [notamment la section III, « Géométrie et rencontre de hasards », études de H. Atlan, J.-P. Cléro, L. Thirouin]
CAILLOIS (Roger), *Les jeux et les hommes*, Paris, Gallimard (coll. « idées »), 1967.
COUMET (Ernest), « La théorie du hasard est-elle née par hasard ? », *Annales (Économie Sociétés Civilisations)*, n°3, mai-juin 1970, p. 574-597.
– « Le problème des partis avant Pascal », *Archives internationales d'histoire des sciences*, n°72-73 (18 e année), juill.-déc. 1965, p. 245-272.
DESCOTES (Dominique) et SERFATI (Michel) (dir.), *Mathématiciens français du XVIIe siècle. Descartes, Fermat, Pascal*, Clermont-Ferrand, Presses Universitaires Blaise Pascal, 2008.
DUFLO (Colas), *Le jeu de Pascal à Schiller*, Paris, P.U.F., 1998.
FORCE (Pierre), *Self-Interest before Adam Smith. A Genealogy of Economic Science*, Cambridge, Cambridge University Press, 2003 (paperback, 2007), « Ideas in Context » series.
– et MORGAN (David) (dir.), *De la morale à l'économie politique. Dialogue franco-américain sur les moralistes français*. Actes du colloque de Columbia University (New York), 14-16 octobre 1994, *op. cit.*, n° 6, Université de Pau, 1996.
GRUSSI (Olivier), *La vie quotidienne des joueurs sous l'ancien régime à Paris et à la cour*, Paris, Hachette (coll. « La Vie Quotidienne »), 1985.
GUILBAUD (G. Th.), « Leçons sur les éléments principaux de la théorie mathématique des jeux », dans *Stratégies et décisions économiques, études théoriques et applications aux entreprises*, Éditions du CNRS, 1954.
HACKING (Ian), *L'Émergence de la probabilité,* Paris, Seuil, 2002.
Le Jeu au XVIIIe siècle. Actes du colloque d'Aix-en-Provence (Centre aixois d'études et de recherches sur le XVIIIe siècle), les 30 avril, 1 et 2 mai 1971. Aix-en-Provence, EDISUD, 1976.
MARION (Jean-Luc), *Prolégomènes à la charité*, Paris, Éditions de la Différence, 1986.
MAUZI (Robert), « Écrivains et moralistes du XVIIIe siècle devant les jeux de hasard », *Revue des Sciences Humaines* (Lille), n°90, 1958, p. 219-256.
MESNARD (Jean), *La Culture au XVIIe siècle*, Paris, P.U.F., 1992.

ORE (Oystein), *Cardano, the gambling scholar*, with a translation from the Latin of Cardano's book on games of chance, by Sydney H. Gould, New York, Dover Publications, 1965.

ROSSET (Clément), *Logique du pire*, Paris, P.U.F., 1971.

SERRES (Michel), *Le système de Leibniz et ses modèles mathématiques*, t. II, Paris, P.U.F., 1968.

THIROUIN (Laurent), « La dénonciation du jeu dans les *Caractères* de La Bruyère », *Papers on French Seventeenth Century Literature* (48), Vol. XXV, 1998, p. 89-106.

– « Beau joueur, bon joueur : morales du jeu à l'âge classique », dans *A quoi joue-t-on ? Pratiques et usages des jeux et des jouets à travers les âges*, actes du Festival d'Histoire de Montbrison (26 sept.-4 oct. 1998), Montbrison, 1999, p. 201-218.

TABLE DES MATIÈRES

TROISIÈME PARTIE

LA FIN DU JEU

Achevé d'imprimer en juillet 2024 sur les presses de
La Manufacture - *Imprimeur* – 52200 Langres – Tél. : (33) 325 845 892
Imprimé en France – N° : 240617 – Dépôt légal : 4e trimestre 2011